行走的中国文化 系列丛书

丛书总编　廖华英

我们这十年
——中国文化外语微视频大赛优秀案例集

本册主编　张福庆　周书民　廖华英

东北大学出版社

沈　阳

ⓒ 张福庆　周书民　廖华英　2024

图书在版编目（CIP）数据

我们这十年：中国文化外语微视频大赛优秀案例集 /
张福庆，周书民，廖华英主编 . -- 沈阳：东北大学出版
社，2024. 9. -- ISBN 978-7-5517-3623-7

　Ⅰ . G641

中国国家版本馆 CIP 数据核字第 20245PL370 号

出　版　者：东北大学出版社
　　　　　　地址：沈阳市和平区文化路三号巷11号
　　　　　　邮编：110819
　　　　　　电话：024-83683655（总编室）
　　　　　　　　　024-83687331（营销部）
　　　　　　网址：http://press.neu.edu.cn
印　刷　者：辽宁一诺广告印务有限公司
发　行　者：东北大学出版社
幅面尺寸：170 mm × 240 mm
印　　张：18.25
字　　数：336 千字
出版时间：2024 年 9 月第 1 版
印刷时间：2024 年 9 月第 1 次印刷
策划编辑：汪子珺
责任编辑：项　阳
责任校对：刘凯峰
封面设计：潘正一
责任出版：初　茗

ISBN 978-7-5517-3623-7　　　　　　　　定　价：98.00 元

《我们这十年——中国文化外语微视频大赛优秀案例集》

编 委 会

丛书总编　廖华英

本册主编　张福庆　周书民　廖华英

副 主 编　陈　鹏　李　勇　刘　虹　刘　洋　骆　蓉

　　　　　　沈婷婷　夏　菲　叶长盛　于智颖　朱　婷

总序

"文化是一个国家、一个民族的灵魂。文化兴国运兴，文化强民族强。"[①] 党的十八大以来，以习近平同志为核心的党中央高度重视文化在党和国家事业发展中的重要作用，中国特色社会主义文化事业取得历史性成就、发生历史性变革。2023年10月，全国宣传思想文化工作会议正式提出了习近平文化思想。习近平文化思想是习近平新时代中国特色社会主义思想的重要组成部分，是对马克思主义文化理论的丰富和发展，也是对中华优秀传统文化的继承和发展。习近平文化思想作为习近平新时代中国特色社会主义思想的文化篇章，是新时代以习近平同志为核心的党中央领导中国特色社会主义文化建设的理论创新和科学总结，是指导推动文化繁荣、建设文化强国、建设中华民族现代文明的强大思想武器和科学行动指南。

推进习近平文化思想"系统进教材、生动进课堂、扎实进头脑"[②]是当前高校思政课建设普遍关注的热点问题，也是国家教育部门急需解决的重大理论问题和现实问题。在此背景下，思考"大思政课"实践教学模式创新，对于提高"大思政课"实践教学质量，落实习近平文化思想在学生灵魂深处扎根、发芽、开花、结果，乃至完成立德树人根本任务具有重要的理论价值和实践意义。

为深入贯彻落实习近平总书记关于思政课建设的重要论述、关于"大思政课"的重要指示批示和在中国人民大学考察时的重要讲话精神，全面推动思政课改革创新，推动思想政治教育创新发展，2022年8月，教育部、中央宣传部、中央网信办等十部门印发《全面推进"大思政课"建设的工作方案》，提出要坚持"开门办思政课"，"强化问题意识、突出实践导向"，"充分调动全社会力量和资源，建设'大课堂'、搭建'大平台'、建好'大师资'，建设全国

---

① 习近平：《决胜全面建成小康社会 夺取新时代中国特色社会主义伟大胜利》，《人民日报》2017年10月28日，第1版。

② 王凌硕、刘迎军：《系统进教材 生动进课堂 扎实进头脑》，《解放军报》2011年7月28日，第1版。

高校思政课教研系统，设立一批实践教学基地，推出一批优质教学资源，做优一批品牌示范活动，支持建设综合改革试验区"，特别提出要"善用社会大课堂"，"落实思政课实践教学学时学分。高校要严格落实本科2个学分、专科1个学分用于思政课实践教学的要求，中小学校要安排一定比例的课时用于学生社会实践体验活动"。

为深入落实立德树人根本任务，我国多所高校联合大力推动"大思政课"建设，坚持以学生学习、实践和发展为中心推动"大学生讲思政"，激发大学生的积极性、主动性和创造性，促使大学生完成了由"倾听者"向"传授者"的角色转换，旨在打造属于大学生自己的"移动"思政课堂，充分运用我国各区域文化建设资源让高校思政课堂"实起来"，"行走的中国文化"让思政课堂"活起来"，"知中国、爱中国、讲中国"让思政课堂"亲起来"，引导大学生在"行走的中国文化"大思政课中受教育、长才干、作贡献，让更多大学生真正成为学习思政课的主角、上好思政课的主力、践行思政课的主体。

中国文化源远流长，中华文明博大精深。作为中国文化教师或者学习中国文化的学生（含留学生），无论是"教"还是"学"，对于中国文化的了解都相对肤浅，或者只了解本地域的文化，对其他地域文化了解不深。为了促进大学生"知中国、爱中国、讲中国"，在教师层面，我们创立"中国文化教学与实践"虚拟教研室，该教研室的成员高校既是参与者也是主办者，采取轮流的方式，定期举办"行走的中国文化"研学活动；在学生层面，我们打造"行走的中国文化""大学生讲思政"思政课堂，出版《行走的中国文化——学生优秀实践作品案例集》丛书，充分展现学生如何在行走中理解、体验中国文化。在传播中国文化的过程（如主题选择、文本设计、微视频创作等）中如何克服遇到的瓶颈和困难，以及最后的感悟等能很好地展示学生思政输出的过程，也能真实体现指导教师如何用教育智慧、仁爱之心去引导大学生在"知中国、爱中国、讲中国"的学习体验中立志做有理想、敢担当、能吃苦、肯奋斗的新时代好青年。此外，成员高校充分结合自身所处的文化领域优势（如河南大学的黄河文明、江西豫章师范学院的豫章文化、江西景德镇陶瓷大学的陶瓷文化等），积极开展多样化的文化创新实践活动，形成具有区域文化特色和高校鲜明特征的《行走的中国文化——学生优秀实践作品案例集》丛书，多区域、多学科领域、多维度精彩呈现"大学生讲思政"思政课堂的文化创新实践成果。《行走的中国文化——学生优秀实践作品案例集》丛书既是化整为零、亦是化零为整的中国文化大实践，涵盖全国多所高校的学生作品，包含多种地域文化，真正实现"实践知识图谱"。

中国广袤的大地上，流淌着五千年的文明血脉，凝聚着无数先贤的智慧与汗水。这些璀璨的文化瑰宝，不仅是中华民族的骄傲，更是全人类共同的宝贵财富。今天，我们欣喜地看到，新一代大学生正用他们的脚步和心灵，去探寻、去感知、去体验、去传承、去讲述这份厚重的文化遗产。《行走的中国文化——学生优秀实践作品案例集》这套丛书，正是这一时代潮流的生动写照。它汇集了多所高校众多学子的实践作品，通过他们的视角和笔触，展现了中国文化的博大精深和独特魅力。无论是深入乡村感受中国乡土文化的淳朴与真挚，还是走进古迹新城聆听历史的回响与呼唤，抑或是跨越千山万水探寻民族文化的多样与融合，这些实践作品都充满了青春的气息和时代的活力。这套丛书的出版，不仅是一次对学生文化创新实践成果的展示，更是一次对中国文化的深刻反思与传承创新。它提醒我们，文化不是一成不变的陈词滥调，而是活生生地存在于我们的生活中，需要我们用心去体验、去感悟、去传承。同时，它也激励着我们这一代人，更加珍视和传承好我们的文化遗产，让它在新的时代里焕发出更加绚丽的光彩。我衷心希望这套丛书能够成为连接过去与未来的桥梁，成为沟通传统与现代的纽带。更多的人可以通过它了解中国文化的深厚底蕴，感受中华民族的精神力量。同时，我也期待更多的青年学子能够加入探寻和传承中国文化的行列，用他们的智慧和才华，为中华文化的传承与发展贡献自己的力量。最后，我要向所有参与这套丛书编写的师生表示衷心的感谢，是你们的辛勤付出和无私奉献，才让我们有了这样一部充满活力和生命力的作品；也要向在"行走的中国文化"这一活动过程中一直在虚拟教研室建设、研学活动等方面予以支持和助力的学堂在线欧阳倩玲、丁念怀，三文教育集团苏文华、熊斐，学研汇智陈丽莉等表示衷心的感谢。愿我们共同努力，让中国文化的薪火代代相传，永远熠熠生辉。

丛书总编　廖华英

2024年4月

序言

改革开放以来，尤其是近十年，中国经济进入高质量发展阶段。中国正逐步实现科技强国、航天强国、教育强国、网络强国和数字中国等美好愿景。党的二十大报告成功推进并系统阐述了中国式现代化。习近平总书记指出："当代中国，江山壮丽，人民豪迈，前程远大。"[1]"讲好中国故事，传播好中国声音，展示真实、立体、全面的中国，是加强我国国际传播能力建设的重要任务。"[2]

高校肩负着人才培养、社会服务、文化传播和国际交流等重要职能，具有学科积淀和人才储备等独特优势，是开展国际传播的一支重要力量。高校师生应充分发挥自身特色和优势，把握好"讲什么""谁来讲""怎么讲"的问题，为讲好中国故事、传播好中国声音作出贡献。

近日，东华理工大学完成了《行走的中国文化——学生优秀实践作品案例集》之《我们这十年——中国文化外语微视频大赛优秀案例集》的编写，正当其时。

《我们这十年——中国文化外语微视频大赛优秀案例集》主要是由第七届中国文化外语微视频大赛的获奖作品案例结集而成。这次微视频大赛是"中国文化教学与实践"虚拟教研室与东华理工大学联合举办的微视频大赛，共收到来自20所高校的几百个视频作品。本书遴选出42个优秀作品，从不同角度折射出中华优秀传统文化和当代中国文化的鲜明主题。本书是国内具有代表性的中国文化学生作品案例集，具有以下三个特色：

第一，全书采用学生视角，亲身讲述更具温度的中国故事。案例中的"我们"是在高校读书的求学者，是中华优秀传统文化的体验者，是红色基地革命精神的传承者，也是从小到大目睹我国城乡巨变的亲历者。第一人称叙述了当代大学生对近十年来中国城乡巨变的震撼和自豪，也细腻呈现了在社会发展过程中中华优秀传统文化如何得到"创造性继承和创新性发展"。

---

① 习近平：《增强文化自觉坚定文化自信 展示中国文艺新气象铸就中华文化新辉煌》，《人民日报》2021年12月15日，第1版。

② 习近平：《加强和改进国际传播工作 展示真实立体全面的中国》，《人民日报》2021年6月2日，第1版。

第二，本书采用小切口叙事，以小见大地挖掘更有深度的中国故事。与以往中国故事多塑造历史先贤、仁人志士、英雄人物不同，本书所聚焦的多是普通的中国人。他们在过去十年的中国社会变迁中，扮演着朴素但又重要的角色。例如，《捏泥问火　铸炼初心》中讲述的甘肃陶印艺术家黄晓宇，他曾是酒泉卫星发射中心的一名战士。他热爱艺术，在军旅生活中依靠自学实现艺术梦想，凭借自身努力取得成功，成为甘肃省高级工艺美术师和篆刻家，是甘肃地区艺术家的杰出代表。《朱老师这十年》的主人公是一位乡村小学教师，也是案例讲述者的父亲。讲述者从有形和无形两重视角叙述了父亲身边发生的变化。朱老师所执教的小学办学条件的提升是有形的变化，而教师们教育理念的进步则是无形的变化，折射出我国乡村基础教育的改变。

第三，本书涵盖的主题丰富多样，全方位展示了有广度的中国故事。从中既能见到中华优秀传统文化的身影，如《窑火中的复兴》展现了景德镇陶瓷文化的变化历程，揭秘了工匠传承精神，用陶瓷文化讲述了新时代中国故事。《绣河南韵味　传匠心精神》将汴绣传人王素花作为匠心精神的象征和当代汴绣人的代表，体现了十年来以汴绣为代表的中国传统非遗文化的深刻变革。也能感受到十年来中国城乡的巨变，如《十全食美　那山那情》介绍了一对勤劳质朴的农民夫妻。他们是中国众多小微创业者的缩影，也是中国经济发展的追随者和受益人。《蜕变》讲述了内蒙古小城康巴什从戈壁滩上的贫困乡村"变身"为全国4A级旅游城市过程中的神奇蜕变。除了中国学生的优秀作品案例外，本书还提供了另一种独特的视角，即从来华留学生的视角介绍他们眼中的中国。来自亚洲、欧洲、非洲的十多个国家的留学生讲述了他们在华学习生活的亲身经历，按照"中国初印象""中国好风光""中国趣体验""中国深体会"四个部分展开。

《我们这十年——中国文化外语微视频大赛优秀案例集》展示了中外大学生视角下近十年的中国故事，呈现了中国城乡巨变中普通人的喜怒哀乐、奋力拼搏、挫折艰辛，见证了中国社会发展中的一个个历史性时刻，是时代脉搏与个人命运共振的真实写照。

该书的出版是高校育人工作的优秀成果，也是当代中国大学生讲好中国故事的代表。

刘建达

2024年4月

前言

　　推进课程思政建设，是落实习近平总书记在全国高校思想政治工作会议上强调的"守好一段渠、种好责任田，使各类课程与思想政治理论课同向同行，形成协同效应"的重要举措，旨在使德育与智育相统一，推动实现全员全过程全方位育人。探索课程的社会实践育人模式需要遵循事物的客观发展规律，让学生在进行社会实践的过程中增强自我认知，提升专业技能。

　　基于此，东华理工大学国家级社会实践一流课程"中国文化概况"在2017年便开始了"中国文化外语微视频大赛"社会实践育人模式。2017—2024年，该赛事从本校班级间的评比，逐步发展为全国高校参与的赛事，吸引了全国百所高校上万名学子参赛，先后产生了3000多个外语微视频作品。赛事每年应情应景开展主题专赛，如2019年的"中国红色文化主题专赛"、2020年的"抗击疫情下的中国故事"等。

　　2023年第七届赛事以"我们这十年"为主题，旨在以微视频形式为主体，充分挖掘视频资源，聚焦中国特色，基于文化传承、文化创新与历史沉淀，多角度、全方位地用外语元素展现中国近十年的变化，展现新时代中国人民的精神面貌和中国式现代化的成就与风貌，提升学生的民族自豪感和自信心。

　　学生微视频作品从多维度体现了中国近十年的变化，如有些记录了他们的家乡、家庭和个人的变化，有些记录了他们的所见所感或一些优秀感人的事迹和人物等。他们将所见、所思、所行与国家和社会紧密结合，反映了学生在创作中思想和观念升华的过程。指导教师在指导过程中也强化了育人理念，更理解了如何才能成为"经师、能师、人师"。

　　为更好地"还原"学生团队在整个作品创作过程中从组队、选题、创作流程、创作瓶颈与困难、感悟与反思中获取学生的思维和成长变化，以更好地了解学生、了解教师，为将来学校开展各类学生实践提供很好的指导，编写组决定编写《行走的中国文化——学生优秀实践作品案例集》丛书的首册《我们这十年——中国文化外语微视频大赛优秀案例集》（以下简称《案例集》）。

　　《案例集》分为中国学生作品和留学生作品两大部分。第一部分遴选了来自全国10所高校19个优秀学生微视频作品创作案例。每个案例大致由导语、作品简介、创作流程、创作过程、创作心得、作品主要人物叙述、指导教师手记、作品点评等部分构成。第二部分汇聚了23份主要来自"中国文化教学与实践"虚拟教研室成员高校的教师指导的留学生稿件"我眼中的中国",从他们的视角讲述中国故事。

《案例集》图文并茂、故事性强,作品选题新颖,从学生的视角反映了中国社会在基础教育、乡村振兴、中国梦、城市变革、文化传承等方面的变化;以第一人称视角描述更具有真实性和代入感。学生的创作心得和指导教师手记是《案例集》的亮点。从案例中可以看到师生融洽相处、在行走中成长,体会到团队合作的重要性等。

《案例集》在编写的过程中得到了许多专家和同行的大力支持。教育部大学外语教学指导委员会副主任委员刘建达教授为本书作序,教育部课程思政教学名师、东华理工大学廖华英教授进行了点评,赞扬了每部作品都能"以小见大",用发生在自己身上或周边具体的案例呈现中国十年的巨变,这些都是学生学会观察、投入社会实践产生的效果。同时,作品创作能灵活地运用外语特有的表达方式和修辞手法,将中国元素与时代背景相结合,提高了大学生用外语"讲好中国故事"的能力和自信。他们所做的一切激励和鼓舞了教师和学生讲好中国故事。

在编写《案例集》的过程中,要感谢所有提供案例的学生和教师,他们的体验、创造和智慧为将来更多好作品的诞生提供了价值参考;感谢"中国文化教学与实践"虚拟教研室全体成员高校的支持,他们的积极参与成就了《案例集》的多元化和广阔的视野;感谢东华理工大学教务处给予的支持。

遗憾的是,由于篇幅有限,部分作品案例没有纳入《案例集》,但这些作品和感悟也令人铭记于心,深受感动。同时,由于时间紧迫,本书难免有不足之处,恳请读者批评指正。

本书为江西省高等学校教学研究重点教改项目"大学'开学第一课'教学模式探索与实践(JXJG-22-6-8)"、2023年江西省高校思想政治工作精品重点项目"'知中国、爱中国、讲中国'——《中国文化(英)》课程育人体系建设(赣教高字〔2023〕1号)、江西省2023年度教育科学规划课题"'双一流'建设背景下地方行业特色高校拔尖创新人才培养机制研究(23ZD012)"等3个课题的研究成果。得到以上课题的资助,在此一并感谢。

编委会

2024年4月

目 录

第二部分 "我眼中的中国"——留学生作品案例集

第一部分

「我眼中的中国」

中国学生作品案例集

ZHONGGUO XUESHENG ZUOPIN ANLIJI

导语

　　2013年，在联合国"教育第一"全球倡议行动一周年纪念活动视频讲话中，习近平总书记庄严地向全世界发出宣告："努力让每个孩子享有受教育的机会，努力让13亿人民享有更好更公平的教育。"党的十八大以来，以习近平同志为核心的党中央高度重视义务教育，推动义务教育取得跨越式发展和历史性成就，基础教育的发展要求从数量转向质量，追求更加公平均衡和高质量。2020年4月，习近平总书记在陕西考察时强调，要推进城乡义务教育一体化发展，缩小城乡教育资源差距，促进教育公平，切断贫困代际传递。

　　乡镇小学教师朱老师的这十年，见证了国家坚持以人民为中心，持续推进教育公平，补齐民生短板，推动城乡义务教育一体化发展，促进义务教育优质均衡发展；见证了一所乡镇小学的时代变迁与教育发展；也见证了一位乡村教师从教三十年的无悔坚守与教育理想。

朱老师这十年

The Decade of Mr. Zhu

东华理工大学　学生团队：朱艺洁　指导教师：廖华英

一、作品简介

　　作品通过一名有着三十年教学经验的乡镇小学教师近十年的经历，呈现了我国乡村基础教育发生的变化。作品的主人公朱老师是团队负责人朱艺洁的父亲，其亲身经历让整个故事更具有真实性和代表性。作品从有形和无形两条变化主线展开，突出了对比性。朱老师所执教的小学自20世纪中叶建校以来，经历了几次校址变迁，人们看到了有形的变化，也就是校园环境、基础设施等硬件的改变。在过去的十年里，国家积极推进基础教育改革，颁布了教育新政，教师的教育理念也有了很大的改观，这是无形的变化，即软件的改变。作品以朱老师为切入点，以小见大，由发生在他身上的变化折射出我国乡村基础教育的改变。

二、创作流程

1. 选题缘由

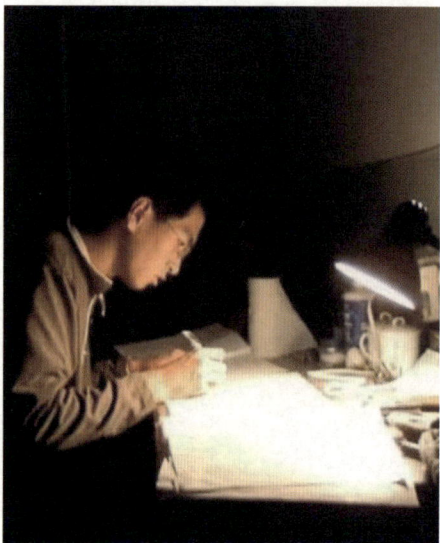

图1　10年前的朱老师伏案备课

当了解到第七届中国文化外语微视频大赛的主题是"我们这十年"时，我首先回想起自己这十年的学习历程。10年前还处于中学阶段，作为学生的我当时的主要任务就是学习；而现在作为一名英语师范专业学生，未来即将步入中小学教师这个行业。虽然这是一个由学习者逐渐向教学者转变的过程，但由于经验不足，对这十年间变化的感受不甚强烈。思及此，我把目光转向了在家中备课的父亲。在我的记忆中，父亲一直是一名尽职尽责的人民教师，参加工作三十年，俨然是一名有着丰富经验的"老教师"了。在我的记忆中，他好像总是十分忙碌，一直都在进步。为一探缘由，我选择了"朱老师这十年"这个选题，对父亲十年来的经历进行了进一步的探索，希望通过一个平凡教师的十年历程缩影，发现我国（尤其是江西）乡村基础教育发生的改变。

尚未正式确定选题时，我与老师和同学们分享了初步的构思，得到了大家的支持与鼓励。指导教师廖华英教授告诉我，讲述一个国家的发展与进步，不一定要从宏观的角度出发，可以以小见大，毕竟我们在生活中接触更多的都是一些平凡的人，而他们都做着平凡而又伟大的事情。这种贴近生活的、真实的故事是最能体现中国现实的好故事。至此，我正式确定了选题，从身边的平凡人出发，通过捕捉一些切身感受到的变化，进而进行思考，最终升华主题。

2. 团队组建

因本次作品涉及父亲这个角色，我做出了独立完成的决定。

三、创作过程

在确定主题之后，我进入了构思环节。该拍摄哪些内容？用什么方式拍摄？需要搜集哪些相关素材？如何呈现视频效果？怎样分配好视频时长？解决好这些问题可以帮助自己后续工作的有序开展。

1. 标题的确定

本次的选题是通过"小人物"来展现国家基础教育改革带来的"大变化"，那么主人公的选取就应该具有真实性和代表性。因此，我选择了以我的父亲朱老师的视角见证我国乡村基础教育近十年的变化。

2. 框架结构

整个视频框架分为三个部分，其中包含一条贯穿前后的主线和突出对比变化两个方面。

第一部分是通过父女日常互动故事来引入教育变革这个主题；第二部分是以主人公朱老师的视角，从校园环境、教学条件、教师自我提升、课程变化、教师工作等角度来分析近十年发生的改变；第三部分是分析发生这些改变的深层原因以及所带来的影响，最终升华主题"我们这十年"。整个视频策划以朱老师对十年变革的回忆来进行突出对比，从而折射出我国基础教育十年间的不断发展带来的非凡意义。

3. 素材搜集

制定好具体的拍摄流程与构思后，开始相关具体素材的搜集。这不仅需要根据之前制定的框架设计好问题，对朱老师本人进行采访，还要邀请同学到朱老师所在的学校拍摄相关素材。由于校址已经变迁，我们拍摄了新校区的一些实地照片，再通过朱老师的回忆、观看校史宣传栏以及查询一些网络资料，成功还原了该学校十年前的大致模样。朱老师带着我们进行参观时，我们真正感受到了学校发生的巨变。新校区俨然是一座充满现代化气息的小学。

图2　10年前后的校门

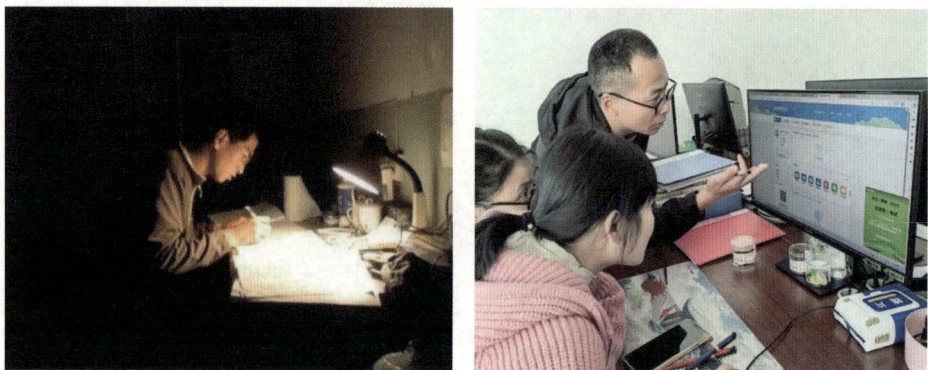

图3　10年前后的办公条件

学校配备了各式各样的特色教室，有图书室、电子阅览室、计算机室、美术教室、音乐教室、书法教室、舞蹈教室等，供学生参加课后延时服务兴趣社团使用。

图4　书法教室和电子阅读室

图5　图书室和舞蹈房

图6　计算机室和美术室

图7　科学实验室

学校为了提升教学科技化水平，创新教学模式，配备了一间集教学观摩、教研录播、远程互动等功能于一体的现代化、数字化专用录播教室。

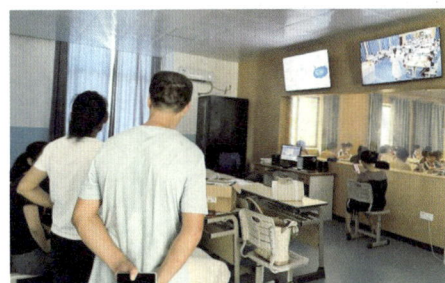

图8　教学录播室

用爱心点亮心灯，用真情助燃希望。除了关注学生的"五育"教育，学校还重视学生的心理健康教育，设置了专门的心理咨询室。

图9　心理咨询室的情绪宣泄区域

此外，学校还实施了校企合作教学，如与支付宝公益上海真爱梦想公益基金会联合打造了"梦想教室"，创建了"刘莹姐姐"工作站，关爱留守儿童，抵制校园霸凌等。

图10　"梦想教室"

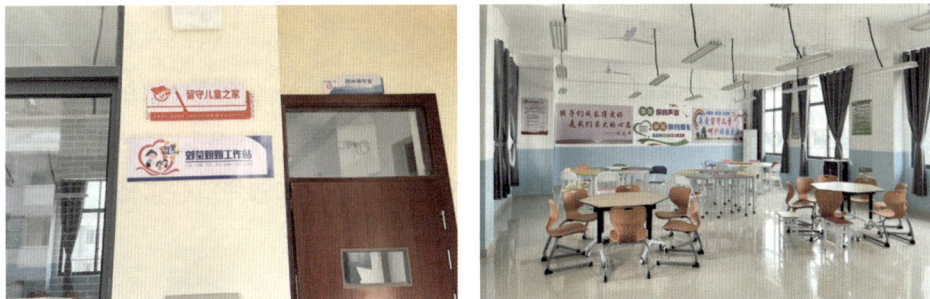

图11 "刘莹姐姐"工作站

总的来说，朱老师所在学校的变化不仅仅是校址变迁，还包括教学硬件设施方面有形的改善，以及学校办学理念方面产生的无形的进步。

图12 学校新面貌

4. 撰写脚本

依据所搜集到的素材，我们发现基础教育这十年的改变远超想象，所以又对视频内容进行了一些补充与细化，开始撰写视频脚本，完成文案翻译等工作。完成初步脚本后发给指导教师进行检查核对，争取做到精益求精。

5. 视频剪辑

按照视频的总体框架设计及脚本文案，把搜集好的视频、音频、图片素材导入软件，进行视频的剪辑工作。

Shooting plan
拍 摄 计 划

● words　　　● pictures　　　● short video　　　● interview　　　● PPT

✓ In a PPT template, the story background is described in text, supplemented by picture explanation.
素材插入ppt模板中，文字介绍背景，辅之以图片解释

✓ Then take some comparative videos of the changes of old and new things, and re-visit the old place to make a memoir.
拍摄一些关于新旧事物变化的对比视频

✓ The whole video is introduced in the form of interview and Q & A, in which the protagonist narrates memories and experiences.
以人物采访为主线，主人公的回忆和经历贯穿视频主线

图13　拍摄计划

6. 困难与瓶颈

在整个创作过程中，我们也遇到了一定的时空阻碍，常常需要召开线上线下会议。

视频作品不仅需要录制英文旁白，还需要对人物进行采访问答。如果处于室外或一些嘈杂的环境中，对收音设备的音质、降噪效果有一定的要求。考虑到没有好的摄影设备这个问题，老师主动询问我们是否需要专业的收音麦克风以及三脚架之类的拍摄设备，为作品的拍摄提供了很多的硬件支持。

图14　召开线上和线下会议

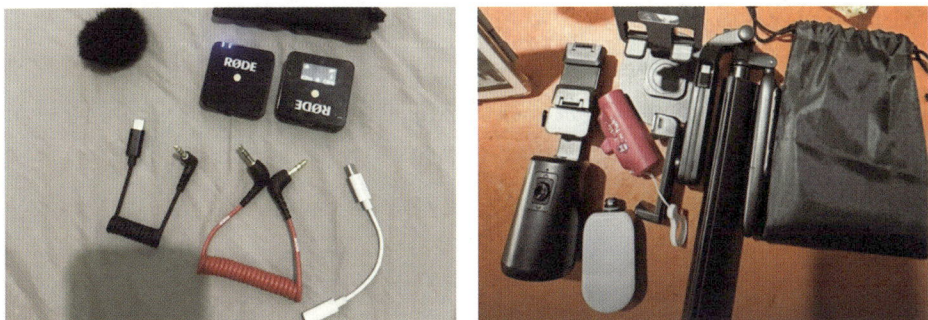

图15　收音麦克风和手机三脚架

在东华理工大学、内蒙古大学、兰州交通大学三校联合开展的虚拟课堂——"我们这十年"选题分享中，我代表东华理工大学做了选题分享，如设计初衷（选题原因及意义）、设计过程（"有形"和"无形"的变化、具体拍摄步骤），同时提出了一些对选题的困惑与思考。在虚拟课堂上，现场及场外的老师和同学都对这个选题思路表示了赞同。围绕我的困惑，三校指导老师和同学都给予了很多可行性的建议。比如，有同学提出，既然此次选题是以父亲为主人公，那么在叙述中也可以添加一些父女之间关于教育的小故事，这样可以让整个作品更具温情；也有指导老师提出，在这个故事中，可以多角度叙述，不光是按照时间顺序，也可以从女儿或父亲的角度来叙述，但同时需分清主次，以父亲的亲身经历为主线，会让整个故事的层次更丰富。这些建议的提出，给我提供了更好的思路，让我在如何进一步升华主题的问题上找到了解决方法。

图16　利用虚拟课堂开展选题分享

7. 难忘的回忆

在视频制作完成后，我深深感受到此次实践的非凡意义。作为视频主人公朱老师的女儿，我借着拍摄素材的机会，第一次来到了父亲的新学校并观看他上课。从前在我的记忆中，父亲是一个不善沟通的人，在小学阶段，我记得放学回家吃过晚饭后，我会和他默默地坐在一张桌子旁，我学习，他备课，很少交流，好像这样已经形成了一种默契。而自从我观摩了父亲的课堂，才发现原来工作中的他是那么和蔼可亲，深受学生的喜爱，甚至因为他名字里带个"保"字连办公室的同事都亲切地喊他"保保"这样可爱的昵称。所有这些亲身的感知都让我对他产生了一种巨大的反差感。

图17　教学中的朱老师

我邀请了一位同学去参观学校。她是比我大一届的楼下邻居姐姐，也曾在父亲任教的学校就读。她看到学校的变化也十分惊讶。她说，从前一个班几乎要容纳80~90名学生，学生们有些只能拼桌上课。但现在，每个班的人数不超过45人，大家都在宽敞明亮的教室上课。母校的校园环境和文化氛围发生了如此大的改变，给她留下了深刻的印象。

图18　10年前后的课堂

四、创作心得

通过此次拍摄任务，我深刻体会到了弘扬教育家精神、勇担新时代使命的重要性。在此之前，我从未想过去仔细观察自己父亲这样一位平凡的人民教师。他的这十年，经历的是不平凡的时代变迁。这次实践告诉我，要善于发现平凡中的伟大之处，见微知著。当我进行实地采访时，更是发现这十年来我国乡村基础教育发生的变化远超我的想象，也更加坚定了我投身教育事业的决心！

图19　朱艺洁（团队负责人）

通过此次创作，我围绕着基础教育改革深刻思考了两个问题。

第一，为什么基础教育会发生如此巨大的改变？通过搜集各种资料，我了解到自党的十八大以来，我国陆续出台了关于学前教育深化改革规范发展、全面提高义务教育质量、推进普通高中育人方式改革、减轻学生作业和校外培训负担、建立中小学党组织领导的校长负责制等方面的专门针对基础教育的重要文件，并召开了全国基础教育工作会议，进一步加强和完善了基础教育的相关政策，对新时代基础教育高质量发展作出全面系统的部署；同时，国家还出台了关于劳动教育、体育美育、教师队伍建设、教育评价、教育督导等方面覆盖各学段的重要文件，为深化基础教育综合改革提供了有力保障。教育部还联合相关部门制定了德育工作指南、办学质量评价、教育数字化、教研工作意见等一系列配套文件，力求到2035年全面实现义务教育优质均衡发展，实现中国教育现代化，总体构建了新时代基础教育改革发展的制度体系。除此之外，教育投入一直是公共财政第一大支出，基础教育改革的稳步发展离不开国家财政的大力支持。科教兴国，人才强国；百年大计，教育为本。步入新时代，从教育大国迈向教育强国，基础教育将为中华民族伟大复兴续写新篇章。

第二，基础教育改革所带来的这些改变具有怎样的现实意义？教育部于2022年4月开始召开了"教育这十年""1+1"系列发布会，从各个角度详细介绍了我国近十年教育改革发展所取得的卓越成效。基于此，我也对教育改革带来的现实意义进行了一些思考。

首先，从个人角度来说，我能从学校发生的这些令人欣喜的变化之中感受到父亲对教育的热爱和责任心。其次，对于小家来说，父亲作为一名人民教师，他身上因为这些变化而带来的进步也会一代一代传承下去，言传身教，惠及子女。美好蓝图已绘就，砥砺奋进正当时。作为一名即将步入教师行业的学生，我也更能从中感受到新时代赋予青年人的使命。最后，从社会层面来说，良校育学，良师育人。回首十年，基础教育改革成效斐然，为中小学生健康成长和学习创造了良好的条件，营造了良好的氛围，推进了教育教学的高质量发展。

五、作品主要人物叙述

坚守三尺讲台，潜心教书育人

——朱老师

图20　朱老师参加青年教师的观摩公开课

"桃李春风一杯酒，江湖夜雨十年灯。"有人十年辛苦不寻常，写就不朽名篇；有人十年征战越天山，铸就青史留名；也有人十年独守大漠，种树千顷造福一方；更有人十年攻坚克难，送嫦娥奔月，潜蛟龙入海。中华民族就是在一个又一个默默无闻又掷地有声的十年里，成就了梦想、书写了华章。让我们一同去回望，品鉴十年荣光。

人生短短几十载，一转眼就从弱冠少年到了知天命的年岁。而我想我的这十年应是"坚守三尺讲台，潜心教书育人"。像小树那样一毫米一毫米地生长，是非常美妙的过程。而育人的过程，莫不如是。从事教师行业三十年了，所感受到的时代变化是十分强烈的。十年前，每次上班都要经过古老的小巷，两边是高高的围墙、雕花的屋檐，这些质朴的房屋收藏着岁月的痕迹。随着时代的变迁，旧城区改造，周围的房屋纷纷拆迁，而坐落在小巷里的老校区随着办学规模的扩大和教育水平的提升也规划着搬迁。2022年底，新校区正式落成。

崭新的校园环境、合理的规划、各类多功能教室的建成为教育教学带来了极大的便利。缩小班额，教室不再拥挤；"双减"落地，开设各类个性化课程服务，满足学生全面发展需求；开辟劳动实践基地，新时代生态文明建设从娃娃们抓起，让同学们从"学农"中感受到农作的艰辛和农民的不易；开设科学实验课，从小树立"科技创新、强国有我"的志向；全县的首个录播室、大规模的报告厅，都为教育教研工作提供了强大的助力。

"师者，所以传道受业解惑也。"常言道，要给学生"一碗水"，教师就应该有"一桶水"，甚至是"一潭水"。在这十年间，我愈发深刻体会到教书育人并非易事。教师自古以来就被称为智者，好的教师要有终身学习的习惯，力争做一名新时代的智慧型教师，不断提高传道受业解惑的能力。

"师也者，教之以事而喻诸德者也。"人以信立世，师以德育人。教师的一言一行对学生有着潜移默化的作用，他们是青少年扣好人生第一粒扣子的引导者和帮助者。正人必先正己，在这个高度信息化的时代，教师要树立正确的三观，在言为士则、行为世范中陶冶道德情操。

这十年来，国家对教师队伍的建设越来越重视，从"四有"好老师到"四个引路人"，从成为"经师"和"人师"的统一者到成为"大先生"，再到中国特有的教育家精神。正所谓"日月忽其不淹兮，春与秋其代序"。一代又一代人，一个又一个十年，铸就了我们今天的黄金时代。新时代对教师群体提出了新要求，需要我们每一个教育工作者树立"躬耕教坛，强国有我"的远大抱负，不断提升自己的专业素养和师德，不辜负新时代赋予教师的期待和使命，培养好下一代青少年学子，续写下一个十年的光辉历程！

六、指导教师手记

用教育家精神激励你、我、他

—— 廖华英

当朱艺洁同学拿着众多选题思路来与我讨论时，似乎没有一个能打动我。我引导她，十年的变化可以是国家的大变化、城市的小变化，但有没有一个是你能看到的、只有你能讲述得清楚并值得推广的人或事？她眼前一亮，"那我讲我的父亲吧！"

她说她的父亲是一名有着三十年教龄的小学教师，而自己也即将毕业，想成为一名中学教师。我作为大学教师，感觉我们三个都同时有一种信仰，那就

图21　指导教师廖华英

是要像一名教育家一样思考、感悟和实践。

"十年的变化"给朱老师带来了更多教育的快乐，加深了他育人的理念，使他坚定了"不辜负新时代赋予教师的期待和使命，培养好下一代青少年学子，续写下一个十年的光辉历程！"

"十年的变化"使未来的"小朱老师"也感悟到"作为一名即将步入教师行列的学生，我也更能从中感受到新时代赋予青年人的使命！"而我作为一名有着三十七年教龄的大学教师，也想努力成为具有教育家精神的教师，为高等教育"发光发热"。

实践是教育家精神之源。正因为有了这次实践，朱艺洁同学真正体会到了像父亲一样的教师们是怎样"乐教爱生、甘于奉献""为党育人、为国育才"的，也让年轻一代更加坚定"教育强国"的决心。

作为你、我、他，教育家精神就是大家的指向标。它要求我们要以学生为中心，引导学生成为有道德、有才华、有责任心的人；要求我们勇于创新，不断改进教学方法和手段，激发学生的潜能；要求我们关注学生的全面发展，注重培养学生的创造力和批判思维能力；要求我们培养学生的综合素质和能力，激发他们的求知欲和实践能力，帮助他们成为有思想、有担当的人。

你、我、他，只是中国众多教师的缩影，让我们一起加油！

七、作品点评

《朱老师这十年》选题新颖，以小见大，聚焦十年来我国基础教育发生的变化。作品从"我"的视角重新观察自己的父亲朱老师，实地走访了他的学校，感受到了"有形"和"无形"的变化。难能可贵的是，作品除了呈现学校各种硬件条件的改善之外，还特别注重学生的美育、劳育培养，尤其是心理辅导。这些改变发生在一个普通贫困县的小学更是让人触动很深。作品通过细腻的观察和实地采访见证了国家在促进义务教育优质均衡发展方面做出的努力，也见证了一名乡村教师从教三十年的无悔坚守与教育理想，赋予了新时代青年对我国基础教育的理念传承和"教育强国"的信念。

导 语

2022年5月27日，习近平总书记在中共中央政治局第三十九次集体学习时的讲话中强调，中华优秀传统文化是中华文明的智慧结晶和精华所在，是中华民族的根和魂，是我们在世界文化激荡中站稳脚跟的根基。可见，中华优秀传统文化是中华民族的文化根脉与精神命脉，是中华民族生生不息、薪火相传、发展进步的思想源泉与精神动力。陶印大师黄晓宇"捏泥问火　铸炼初心"的奋斗之旅，既是工匠精神与民间艺术的交融激荡，也是新时代艺术家立足于民间艺术的创新实践，追寻文化自觉，不断从中华传统印章文化中汲取营养和智慧，以创新精神激活中华印章文化生命力，焕发民间艺术创造力，坚定文化自信，努力创造属于新时代的陶印艺术的过程。

捏泥问火　铸炼初心

The Original Aspiration of a Seal Cutting Artist

兰州交通大学　学生团队：周雅婷　豆　婵　陈丽亭　罗雨荷　邢聪聪

指导教师：刘　虹　黄晓宇

一、作品简介

本作品通过介绍甘肃省一位知名艺术家黄晓宇的奋斗故事，展示了民间艺术的独特魅力和艺术家的个人蜕变。这位陶印大师的艺术奋斗之旅折射出了大时代下"小人物"的成长历程，也侧面展现了十年来中国的发展变化，体现出中国梦与世界梦息息相通，中国正在为世界贡献自己的智慧。身处中国快速发展的时期，中国人应对中国式现代化道路有着更深切的体悟，对人类文明新形态有着更温情的理解，对中国和世界的美好未来有着更坚定的信心。

1998年12月入伍，在酒泉卫星发射中心发射测试站从事火箭燃料加注工作	2000年5月转入某军区，从事通信兵载波专业工作	2010年某军区艺术馆成立后，任馆长一职	2014年转业到兰州市政协书画院，任副秘书长

图1　黄晓宇的蜕变

二、创作流程

1. 选题缘由

介绍身边熟悉的人物，使视频更生动，更有吸引力，更能引起共鸣。	体现我们对中华传统文化的自信。	便于达到以小见大的效果，最终与中国整体发展相呼应。

图2　选题依据

本选题的亮点在于结合甘肃地域特色，从身边的普通人物出发，通过介绍艺术家的个人奋斗历程，展示了个人命运与国家发展的紧密关联。指导教师刘虹十分了解甘肃的特色地域文化。她提出，这次的视频作品可以围绕大学生创新创业团队的校外导师——黄晓宇老师展开。黄晓宇老师是甘肃省高级工艺美术师、篆刻家，兰州市政协书画院副秘书长，是甘肃地区艺术家的杰出代表。众所周知，文化遗产是中华优秀传统文化的重要组成部分。作为丝绸之路重要枢纽的甘肃，历史文化底蕴深厚，拥有众多历史古迹和民间传说。然而，由于地域的限制和宣传不足等原因，很多优秀的甘肃文化资源并未得到很好的开发与利用。

视频的主人公黄晓宇老师曾经是酒泉卫星发射中心的一名普通战士，但他在军旅生活中通过勤奋自学展开艺术寻梦之旅。几十年如一日，他凭着自身的努力和对中华优秀传统文化的热爱，一步步取得了现在的成就。著名书法家王东有先生曾在文章《黄晓宇陶瓷印的纯文本研究》中写道：

虽然甘肃并不缺乏个体的精英，但也无法感受到全新面目带来的尖叫和刺激。在这样一种语境下审视黄晓宇先生的陶印艺术，也就具有了某种告慰式的特殊意义。

在黄晓宇老师的身上，可以真切地感受到军人的刚毅与艺术家的初心，也可以充分地体会到甘肃这片土地上厚重的历史文化，更能见证大时代下的"小人物"追逐梦想的勇气以及作为新时代的奋斗者该有的样子。

总之，传播中华优秀传统文化是团队的创作初衷和使命，希望通过努力，为传承和发展中国文化作出微薄的贡献，希望更多的人能够关注和支持优秀的甘肃民间艺术，共同为中华优秀传统文化的传承和发展而努力。

2. 团队组建

为完成视频作品，我们进行了细致的任务分工。

表1　团队任务分工

分工任务	负责人员
中文文稿	周雅婷
英文翻译	罗雨荷、邢聪聪、豆婵
配音	陈丽亭
剪辑	周雅婷、常洋
摄影	江奇鸿

注：常洋同学和江奇鸿同学虽不是团队成员，但自愿为团队提供了部分技术支持，在此一并致谢。

在确定了团队分工任务后，我们制定了详细的视频作品推进流程。

表2　视频作品推进流程

时　　间（2023年）	任　　务
1月11日	召开团队线上会议，进行任务安排
1月19日	视频初步构思
2月1日	团队成员提供视频构思方案
2月5日	形成视频方案汇报文件

表2（续）

时　间（2023年）	任　务
2月9日	形成视频具体方案
3月	搜集彩陶相关素材
4月4日	形成最初拍摄脚本"捏泥问火　铸炼初心"
4月9日	指导教师反馈修改版脚本
4月10日	根据脚本形成拍摄清单，做外出去黄晓宇老师工作室调研的细节准备
4月11日	外出调研：参观黄晓宇老师工作室，了解陶印，根据脚本采访黄晓宇老师，进行视频素材采集工作
4月12日	分配任务，处理视频、图片及双语文稿
4月16日	总结调研并发布公众号
4月17日	初步分配视频素材整合任务
4月21日	结合素材修改、形成最终脚本；分配任务，包括文稿翻译、视频剪辑、配音及字幕
5月1日	团队研讨，形成最终版双语修改字幕
5月6日	最终视频整合，配音、字幕工作收尾，形成最终视频成果

三、创作过程

1. 创作思路

为了更好地展示作品的创作思路，我们设计了以下思维导图，具体包括：选题原因和过程、想表达什么变化、对中国什么方面产生了自信、遇到的问题和困难，通过清晰的思路更好地呈现作品的内容。

同时，我们还特别考虑到了作品的指导思想，即如何让

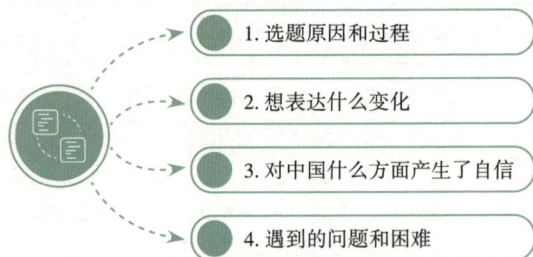

图3　创作内容设计思路

视频作品与众不同，让作品的标题、内容、思想、表现形式既合适又细腻，并且有特色、有深度。以下展示的是作品设计的指导思想。

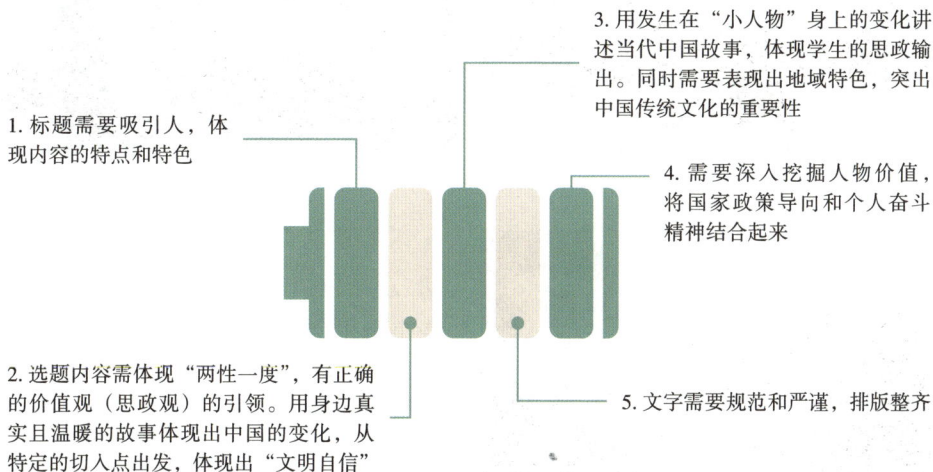

图4 作品设计的指导思想

1. 标题需要吸引人，体现内容的特点和特色

2. 选题内容需体现"两性一度"，有正确的价值观（思政观）的引领。用身边真实且温暖的故事体现出中国的变化，从特定的切入点出发，体现出"文明自信"

3. 用发生在"小人物"身上的变化讲述当代中国故事，体现学生的思政输出。同时需要表现出地域特色，突出中国传统文化的重要性

4. 需要深入挖掘人物价值，将国家政策导向和个人奋斗精神结合起来

5. 文字需要规范和严谨，排版整齐

最后，我们突出强调作品的两大特色：一是体现甘肃的地域特色，弘扬甘肃的非遗文化；二是体现黄晓宇老师从默默无闻到名扬天下的蜕变过程，通过个人的成长蜕变映射时代的发展与演变。

2. 创作实践

在比赛筹备的前期，我们做了充足的准备工作。2023年1月11日，针对本次比赛，我们开了第一次线上会议。团队负责人周雅婷讲解了赛事介绍和安排，展开讲述了选题和内容要求，并告知大家指导教师建议的选题思路和所需完成的目标及任务分工。1月19日，项目成员通过讨论后，以文件形式给周雅婷同学发送各自对视频大赛的构思和设想，最终由刘虹老师结合选题筛选整合，形成了参赛作品的初步构思。2月9日，在第二次线上会议中，我们从《登峰先生的十年》《铁血柔情尽显方寸之间》等多个题目中确定了《捏泥问火 铸炼初心》这一题目。同时讨论了两种拍摄方案，整理出了所需要拍摄的素材。之后，周雅婷同学在交流群里给我们分配了视频大赛汇报PPT的制作任务，并由她先检查修正，再交由刘虹老师进行指导把关和修改。2月12日，我们团队顺利参与了东华理工大学关于"选题指导"虚拟课堂录制，周雅婷同学表现出色，充分展示了团队的风采。刘虹老师的点评更是点睛之笔，为课程的录制增色添彩。

图5 团队负责人周雅婷在三校同堂"选题指导"虚拟课堂上汇报，刘虹老师点评

图6 团队成员观摩黄晓宇老师现场雕刻

在拟好了题为《捏泥问火 铸炼初心》的剧本后，我们团队前往了黄晓宇老师的工作室。一进入工作室，一股浓厚的艺术和人文气息从墙壁上的书画中散发出来，浸润着我们的心脾。稍作寒暄，我们便开始了采访和拍摄工作。之后，黄晓宇老师又带领我们参观了篆刻、陶艺、书法艺术品。素材准备完毕后，我们便开始了视频创作工作。在周雅婷同学的统筹规划下，整个视频创作过程虽然烦琐，但是凭借着团队力量和精神，我们最终克服重重困难，出色地完成了视频的创作。

3. 困难与瓶颈

在视频作品的创作过程中，我们也感受到了一些困难和挫折。例如，在主题的把握上，对如何有效提炼素材，将"小我（主人公）"的从戎从艺之路与祖国、人民和时代的"大我"进行有机结合，有效地凸显主题，是一个创作难点。我们通过与黄晓宇老师的访谈交流，读懂了人物的内心，撰写了饱含情感和感悟的解说词，表达人物丰富的内心世界。此外，第一次尝试拍摄视频作品的我们，缺乏专业的拍摄仪器、技巧和剪辑技术。通过不断尝试和调整，我们终于掌握了基本的拍摄技巧，能够将画面巧妙地串联在一起。

4. 难忘的回忆

对于团队来说，在制作的过程中最难忘的便是参观黄晓宇老师的工作室。2023年4月11日星期二下午，在指导教师刘虹老师的带领下，团队成员和校外导师黄晓宇老师进行了第一次线下见面并顺利开展了团队项目的第一次调研。在与黄晓宇老师的融洽交流过程中，团队成员们增加了对他的理解。例如，黄晓宇老师制作陶印时，从和泥、设计到刻印、烧制整个过程都是乐在其中，有自己的想法和特色，也完全享受其中的辛苦与乐趣，是真正的艺术生活。黄晓宇老师的工作室是一个充满艺术气息和创造力的自由天地。在这里，他以独到的匠心和精湛的技艺创作出了琳琅满目、美不胜收的艺术品，包括金石篆刻、书法绘画、陶瓷泥塑等，可称是硕果颇丰。在房间一角摆放着一块石板，上面刻着《陋室铭》，"水不在深，有龙则灵"。黄晓宇老师身上的艺术气息让整间屋子熠熠生辉。在艺术之美的熏陶中，我们看到了一双发现美的眼睛和一颗不怕烈火磨炼的真心。

四、创作心得

● 周雅婷（团队负责人）

我非常感谢我们这个团队。团队共有5位同学，来自不同的省份，有着不同的性格，但是我们不管遇到什么困难，都会为了完成共同的目标而积极合作、群策群力。通过共同完成这次比赛，我们彼此之间有了更多相互了解的机会。我相信团队如此融洽的氛围一定会铸就我们在未来取得更多佳绩！

图7　周雅婷（团队负责人）

图8　罗雨荷（团队成员）

● 罗雨荷（团队成员）

我认为这是一次很有意义的比赛，我们的选题让大家更加了解了陶印、篆刻等具有甘肃特色的艺术形式。参加了这次视频大赛后，我明显地感受到了团队的关系更加和谐与融洽，团队合作也越来越默契。总之，这次视频大赛对我个人见识的增长和团队能力

的提升都有很大的帮助。

● 豆婵（团队成员）

在此次视频制作的过程中，我主要担任后期字幕添加工作。我与另一位团队同学力求完美地配好每一句台词的中英文字幕，经过我们的反复斟酌和修改，最终出色地完成了任务。由于前期

图9　豆婵（团队成员）

参加了整个视频的拍摄过程，我们深知拍摄过程和后期制作视频同样不易。在这次拍摄过程中，我感触最深的除了黄晓宇老师令人动容和敬佩的事迹外，就是团队协作的重要性。正是因为有了团队成员的互相配合，一个优秀的视频才能得以产生。

● 陈丽亭（团队成员）

我在此次视频创作中主要负责出镜采访黄晓宇老师以及后期配音的工作。为了呈现视频娓娓道来的故事叙述感，我将自己的声线放平缓柔和，但控制自己的声线容易，将我们想要表达的精神声情并茂地传达给视频观看者却很难。经过这次视频创作，我深深感受到了视频制作的不易，切实体会到了原创视频的难得与珍贵，视频创作过程让我在拓展新技能的同时，也收获了共患难、共成长的团队益友、良师！

图 10 陈丽亭（团队成员）

● 邢聪聪（团队成员）

在参与创作视频之后，我最大的收获是掌握了新技能。在此之前，我从未参加过视频字幕的制作，这对我而言是全新的领域。而就成果来说，我较为出色地完成了任务，我为自己感到骄傲。除此之外，让我感受最深的是团队精神对于成功的重要性。没有一个团结互助、各司其职的优秀团队，我们绝对无法取得这样的成绩。

图 11 邢聪聪（团队成员）

● 创作反思

通过本次创作，我们受益颇多。首先，书道漫漫，印海茫茫，我们从视频主人公黄晓宇老师的身上看到了他在追求艺术的道路上勤于钻研，谦虚好学，善于博采众长为己所用，这对我们今后的学习和工作生涯将产生深刻的影响。黄晓宇老师始终不忘初心、砺学精进，以他的天赋才情和岁月积淀，以他的文化积累和创新精神，为青年人树立了榜样。其次，我们充分体会到了中华优秀传统文化的魅力所在。黄晓宇老师告诉我们要做"文化供养人"，这句话是指我们要以自身为桥梁，在历史文化与现代社会中寻求一个平衡点，细致入微地将传统艺术瑰宝融合进现实生活，保留传统艺术的

"汤底"，又精心加入了现代社会的"调料"，这对我们外语学习者不断将中华文化推广至世界起到了重要的启发作用。最后，这次创作过程不仅促进了不同学校之间的师生互动，互相借鉴经验、学习优点，也宣传了本校特色，展现了本校师生的向上风采。

五、作品主要人物叙述

我的陶印制造

——黄晓宇

在刻印的几年时间里，我逐渐认识到篆刻艺术同其他艺术一样，也是以抒情为本的。抒情是多方面的、即兴的，因而表现手法也就多种多样。2007年首届全国陶瓷印展，使更多的印人了解了这种新的印材，充分展现了当代篆刻艺术创作的材料、技法、风格及制作手段。

在传统印石因过度开采而面临枯竭的今天，陶瓷印章古彩生辉，在篆刻艺术家手中焕发了新的生命力。陶印以其独特的魅力被当代印人重新挖掘和研究，陶土、印胚、大小、形制、制钮，均随心所欲，充分显示了陶印独特的可塑性。质朴的陶泥，施以各式各样的彩釉，再经过烧制而产生的诸多变化着实令人着迷。

图12　黄晓宇老师在工作室与团队师生合影

25

陶印制作简单，大体分为和泥、塑形、雕钮、刻字和烧制五个阶段。和泥可就地取材，如果没有好的陶土，田野里的泥巴也行。经过漂洗等手段，将大部分碱成分析出，同和面一样，将陶泥揉筋道。制坯可随心所欲，充分发挥想象力，将传统的龟钮、瓦钮、鼻钮等造型与现代思想理念相结合，使造型及边饰丰富多彩，具有时代气息。待印坯风干之后，便可镌刻印文及边款，也可以先经过素烧之后再行刻字。最后就是入窑烧制。这一阶段相对复杂一些，需要掌握烧制技巧，控制时间、温度、施釉量等，减少烧制中产生的裂变，保证烧制出来的印章火候恰当，印面平整，釉质均匀。烧制陶印，电窑最好，容易掌握。如无，可以自制土窑，先用小枝叶预热，不断升温，最后用劈柴烧，以陶坯烧透为止，待灰烬熄灭，即烧成。

线条是篆刻的生命，线条的质量取决于印材以及刀法，而陶印恰恰能够表达出那种石质印材追求不到的效果。小心落墨，大胆用刀，听其自然又不任自然，刀在泥上山崩地裂的感觉随之而来，比如斑驳、残破，给人以诡秘、苍茫之感。无心就在有心后，有心造出无心，艺术创作要有一种任意感，陶印创作最适合大写意风格，这刚好适应了当代展厅下的视觉要求。陶泥的干湿程度不同，镌刻的线条效果也有很大差异，入刀的深浅、角度、速度等都直接影响着线条的质量，这需要长时间的琢磨和总结。

在远比印石松软的陶泥上施刀，表现的事物也就变得丰富多彩，在充分感受陶泥浑朴的同时，享受篆刻的挥洒自如。用刻刀"剖开"自己的心胸，让一点一滴的心血流进这方寸之间，把一腔热情抛给人们，要以我之刀，刻我之文，寄我之情，明我之意。

陶印制作流程如下。

(a) 和泥

(b) 塑形

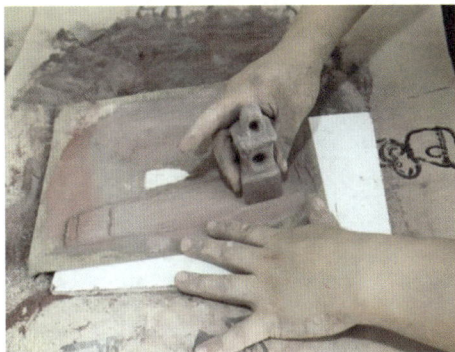
（c）雕钮

（d）刻字

（e）烧制

（f）成品展示

图13　陶印制作流程

六、指导教师手记

如果"云"知道

——刘 虹

图14　指导教师刘虹

德国教育家雅思贝尔斯在《什么是教育》中说过："教育就是一棵树摇动另一棵树，一朵云推动另一朵云，一个灵魂唤醒另一个灵魂。"走上方寸讲台二十三年后的我，深以为是。

源远流长的中华优秀传统文化是中华民族巍然屹立于世界民族之林的巨大根系。外语专业的使命，是培养具有家国情怀、兼具国际视野和跨文化沟通能力的复合型人才。近年来，从全校学生的通识教育选修课"中国文化概览"到汉语国际教育学生的必修课"中国文化概况"，再到翻译硕士的必修课"中国语言文化"，在我的课堂上，始终坚持将知识传授、道德引领、价值引领有机结合，引导学生具备一双瞭望世界、博采众长的慧眼和一颗不变的"中国心"；引导他们学好英语，讲好中国故事，勇担"中国文化走出去"的历史重任，也要求他们外国故事听得透，中国故事讲得明。这些宏大目标的一点点实现，道阻且长。但我愿意不断尝试，精心设计每节课的教学内容和生动有趣的师生互动。课堂上，学生通过"文化热点双语报道"深度解析当下文化现象，通过"中国文化英语短剧"演绎经典故事中的动人场面，通过"典籍英译赏析"学习翻译策略，也通过"丝路文化双语短视频比赛"发现本土文化的独特与美丽。通过这些"任务型"和"浸入式"的教学探索，学生在深度学习和思辨讨论中汲取道德滋养，开阔视野，将课本知识融入了蓬勃发展的时代背景，也让他们在和中国文化的美丽相遇中，如沐春风。

知行合一，"思"行合一，引导学生们将所学所思运用于实践，激发创新意识，锻炼动手能力，是我在育人道路上的点滴探索。三年来，我指导学生分别完成校级、省级和国家级"大创项目"各一项，从"以中华优秀文化为依托的中学英语课程思政教学探索与实践"到"核心素养视域下的中学英语课堂跨文化交际渗透策略研究",再到"丝路文化甘肃段小型汉英平行语料库的建设和应用",学生们在一次次校外教研、调查研究、建语料库、制作双语文化公众号的过程中,将所学入脑入心,外化于行,潜移默化地践行着文化传承的使命。

2023年,我带领周雅婷团队组建了本年度"大创小分队",开始了为期一年的"丝路文化甘肃段小型汉英平行语料库的建设和应用"项目探索之旅,由于前期准备工作扎实认真,项目聚焦地域文化推广,我们的项目在立项之初经过专家的认证,被推荐为"国家级项目"。作为相识二十余年的老朋友,黄晓宇老师是我本次项目校外指导教师的不二人选。当同学们参观了他古朴典雅的工作室,见证了一枚陶印的华丽变身,聆听他从一名士兵到知名篆刻家的励志故事,就觉得,我们有责任,也有热情将这样充满自强不息精神的好素材,将我们身边熟悉的"凡人楷模"以双语小视频的方式讲给全世界,毕竟,这才是最生动的思政案例。

有了闪闪发光的主人公,有了校外调研时拍摄的丰富素材,有了精确到天的创作时间表,又有了参加"我们这十年"——中国文化外语微视频大赛的有力助推,团队的小伙伴们集思广益,各司其职,发挥合力,最终于2023年5月初完成了拍摄。但是,回首创作的全过程,真的是喜忧参半、有笑有泪的5个月。同学们正值大二,处在备考英语专业四级的关键时期,团队成员来自不同班级,很难步调一致,大家对于摄影、剪辑、字幕、配音这些纯技术活,都是边学边琢磨,我还要指导两位同学备赛"外研社"演讲大赛。直到有一次,大家辛辛苦苦配好的字幕因为有小的瑕疵必须从头来过,而大家已经通宵达旦地奋战了好几天,最终因为沟通不畅爆发了一次激烈的争执。当我了解了事情的前因后果后,专门召开了一次组会,和大家推心置腹谈了很久,而原本只是一心想做好项目的同学们,也终于冰释前嫌,和好如初。如今,我们制作的视频得到了组委会的认可,我们的语料库创建工作也接近尾声,团队成员们学业成绩出色,在英语专业四级考试中表现优异。所以,当回顾这一段历程,我仍然觉得,就算这是一段不那么平稳顺畅的道路,我们每个人却也都在这条路上渐渐成为更好的自己。

如果"云"知道,就让这一程山水变成我们成长最好的注脚之一;如果"云"知道,也请相信,乾坤未定,你我皆是黑马。

七、作品点评

　　"把个人梦与中国梦紧密联系在一起，把实现党和国家确立的发展目标变成自己的自觉行动。"①《捏泥问火　铸炼初心》正是通过艺术家黄晓宇的奋斗故事告诉我们，每一个人都可以通过自己的不懈努力和追求去实现个人梦想，而每个人有价值的梦想都是中国梦的一部分。作品通过陶印大师黄晓宇的艺术奋斗之旅折射出了大时代下"小人物"的成长历程，展示了甘肃民间艺术的独特魅力和艺术家的个人蜕变过程，将个人梦想与中国梦和世界梦息息相通。团队真正走进艺术家的工作室，感悟到了艺术的美和艺术家的追求梦想的精神。在指导教师的悉心指导下，学生的每一步实践和体验都促成了自己发生"蜕变"。

---

　　① 习近平：《习近平庆祝"五一"国际劳动节暨表彰全国劳动模范和先进工作者大会上的讲话》，《人民日报》2015年4月29日，第2版。

导语

　　非物质文化遗产是文化多样性中最富活力的重要组成部分，是人类文明的结晶和最宝贵的共同财富，承载着人类的智慧、人类历史的文明与辉煌。2022年12月，习近平总书记对非物质文化遗产保护工作作出重要指示，强调要扎实做好非物质文化遗产的系统性保护，更好满足人民日益增长的精神文化需求，推进文化自信自强。国家级非物质文化遗产之一的河南汴绣，是流行于开封一带的传统刺绣艺术，绣作形象逼真传神，针法严谨工致，技艺精巧细腻，色彩古朴典雅。

　　新中国成立70多年来，以河南省工艺美术大师、国家级非物质文化遗产代表性传承人王素花为代表的数代汴绣艺人，"一针一线传承工匠精神、一丝一缕绣出天地万物"，他们坚持传承传统汴绣文化，深度挖掘古代刺绣技艺，积极借鉴苏绣、湘绣等绣种技艺，创新发展汴绣针法，让汴绣文化"活起来"，让汴绣产品"新起来"，让汴绣产业"兴起来"。

绣河南韵味　传匠心精神

Embroider the Charm of Henan and Spread the Spirit of Ingenuity

河南大学　学生团队：孙浦芹　朱子希　罗浩天　张欣雨　刘永强

指导教师：李冬青　石　慧　杨剑波

一、作品简介

　　本作品由创作团队到开封汴绣厂、宋绣艺术博物馆实地采景拍摄。以汴绣的历史发展脉络为主线，将汴绣传人王素花作为匠心精神的象征和当代汴绣人的代表，把她的故事交织于汴绣新的发展阶段中，体现了十年来以汴绣为代表的中国传统非遗文化的深刻变革。作品不仅细致地展现了汴绣作品的精致秀美，还以青年视角来感受、记录、展示新时代中华优秀传统文化的传承和发展，宣传悠久深厚的中原文明，颂扬薪火相传的匠心精神，展现了"文化传承"和"文化创新"两大作品主题。

二、创作流程

1.选题缘由

河南古称中州，是中华民族的发源地之一。河南民族文化源远流长，纵观古今，民间艺术是众多文明成果中的一颗耀眼明珠。它不仅生动地描绘出河南的民俗风情，更展现了河南人民生机勃勃的精神面貌。河南独特的地域和悠久的文化造就了其色彩浓郁、丰富厚重的民间艺术，汴绣就是其中的重要组成部分。

汴绣也称宋绣，是流行于河南开封一带的传统刺绣艺术，因产生于北宋都城汴京而得名。北宋时期汴绣兴盛，达到了较高的技艺水平，《东京梦华录》中对汴绣有"金碧相射，锦绣交辉"之誉。随着朝代的更替，汴绣的发展由盛转衰。新中国成立后，汴绣的发展依然艰难。但以王素花为代表的一代汴绣传承者，心不离绣、针不离手、手不离线，十年间，在最大程度上改善了汴绣的处境。

2023年88岁的王素花老师，针来线往地和汴绣打了一辈子交道，在从事汴绣工作的近七十年间，形成了自己独特的刺绣风格，创出蒙针绣、平针绣等十几种新针法。王老师的汴绣作品针法细腻、造型生动，具有鲜明的立体感和浓郁的地方特色。她还创新运用乱针绣等针法技艺，在一定程度上填补了汴绣技艺的空白。王素花老师在退休后，仍然坚守"传承文化"的理念，创办了开封市艺苑宋绣厂。怀着报答人民的朴素信念，她把招生对象定位为贫困地区的贫困户女孩和城市下岗女工，包吃包住免费培训，为的就是将此艺术瑰宝传承下去。

近十年来，中国经济步入高速发展阶段，科技与时代的变革给汴绣等非遗文化带来的不仅是挑战，更多的是机遇。汴绣在这十年间也得到了飞速发展。汴绣工作者顺应潮流，以新的面貌走入年轻人的视野和生活，出现了汴绣音箱、八音盒、台灯等创新性产物。不仅如此，汴绣工作者还玩转纳米科技，将纳米技术与蚕丝线的染色环节相结合，改进汴绣工艺技术。汴绣还同私人服装定制品牌合作，演变成新一代的艺术形式，并且运用小程序展现绣品进展与背后故事，成功推动汴绣工艺实现创造性转化、创新性发展。

纵观汴绣十年间的发展历程，变的是形式，不变的是初心；当代的汴绣工作者，在工线交织、十指翻飞下，一针一线存的是匠心，一丝一缕牵的是传承，创造的产品中蕴含的是中原大地的丝丝缕缕风土人情和河南人民的美好生活。

2. 团队组建

团队分工结合了小组成员各自的特长，例如，孙浦芹同学有一定的文字功底和统筹能力；刘永强同学英语成绩优异，英语词汇把握精准；张欣雨同学能够熟练运用镜头捕捉人物，拍摄能力强；罗浩天同学精通 PS 和 PR 软件的使用，擅长视频剪辑；朱子希同学英语口语发音标准，音色悦耳、节奏得当。

图 1　团队成员

表 1　团队任务分工

分工任务	负责人员
中文文稿撰写	孙浦芹
英文文稿翻译	刘永强
视频录制	张欣雨
配音	朱子希
剪辑	罗浩天

在完成分工后，团队按照以下流程紧锣密鼓地进行视频制作。

表 2　视频作品推进流程

时　间（2023年）	任　务
3月28日	学习往年案例，联系指导教师
4月2日	讨论视频选题，初步确定视频主题方向
4月4日	询问指导教师意见，确定主题为"汴绣"

表2（续）

时 间（2023年）	任 务
4月5日	进行团队分工，开始寻找视频素材
4月6日	阅读相关文章，观看相关视频，学习汴绣知识
4月7日	确定大纲，形成中文文本初稿
4月8日	进一步查找素材，形成中文文本二稿； 开始进行英文翻译； 预约宋绣艺术博物馆的参观和采访
4月9日	前往博物馆，采访王素花老师，拍摄视频素材； 完成英文文稿
4月11日	将双语文稿交给指导教师，指导教师反馈并修改文稿
4月13日	完成双语文稿第一次修改，配音成员结合视频时长进行调整
4月14日	前往开封汴绣厂，拍摄绣工工作的视频素材； 完成双语文稿第二次修改
4月17日	第一版配音录制完成
4月18日	第一版视频剪辑完成
4月19日	完整版视频剪辑完成，发送给指导教师，指导教师给予了发音纠正和音频质量方面的建议
4月21日	录制第二版音频；进行音频降噪和文稿调整； 整合音频、视频、字幕，完成视频最终版剪辑效果
4月22日	发送作品

三、创作过程

1. 创作思路

为了更好地展现汴绣艺术，团队计划先从网络、短视频平台搜集汴绣相关资料，同时通过观看一些文化艺术纪录片，借鉴一些制作方法、拍摄方法、取景方法等。通过团队分工来确定每一个成员负责的制作部分，确定好拍摄、文稿、采访等各项工作的具体分工，从而高效地完成作品。

前期线上工作完成后，团队计划深入汴绣厂和王素花老师的住所现场实地采访、取景拍摄，了解汴绣针法，体会汴绣风韵。最终从现场汴绣作品、汴绣工匠工作场所、王素花老师住所三个角度取景，确定好作品的主题框架，即汴绣产品展示、制作工序展示、汴绣大师生平采访。

之后，团队整合所有资料，进行最后的优化工作，让作品更加臻于完美，同时进一步深化作品的中心思想，从而完美地完成作品的收尾工作。

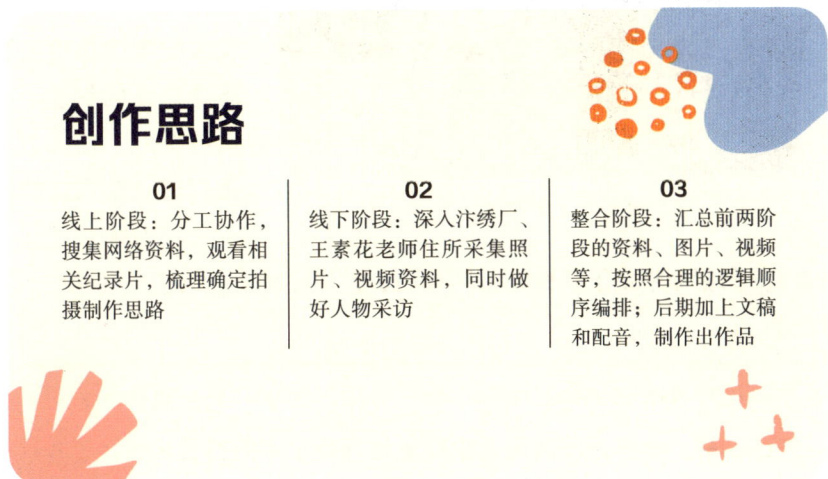

创作思路

01
线上阶段：分工协作，搜集网络资料，观看相关纪录片，梳理确定拍摄制作思路

02
线下阶段：深入汴绣厂、王素花老师住所采集照片、视频资料，同时做好人物采访

03
整合阶段：汇总前两阶段的资料、图片、视频等，按照合理的逻辑顺序编排；后期加上文稿和配音，制作出作品

图2　作品创作思路

2. 创作实践

在确定"绣河南韵味　传匠心精神"的主题后，我们便开始着手搜集有关汴绣的材料。经过讨论后，我们决定采取网络搜集与实践相结合的方式。网络素材容易搜集，但为了确保视频的质量和深度，我们决定前往开封市宋绣艺术博物馆、开封汴绣厂拍摄取材，以采访的形式从王素花老师和绣工亲口讲述的故事中去了解汴绣十年来的变化。

当我们进入博物馆时，映入眼帘的是大大小小的汴绣作品和王素花老师的纪念照片，刚刚驻足，便被各种展品吸引了。汴绣，远观似画，只有当近距离地观察时，才会惊觉"笔墨"竟是针线。

绣工们正在专注地刺绣，甚至没有人发现我们的到来，于是我们轻声呼唤，向汴绣老师说明了来意。在得到允许后，我们细细地欣赏并拍摄了许多精美的汴绣作品。

搜集完汴绣作品实物素材后，我们先采访了绣工老师，大概了解了汴绣十

图3　团队成员与王素花老师合影

年来的发展状况。随后不久王素花老师走了进来。她给我们的第一印象是一个和蔼可亲、平易近人的老奶奶；当与她深入交流时，我们感受到了王素花老师乐观积极的生活态度。她对汴绣深深的热爱、对文化传承的责任感打动了我们每一个人。当听到王素花老师对青年人的期盼时，我们更加坚定了要做好视频作品、宣传汴绣文化的信念和信心。

3. 困难与瓶颈

此次创作过程中遇到不少困难，例如灵感的由来，如何确认主题以及确认主题后怎样取材，怎样让团队最大限度地发挥每个人的特长优势，怎样让作品能够更好地展现我们的主题，怎样让英文翻译得更贴切、更精准等。

在英文翻译过程中，因为中文文稿用到了许多术语和诗词，如何用英语来表达对我们而言有些棘手，于是我们及时与老师进行沟通和交流，老师很认真地帮我们修改翻译稿，用更合适的词语和句式进行翻译调整。在视频的剪辑与制作过程中，还遇到了一些技术难题，我们通过查阅资料和咨询专业人士等方式来克服这些困难。另外，在创作过程中，我们也面临时间紧迫的问题，因为需要同时兼顾学习和创作，我们不得不挤出时间加班加点地去完成任务。记得有一次，晚上10点，教室要熄灯落锁，我们就坐在湖边的长椅上继续剪辑，直到确认视频既有美感又基本无误后才回宿舍。

说到瓶颈，那便是如何通过剪辑视频素材来体现十年间汴绣这一中国传统非遗文化的深刻变革。像之前一样，遇到困难，我们便解决困难，这就需要我们寻求灵感，反复观看，与指导教师和其他专业人士进行交流和讨论，参考相关的专业图书、文献和案例，努力寻求突破。

四、创作心得

● 孙浦芹（团队负责人）

这次比赛让我深刻体会到团队合作的意义，从确定选题到提交作品，大家一起讨论、一起头脑风暴，最终的成果离不开每个人的努力，5名学生成员和指导教师的付出缺一不可。另外，这次比赛给了我一次很好的机会去深刻地认识和了解中国的非遗文化，在和王素花老师交谈的过程中，我深深感悟到了传承的魅力。传承，从来都不是一代人的事，希望我们的视频也能够为汴绣的传承略尽绵薄之力，让更多的人看到这份文化瑰宝。

图4　孙浦芹（团队负责人）

● 朱子希（团队成员）

图5　朱子希（团队成员）

通过本次创作活动，我对中华非遗文化——汴绣有了更多的了解。在对王素花老师的采访中，我深刻了解到汴绣近十年发展的艰难曲折之路，也正因如此，我更为汴绣如今获得的成就感到骄傲与自豪。纵观这十年汴绣的兴起和现代化发展，以王素花老师为代表的当代汴绣工作者，通过一针一线传承匠心，透过一丝一缕坚守文化。作为河南大学的学子，我们更应该担当起传承中原文化的重任，让汴绣这一民间传统艺术在河南的沃土上继续生根发芽，

苗壮成长。

● 罗浩天（团队成员）

在此次创作过程中，我的感受和领悟颇多。在团队里，我担任剪辑师的工作，同时也辅助拍摄工作的进行。在本次采访过程中，我感受到王素花老师的匠心精神，她对汴绣的热爱数十年如一日，成功将这一文化带向全世界，向世界展示了东方汴绣文化的魅力。十年来，汴绣人始终谨

图6　罗浩天（团队成员）

记王素花老师总结的"挖掘、继承、发展、创新"八个字，积极与现代化社会相结合，向世人展现新的活力。与王素花老师的高徒刘老师的对话更是让我体会到汴绣人背后的艰辛与努力、她们对于汴绣的热爱与珍视。让我感触最深的是王素花老师乐观、不服输的精神，她绘声绘色地向我们讲述了她年轻时候的经历，吐字清晰，抑扬顿挫，让我对这位近九十岁高龄的老奶奶打心底里产生敬仰和钦佩之情，她的乐观感染着我们每个人。

● 张欣雨（团队成员）

图7　张欣雨（团队成员）

通过此次创作，我深刻感受到了汴绣所带来的魅力和它背后蕴含的深厚的文化底蕴。在王素花老师的带领下，一代代汴绣人坚守匠心精神，在"挖掘、继承、发展、创新"中耐心挥针，一步一个脚印地绘出汴绣的绚丽画卷。其中，最打动我的便是王素花老师无私奉献的精神。她将自己赚的钱全部捐给汴绣事业，向200多名女孩和80多名残疾人传授汴绣技艺，让她们能够养活自己，为国家脱贫攻坚贡献了巨大力量。我要以王素花老师为榜样，做一个乐观开朗、无私奉献的人！

● 刘永强（团队成员）

通过此次活动，我深刻体会到了汴绣文化之美。从第一次在网络上看到汴绣开始，我就被其精美绝伦的外观深深吸引。在线下亲自参观了汴绣厂、了解汴绣制作工艺之后，我更是被汴绣的巧夺天工所震撼。与此同时，王素花老师的汴绣之路更令我感动。无论条件多么艰苦，王素花老师都坚持将汴绣传承下去。最令我印象深刻的，就是王素花老师那句话："一针一线绣人生，一心一意做好事。"这字里行间，无不饱含着王素花老师的匠心精神和奉献精神。这次活动也让我深刻

图8　刘永强（团队成员）

明白了传承非遗文化到底需要怎么做。我们这一代年轻人，肩负着传承优秀非遗文化的责任，不能让岁月抹去辉煌的文化历史，而要不断描画，让其更加绚丽多彩。

● 创作反思

在这一次的创作中，我们受益匪浅。通过亲身体验汴绣文化，我们看到了开封宋韵文化的辉煌与瑰丽，深刻领会到汴京文化的繁荣与昌盛。在创作期间，我们深深感受到了汴绣艺术的典雅与柔美，每一针、每一线是那么巧夺天工。同时，这纤纤细丝之中又融合着创作者的情感态度。通过观赏汴绣作品，我们仿佛能够听到创作者的内心独白，深深体会到创作者的内心情感。除此之外，汴绣还复刻了许多历史名画，不仔细辨别，很难看出是用丝线绣制的作品，这又让我们更加叹为观止，深深领会到汴绣工匠们的精湛技艺。这巧妙的技艺，连同藏匿于丝线中的滴滴真情，共同构成了汴绣这一辉煌的文化遗产，我们对此倍感震撼。

除了汴绣作品外，以王素花老师为代表的汴绣工匠们所蕴藏的工匠精神让我们尤其钦佩。在采访王素花老师时，她告诉我们她的汴绣之路既坎坷又值得回忆。早年间，条件十分艰苦，但王素花老师战胜艰难困苦，坚决拥护汴绣，一直坚持把汴绣传承下去。她不畏坎坷，一心只为自己所爱的汴绣，只为这瑰宝级别的文化遗产，这种精神深深感动了我们。王素花老师告诉我们，她当时将汴绣教给了很多年轻人，毫无保留地传授技艺，不收取任何的费用，一心一意只为将这文化瑰宝传承下去。在汴绣面前，王素花老师觉得金钱根本不值一提。这也让我们深深体会到王素花老师对于汴绣的热爱与执着。为了汴绣的发展，王素花老师付出了她的全部，这不得不让我们赞叹。

汴绣作品的精美绝伦和汴绣工匠们的匠心与坚守，让我们深刻认识到，我们这一代年轻人身上也肩负着传承汴绣文化的重任。我们要尽己所能，为汴绣的传承和发展尽一份力，让这精美绝伦的汴绣传遍天下。

五、作品主要人物叙述

一针一线绣人生，一心一意做好事

——王素花

1957年，王素花进入开封汴绣厂工作。从第一次拿起绣针，到荣获"国家级非物质文化遗产项目代表性传承人"称号，王素花老师在这个行业坚守了近七十年。这些年来，王素花老师潜心挖掘不忘传承，总结出"挖掘、继承、发展、创新"八个字，她心中始终牢记这八个字，为汴绣的发展作出了卓越的贡献。

图9 汴绣非遗传承人王素花老师接受团队采访

王素花老师坦言，要使每道工序都精细入微、做到完美，不仅需要大量的刺绣练习，还要肯下功夫钻研。"经验都是在常年针来针往中积累出来的，不经常'扎'，不经常'绣'，咋可能有经验？"对王素花老师而言，这种"笨方法"，是一名合格的绣工不可缺少的执着。

她给我们讲，一次，由于面料颜色不对，又来不及找工人染，自己连续试验三天，先一小块一小块地染布料，再逐步从小到大，直到达到满意的效果为止。"刺绣这一行，什么时候都有可以学习的地方，所以我得干到老，学到老。""在我这一生当中，我身体这么好，现在已经88岁了，蒸馍、包饺子都不用别人帮忙，检查身体，五脏没有毛病，血压血脂都不高，一生都活得很愉快，但最怕的就是手里没针没线。"王素花老师说。

为了学习更多针法，王素花老师走街串巷遍寻"老物件"，反复琢磨研究民间平针刺绣技巧。"看懂原作并不难，难的是巧用传统针法，赋予作品新的艺术生命力。"她在汴绣行业里，一共研究出36种针法，一直按着这36种针法运用。她说："我在夜里睡不着觉的时候常想，我人老了，不能铁打一样地干了，我在这眼手都不太伶俐、记性也不太好的时候，得抓紧在世之日教她们领会这36种新针法，我给我的家人和徒弟，不留金子，不留银子，但是我要把我的技术留给他们，传承下来。"

"针不离手，手不离线"，年近九十的王素花老师已与汴绣共同生活了近七十年。与汴绣打了一辈子交道的王素花老师，始终没有停止学习。

这十年来，王素花老师觉得，汴绣最大的变化就是认识它的人越来越多了，知名度也越来越高。伴随着互联网平台的发展，汴绣也通过媒体广为人知，同时，互联网也对汴绣文化的传承起到了至关重要的作用。相比十年之前，只能通过言传身教或者图书来传承汴绣，现在可以通过互联网平台实现更为广泛的传播，这无疑对汴绣的发展更加有利。

采访过程中，王素花老师说道："因为我喜欢汴绣、热爱汴绣、关心汴绣，退休以后我一直从事汴绣工作，作品在美国、新加坡、澳大利亚等8个国家巡回展出。在我看来，汴绣大有前途，我主要以培养新人、招收更多的女性为主，让她们都学会汴绣，特别是我培养的残疾人，正常人招200多个，残疾人招有80多个。从我退休（55岁）到现在（88岁），我出售汴绣作品赚的钱都用于培养学生，不仅从未收过学员一分钱，而且管吃管住，我的目的就是让汴绣能够真正地传承下去。"

在采访最后，我们问："您对我们这代人有什么期望？"她回答道："希望有更多高素质高水平的年轻人能够投身到汴绣行业，汴绣行业需要更多真心实意、一心一意的人。"王素花老师对于以上讲述，用两句话做了概括："一针一线绣人生，一心一意做好事。做一件好事并不难，难的是做一辈子好事。"

六、指导教师手记

探索　投入　赋能
——《绣河南韵味　传匠心精神》作品诞生中的三个"E"
——李冬青

1. 探索（Exploration）

汴绣是河南地区独特的非物质文化遗产，展现了河南风土民俗的独特韵味，体现着河南工匠薪火相传的匠心精神，也是孙浦芹团队在参赛之初就坚定选择的主题。对于他们的选题价值，我非常肯定，唯有一点要求，就是在探索中国故事、河南故事、开封故事的过程中一定要做深、做实、做细。孙浦芹当

图10　第一指导教师李冬青（左）　团队成员尝试刺绣（右）

时坚定地告诉我："老师，您放心，我们打算到开封汴绣厂、宋绣艺术博物馆实地调研走访，好好挖掘素材、取景拍摄。"那一刻，我看到了她眼里的光，是对主题的笃定、对团队的信心和对素材挖掘的用心。开封作为八朝古都，承载着悠久厚重的文明，这座城市从不缺少故事，缺少的就是这样一群年轻人，用他们的心去探索、感受和记录。

2. 投入（Engagement）

在课堂上，我的学生会以小组为单位，结合"Hello, China"等用英语讲述中国文化的纪录片资源，分享中国故事，剖析语言亮点，拓展文化知识。如果说以前的参与是在课内，那么这一次正如孙浦芹团队承诺的那样，他们实地走访开封汴绣厂、开封汴绣博物馆，深入了解汴绣的发展历史脉络，采访汴绣传人王素花老师和多位当代汴绣人的代表，将触角延伸到了课外。他们各自分工，各展所长，不论是素材挖掘、文本创作，还是语言翻译、视频剪辑，件件有着落、事事有回音，整个团队全情投入。在创作过程中，各自的专业能力和创造力都取得了显著的进步。

3. 赋能（Empowerment）

以赛促学、以赛促教、以赛赋能。在指导各类学生竞赛时，我始终秉持尊重、支持和开放的心态。学生们的创作初心是宝贵的，作品的灵魂也应该是这群年轻人所赋予的，我会最大限度地尊重他们的创意，并在此基础上加以引导。作为他们的老师，我会帮助他们一遍遍打磨文稿，完善表达，逐字逐句地批阅和标注，提供我的修改意见。当然，我只商榷，不强制。拿到视频小样，我会和他们一样，一帧一帧去校订和复核，以我的视角，为他们提供意见和建议。同时，我也是一个学习者，一直在路上。我欣赏学生笔触下的汴绣故事，热爱学生镜头中的秀美艺术，他们的精巧用心是我最为珍惜的。这样一个作品的诞生凝结了整个团队的心血，我要感谢他们，让我有幸参与其中，成为一个亲历者和见证人。

七、作品点评

《绣河南韵味 传匠心精神》选题独特，聚焦国家级非物质文化遗产河南汴绣，不仅细致地展现了汴绣作品的精致秀美，还以青年视角来记录感受中华优秀传统文化在新时代的传承和发展。作品以河南汴绣传人王素花的个人经历为切入点，展示了她在汴绣行业近七十年的经历故事，总结出汴绣艺术"挖掘、继承、发展、创新"的发展历程。作品团队调查细致，走访了开封汴绣厂、宋绣艺术博物馆，通过实地调研挖掘素材、取景拍摄，全面体现了汴绣艺术的文化精髓与传承价值。《绣河南韵味　传匠心精神》作品选题优良、立意深刻、调查翔实，以非遗传承人的亲身故事为切入点，真实展示了中华优秀传统文化的艺术魅力与匠心精神，有助于推动汴绣艺术在国内外的宣传与推广！

导语

习近平总书记指出："建设生态文明，关系人民福祉，关乎民族未来。"①近年来，全国各地坚持以习近平生态文明思想为指引，深入实践、扎实推进生态文明建设，全面推进人与自然和谐共生的中国式现代化。这十年来，内蒙古鄂尔多斯康巴什坚持以人民为中心，积极践行"绿水青山就是金山银山"的发展理念，以生态治理、数字治理、智能社会治理打造生态优先、绿色发展、宜居宜业的康巴什，推动生态文明建设和现代化建设，以高品质生态环境支撑高质量发展，加快推进人与自然和谐共生的中国式现代化。从戈壁滩上的贫困乡村蜕变成为草原新城、环境优美的绿色之城、宜商宜业的活力之城、舒适宜居的幸福之城。

蜕 变

Growing Out of Nothing

内蒙古大学　学生团队：曹健箔　指导教师：史双双

一、作品简介

《蜕变》以主人公的家乡鄂尔多斯康巴什为主题，运用对比的方式反映家乡十年间的巨变，既展现了如今康巴什的繁华，又探寻了康巴什从贫困走向繁华所经历的艰辛。康巴什，被誉为"塞外明珠""塞外暖城"。她的光芒和温暖值得以各种各样的形式被世人窥见、记住。视频描绘的是家乡巨变，更是党和政府的关怀与支持，希望有更多的人来体验康巴什的繁荣、康巴什的温暖，有更多的人探究康巴什走上康庄大道的经验。

---

① 习近平：《坚持节约资源和保护环境基本国策 努力走向社会主义生态文明新时代》，《人民日报》2013年5月25日，第1版。

图1　康巴什十年巨变

二、创作流程

1. 选题缘由

本次大赛以"我们这十年"为题，要求参赛选手聚焦中国特色，基于文化传承、文化创新与历史沉淀，多角度、全方位地使用外语元素展现中国近十年的变化，展现新时代中国人民的精神面貌，展现中国式现代化的成就与风貌，提升民族自豪感和自信心。基于赛事要求，我选择了我的家乡，着眼于家乡的十年巨变，以小见大，从一个小城的十年去感悟中国的十年，去探寻这十年巨变背后的故事。

我的家乡——康巴什，从戈壁滩上的贫困乡村变身为全国知名的旅游城市，人们赞叹她今日光鲜亮丽的同时，却鲜知她曾经历的艰辛。十年前的康巴什，荒芜、贫穷、落后，自然条件极其恶劣，当地有条件的居民都想办法逃离这里。如今，她已成为全国唯一以城市景观为载体的国家AAAA级旅游景区，每年吸引着无数游客前来观光。整洁繁华的街道、精致完善的设施、别出心裁的雕塑、绿意芳菲的夏景、火树银花的冬景，谁能想到昔日的康巴什会蜕变出今日的华彩？随着康巴什经济的腾飞，教育、文化、娱乐、医疗等各项事业蓬勃发展。比如鄂尔多斯市第一中学，从一所普通的中学成长为全国闻名的首批省级重点中学，助力了康巴什的发展。

我为我的家乡自豪，我为我的母校自豪。因此，我想从我的视角、用我的方式，努力诠释家乡的巨变。

2. 团队组建

2023年初,我接到了比赛通知,再三思索后信心满满地决定参加比赛,迎接我的首个挑战就是组建团队。起初,我想要组建一支精明强干、分工细致的团队,但考虑到组建团队的实际困难,也更希望此次参赛能使自己获得突破性的进步,全面地、充分地锻炼自身能力,我最终决定一人成队参赛。

本次比赛由我一人独自完成,具体推进过程如下表所示。

表1 视频作品推进流程

时 间（2023年）	任 务
1月10日—1月31日	准备阶段,组建团队
2月6日—2月18日	决定独自参赛,开始选题
2月21日—2月28日	咨询指导教师、确定选题,撰写大纲
3月4日—3月11日	通过网络渠道搜集素材
3月12日—3月19日	加入采访环节,进行线上采访
3月26日—4月16日	开始组合视频,进行字幕配音
4月18日—4月30日	指导教师审核,修改后交稿

三、创作过程

1. 创作思路

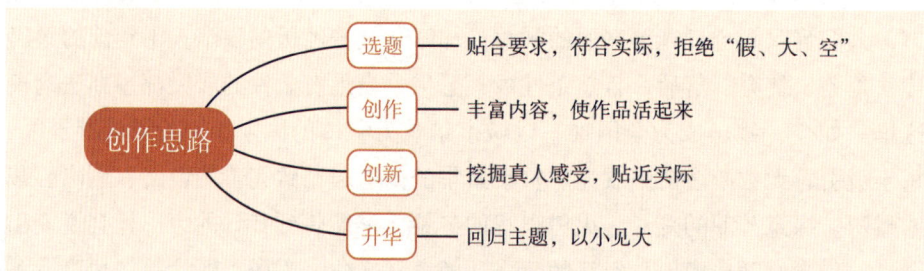

图2 作品创作思路

选题是作品成功与否的关键。"我们这十年"的主题可大到世界的十年变迁、国家的十年发展,也可小到一个家庭的十年变化、一个人的十年成长。寒假时,家乡康巴什的一场烟火晚会给了我灵感,那璀璨绚烂的烟花、人们喜悦满足的笑容，勾起了我对往昔家乡的记忆。十年前这里还是落后的乡村，十年来，国家的支持、政府的努力、民众的配合，让她日渐闪闪发光。于是，"康巴什的十年"便出现在我的脑海中。在后续的创作过程中，我将这一主题命名为《蜕变》，完美契合了比赛主题。

恰当的主题只有用丰富的内容来支撑，作品才会活起来。内容饱满需要大量丰富的素材。搜集整理相关音视频、图片和文字成为重要而艰巨的任务，但是时过境迁，十年前所能留存下来的图片和视频资料少之又少。"鬼城康巴什"提醒了我，这是大约十年前美国《时代》周刊对康巴什的形容。于是，我由此作为切入点。多年后《时代》周刊再次刊登了一篇关于康巴什的文章，不过这次描写的是她如今惊人的发展，这与我的主题不谋而合。单角度展现的康巴什是平面的，多角度的呈现会让主题真实、新颖。在"康巴什的十年"的基础上，我添加了另一素材：我的母校——鄂尔多斯市第一中学。鄂尔多斯市第一中学与康巴什的发展相辅相成，正如康巴什从小乡村变成闻名于世的"塞外明珠"，鄂尔多斯市第一中学也从名不见经传的普通中学成长为全国名校。

2. 创作实践

创作实践过程大概分为四个阶段。第一阶段是确定主题，在老师的指导下进行了大范围的资料搜集和主题筛选，最终确定了以"康巴什的十年"为主题。第二阶段是搜集素材，素材主要分为图片素材及视频素材。图片素材来自康巴什的官方公众号，视频素材来源于抖音的两位博主。第三阶段是进行内容上的创新，以采访的形式将更多人的感受融入作品之中，使作品更具真实感。最后一个阶段是视频的合成，要将前面所有的素材、内容、采访进行整合编辑，产生成品。

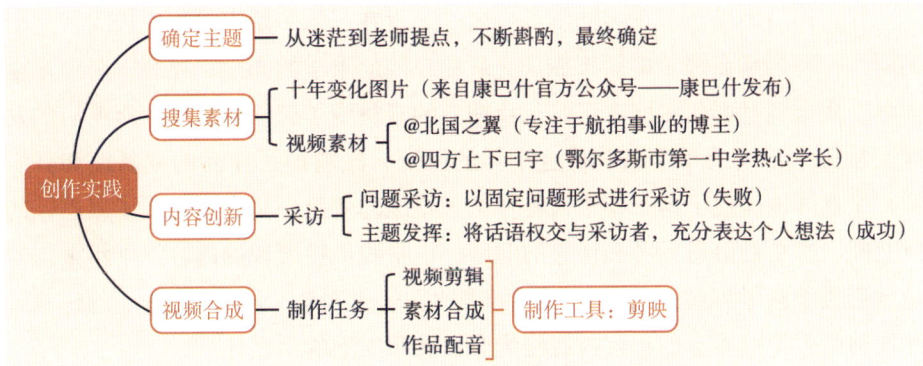

图3 作品创作实践过程

图4　康巴什的十年前后对比

　　我在作品中采访了三名同学：一名是一直在鄂尔多斯市出生、长大、生活的同学；一名是在鄂尔多斯市成长、现在在外地求学的同学；还有一名山东籍同学，从未到过鄂尔多斯，只是从我搜集的素材中了解鄂尔多斯十年前后的发展。从三个不同的角度来看待这十年的巨变，既增加了作品的创新性和真实性，又立体地展现了这十年来康巴什翻天覆地的变化。是什么促成了康巴什的巨变呢？这是最值得思考和探究的问题，也是我最想展现的内容。十年来，当地政府秉承科学理政、改革创新、可持续发展的理念，励精图治、万众一心，才使得过去戈壁滩上的小乡村蜕变为今日繁荣安泰的康巴什。

受访者　张诗佳，内蒙古鄂尔多斯市人，在鄂尔多斯市出生、长大

受访者　乌日娜，内蒙古鄂尔多斯市人，现就读于中国人民大学，在鄂尔多斯市出生、长大

受访者　尹雅贤，山东省日照市人，现就读于内蒙古大学，未到过鄂尔多斯市

图5　受访的三位同学

3. 困难与瓶颈

在实践过程中，我遇到了各种各样的困难，其中最重要的有三点。

一是如何选择主题的切入点。当看到主题时，我首先感觉到这就是语文老师口中最难驾驭的一类题目。我开始不断思考作品的抓手，既要突出这十年的辉煌，又要言之有物、升华主题。这个思考和选择的过程很让我抓狂和焦虑。

二是如何选择素材。十年前，很少有人想到记录康巴什的变迁和发展，所以留下来的完整音视频资料比较少。当我回首这十年，才发现想要找到合适的素材并非易事。在搜寻十年前的素材时，我寻求各种途径，如报刊、网络报道、微信公众号及在这片土地上生活了数十年的身边人，终于在一篇报道中找到了我所需要的内容。在搜寻十年后的素材时，我本想进行自主拍摄，可是尝试了很多次都没有得到满意的效果，于是只好作罢。后来《航拍中国》栏目给了我一些启示，以航拍的形式来展现城市，整体效果一定很震撼，但是自主航拍的难度令我生怯，于是我就在网上发帖求助，最终在一位航拍博主和一位鄂尔多斯市第一中学校友的帮助下完成了素材的搜集。

三是如何升华主题。只展现这些可见可触的变化，作品不够深刻和丰满。如何挖掘变化背后的故事，这是一直困扰我的点。在咨询老师后，她从地理环境、经济优势、国家政策、地方治理、人才资源、教育发展等角度引导我分析和梳理，让我茅塞顿开。

4.难忘的故事

这次创作也是我"蜕变"成长的历程。在整个视频的制作过程中，我想到了要加入采访环节，在指导教师的认可和支持下，我开始了这个构想和实践。首先，我要设计采访的问题并选定采访对象。起初，我尝试了以问答的形式进行采访，进行了一次次试录制，但我发现这种方式产生的效果并没有达到我的预期，这真的让我有了挫败感。在与受访者进行讨论后，我惊喜地发觉可能是问题限制了他们的思路，有了问题的存在，他们就得围绕问题进行发言，好多感受无法得到充分自由的表达。我又觉得希望在前了，要继续前行。反复琢磨后，我觉得采访需跳出问题的限制，转而换成感受的表达。经过多次实践，取得了不错的效果。在选择采访对象时，最初我只是想以几段采访来映射这十年，甚至觉得只要本地人就会有话说，但接连采访了几个本地人之后，我发现这样的设计最终得到的答案几乎千篇一律。我的挫败感再次袭来。然后，我冷静分析，希望的曙光又浮现了。我意识到必须跳出当地人的眼界，描述才会丰富。于是从不同的角度来选择采访对象，并确定了作品中出现的三段内容。这个故事貌似平常，但于我而言却意义非凡，因为它记录了我面对困难、经过反思、调整方向、寻求办法的成长蜕变的过程。

四、创作心得

首先，参加这次比赛，于我而言既是机遇也是挑战，是对我综合能力的考验，也是对我意志品性的磨炼。一路走来，经历过确定参加比赛时的自信勇敢、选题时的迷茫困惑、构思创作时的绞尽脑汁、搜集资料时的无从下手、制作效果不理想时的失意挫败和作品完成时的喜悦欣慰。在这个过程中，每做一次选择，总感觉摸到了门道，却又总是不满意，当时间耗费得越来越多，我就越来越着急，情绪也越来越焦虑，一度想过放弃。我很感谢这次经历，我的意志得到了磨炼，让我更深刻地明白了坚持的意义。其次，通过这次比赛，我的逻辑思维能力、策划能力、整合资源的能力有了很大的进步。在老师的引导下，我学会了分析问题，学会了如何透过现象看本质，学会了如何整合和利用资源。此外，我学会了在紧张忙碌的学习生活中平衡时间和精力，调整心态。在整个准备期间，一切安排得紧锣密鼓，作品创作与繁重的课业总是冲突，我还担任班长，那一段时间是充实且劳累的。但是当作品完成时，我坐在宿舍里，戴上耳机，将整个成片从头到尾看一遍，不快进、不暂停、不修改，那一刻，我的心里十分满足，觉得这个过程很累、很长，但很值得。最重要的是，在这个过程中，我懂得了感恩和珍惜。感谢为我提供素材的朋友们，他们牺牲业余时间帮助我；感谢坚持的自己，因为坚持才有可能完成作品；感谢我的指导教师，鼓励我勇敢参赛，解答我各种各样的疑惑，帮我进行作品的完善。一次参赛就是一次成长，一次难忘而珍贵的蜕变。

● 创作反思

这次大赛让我受益匪浅。首先，通过这次视频的制作，我深刻地认识到了家乡的美丽以及这些年来家乡变化的不易，更感受到了祖国的强大，我庆幸自己生长在这片神奇的土地上。其次，在这个过程中，从素材的搜集、作品的设计、视频的剪辑到与人沟通、抗挫抗压、批判性思维的锻炼，都使我的能力得到了极大的提升。最后，对看到这个视频的观众有一种宣传和启示作用，让观众身临其境地感受"我们这十年"，激发观众去探索"他们的十年"。总之，这次比赛为我今后的学习、工作赋予了与时俱进的能力和乐观感恩的心态。

五、作品主要人物叙述

康巴什的十年

——曹健箔

十年，对于一个人来说，可以是一场寒窗苦读，一朝功成的磨砺；对于一个城市来说，可以是一次翻天覆地的蜕变。鄂尔多斯康巴什，十年前的她，黄沙遍地，土地贫瘠，人们日复一日面朝黄土背朝天地劳作；十年后的她，干净整洁，美丽富饶，民众幸福愉悦。"康巴什"这个名字，在蒙古语中意为"卓越的老师"，是本地区牧民为了纪念一位因保卫当地牧

图6 曹健箔

民免受匪患而牺牲的名叫"哈亚"的"巴格希"而流传下来的，"哈亚"是名字，"巴格希"是老师的意思。康巴什就是"哈巴格希"的音译。21世纪初，康巴什还是一个隶属于鄂尔多斯市东胜区的小乡村。随着国家的日益发展，康巴什也迎来了属于她的春天，搭上了一列高速发展的列车。轰鸣的建设车队奔

驰在茫茫沙漠，一个接一个的项目开动。自此以后，沙丘变成了绿地，荒滩建起了高楼。曾经的低矮土房，被富有现代风格的建筑取代，就连过去的老槐树也成了城市公园里的风景。鄂尔多斯这片土地，有天然的资源优势，羊绒、煤炭、高岭土、天然气，被称为"羊煤土气"，如此丰富的资源为这片土地带来了无尽的财富。但是随着社会的发展，问题也逐渐显现，这一片城市化水平不高的土地，难以承受如此的高强度工业化。面对困境，康巴什另辟蹊径，充分利用优势，开辟新的发展之路。于是，建设旅游城市的思路应运而生。打造人文旅游景点、紧跟热点研发文创产品、推进城市无人驾驶、搭建"多多评·码上生活"智能便民服务平台……在诸多尝试中，小到路边摊的设置，大到成立中国网红城市指数发布中心，如今的康巴什在城市现代化建设和社会治理上跑得越来越前沿，频频被"点赞"，吸引了诸多发达城市前来"取经"。从十年前的贫瘠荒芜，到如今的繁华富饶；十年前无人敢想，十年后无不赞叹。多年来，康巴什积极践行"绿水青山就是金山银山"的发展理念，紧紧围绕打造"绿色康巴什""生态康巴什"的战略目标，推动实现城市颜值和品质"两手抓"，不断推进生态文明建设工作，推动环境基础设施建设，持续完善环境景观管理体系。曾经外媒眼中的"鬼城"已经实现了从一座"空城"向一座宜居宜业的"花园之城""幸福之城""魅力之城"的蜕变。

六、指导教师手记

陪你一起仰望星空、脚踏实地

——史双双

图7　指导教师史双双

人们常用这样的语言形容教师，教师是人类灵魂的工程师，是人类文明的传承者。父亲的影响、老师的恩泽，让我梦想着也做一名老师。当我第一次走上三尺讲台，面对一个个朝气蓬勃的学生，我默默立志要做一名有良知的好老师，一名值得学生记忆和感念的老师。十多载耕耘后，我一直在思考好老师的标准是什么。直到读到著名学者钱理群对"真正的教师"的解读，我才找到了真正的答案。他认为"真正的教师"有三个标准：一切为了学生成长，喜欢读书，有自己的思考。对比这三个标准，自己虽然一直努力行进在路上，但远未抵达。除了知识，我可以让学生获得什么？作为老师，我应该有怎样的储备、怎样的思考，要给学生怎样的传承？这些问题值得我用一生去思考、探究和实践。

一代儒宗马一浮先生说："国家生命所系，实系于文化，而文化根本则在思想。"中华优秀传统文化是中华民族的精神命脉，是中华文明的根与魂。教育更是不能脱离对中华优秀传统文化的传承与弘扬。过去的大学英语教学，重视西方文化的导入，而忽视了中国文化的传承，某种程度上导致了学生难以用英语正确地表达关于中国文化的内容，使得学生无法实现跨文化的双向信息交流。从2015年开始，我在大学英语教学中特别重视融入中华优秀传统文化，把《中国文化概况》引入我的课堂，并开设了"中国文化英语讲"课程，鼓励学生利用反映中国文化的英文纪录片做配音练习、利用 *China Daily* 在课堂上开展读报活动、鼓励学生参加"中国文化外语微视频大赛"和"《英语世界》杯全国大学生翻译大赛"等活动。经过不断地摸索与完善，2020年，这门课程成为校级"课程思政示范课"。我希望通过这门课程培养学生讲仁爱、重民本、守诚信、崇正义、尚和合、求大同的思想，培养他们懂中国、爱中国、传播中国的能力。这些宏大的目标，如何融于课堂、行于实践，实属不易，且需不断打磨。自2021年起，我带领学生参加"中国文化外语微视频大赛"，探索通过参赛激发学生发现、思考和传播中国之美的能力，培养他们的创新意识和人文情怀。在这个过程中，我和学生一起历练、成长，收获良多。2023年初，收到比赛通知，我便邀请了几位既热爱英语又热爱中国文化的同学参赛，曹健箔同学是其中一位。因为我们师生二人都来自鄂尔多斯，基于对家乡共同的情愫，我们选定"康巴什的十年"为主题创作视频，让更多的人了解康巴什的蜕变。在指导曹健箔同学创作的过程中，我能感受到他孤军奋战的焦虑、迷茫、无助，我鼓励他、协助他梳理创作思路，分析现象背后的原因和规律，审查语言。每一次沟通我都能感受到他的努力和成长。他的坚韧、拼搏、创新的精神，让我感动。当得知他的作品在此次比赛中得到组委会的肯定时，他对我说："有舍才有得，舍得多，才有可能得到得多，这次比赛让我成长了很多。"其实，这也是我的心里话。

经历过这次比赛，我对好老师的标准有了更深刻的理解，一切为了学生，陪学生一起仰望星空、脚踏实地，共同成长。

七、作品点评

家乡，是每一个人心中最柔软的地方。无论他身在何处，都时刻牵挂着那片土地，那些人和事。《蜕变》便是一个远离家乡的普通大学生用自己的创作方式呈现家乡巨变的故事。作品着眼于内蒙古鄂尔多斯康巴什的十年变化，以小见大，通过被采访者的视角带领读者去探寻戈壁滩上的贫困乡村如何蜕变成为"花园之城""幸福之城""魅力之城"。作者在"孤军奋战"中有焦虑、迷茫和无助，但在同学、网友、校友、指导教师的帮助下走出了困境，这一过程其实也是自己的"一次成长，一次难忘而珍贵的蜕变"。

导语

　　城市是人类文明产生的标志，是人民幸福生活的美好家园。2020年11月12日，习近平总书记在浦东开发开放30周年庆祝大会上的讲话中指出，城市是人集中生活的地方，城市建设必须把让人民宜居安居放在首位，把最好的资源留给人民。党的十八大以来，以习近平同志为核心的党中央高度重视城市在推动我国经济社会发展、改善民生中的重要作用，走出了一条中国特色城市发展道路，人们的获得感、幸福感、安全感不断增强。江西鹰潭的"小城故事"是中国城市发展的时代缩影，像"李瞎子炒粉"店老板李有财一样的千千万万劳动者干事创业、拼搏奋进，一起携手共建美好新家园，共创幸福新生活。

市井小城　　十年巨变

——寻迹鹰潭

The Small City，the Decadal Change
—Tracing Yingtan

南昌航空大学　学生团队：郑楚楚　王　梦　邱　露（江西理工大学）

指导教师：涂汉仑

一、作品简介

　　本作品围绕江西小城鹰潭展开，用真实的镜头窥见这座城市十年的变化。作品聚焦城市建设，十年的发展让一座座高楼拔地而起、一批批建筑焕然一新；聚焦经济发展，十年的奋斗让鹰潭经济实现稳步增长、让鹰潭生态文明建设取得突出成效；聚焦平凡人物，"李瞎子炒粉"店老板李有财对老手艺的坚守，实现了街边小摊到爆火门店的跨越，门店的兴旺见证了城市的飞速发展。"郡县治，天下安"，小城发展的过程是国家发展的一个缩影。在新时代的背景下，对城镇发展的探索与记录，是对时代叙事的补充，也是振奋新时代青年、拓展思政教育与爱国主义教育的有益尝试。

二、创作流程

1. 选题缘由

十年是个比较长的时间跨度，足以带来翻天覆地的改变。十年可以是某个人的十年，也可以是某座城的十年。从看到主题的那一刻起，我们就不约而同地想到了自己的十年。我们团队中的三个老朋友已经认识十年了。十年前，我们都只是满脑子奇思妙想的小学生；十年后，我们都在同一个地方读大学，彼此早已成为亲人般的存在。我们之间有太多的共同点，十年的时间，我们从同一个班变成同一个学校再到同一个地方，距离没有让我们疏远，我们的心一直属于江西的这座小城——鹰潭。十年间，她一直朝着希望的方向发展，崭新的面貌是人们追求美好生活的象征。因此，我们最终决定以家乡鹰潭为例，全方位地使用外语元素展现中国的变化，让更多人知道鹰潭这座小城。

2. 团队组建

为了使创作过程顺利进行，我们根据每位成员的优势进行了详细的任务分工。由于拍摄任务繁重，整个取景过程主要由王梦和邱露两位同学负责。鉴于郑楚楚同学有较强的剪辑能力，整合视频素材以及作品剪辑的任务就由她来完成。在郑楚楚同学剪辑视频的过程中，王梦同学根据视频中各部分内容上网查找准确的资料，拟写中文文稿，再由邱露同学同步翻译成英文。在这个过程中，三位成员分工明确、各司其职，确保了作品高效率地完成。在作品的收尾部分，郑楚楚同学根据英文文稿对视频内容进行配音，将听觉与视觉的力量结合起来，让作品以最精彩的姿态呈现在观众眼前。

表1　团队任务分工

分工任务	负责人员
中文文稿	王　梦
英文文稿	邱　露
视频拍摄	王　梦　邱　露
视频剪辑	郑楚楚
配音	郑楚楚

三、创作过程

1. 创作思路

从选题到拍摄，我们经过了一系列的讨论，最终确定了作品的方向和内容。创作思路的讨论主要围绕以下三个问题展开：作品聚焦哪个人物或地方？从哪几个方面突出表现"变化"？如何升华主题？随后，我们还讨论了作品结尾的结构设计。

图1　十年前后的"茨莘弄"

为了让创作构想更易实现，我们拟以该作品去宣传家乡鹰潭，让更多人知晓这座小城，并带观众直观地感受它十年的变化。视频前半部分聚焦家乡在基础设施、经济和生态三个方面的变化并且通过"李瞎子炒粉"店的发展侧面反映城市的发展；后半部分则主要讲述中国这十年来的巨变，包括中国速度、中国跨度和生态文明建设。

2. 创作实践

2023年2月28日，学校发来"中国文化外语微视频大赛——'我们这十年'主题专赛"活动的通知，我在确定和另外两个同乡好友一起合作参赛后，与指导教师取得了联系，并在2023年3月10日召开了团队第一次正式的线上会议。

通过讨论，我们确定了以家乡为叙述对象，介绍这座小城十年努力下的变化，最后由浅入深地放大到国家层面。随后，我们确定了写稿和拍摄剪辑的任务。

团队一致认为，以回家乡实地拍摄作为主要视频素材来源，再用网络上搜集的相关材料进行补充，目的是让视频画面更贴近我们想要表达的实际情感。由于没有参赛经验，关于先写稿还是先拍摄这个问题，我们纠结了许久，在担心写好的稿子没有视频素材的情况下，我们最终决定初步确定视频结构后，先搜集视频素材，再来撰写完整的文稿。

2023年4月6日清明假期，我们背负着艰巨的拍摄任务踏上了回家之路。在实地拍摄期间，我们发现自己似乎从来都没有好好观察过这座小城的变化。这十年间，我们从懵懂无知的孩子长成了满腔热血的少年，从前打闹嬉戏的小巷已变成了人群熙熙攘攘的商业街，家乡的每一处风景都有了或大或小的变化。

图2　取景"茨葶弄"

在视频中，我们取了三处变化较大的地点，分别是新建的标志性景点"茨葶弄"、翻新的贵溪火车站以及市图书馆。这座小城不大，但十年间一直在努力朝着市民满意的方向发展，满足市民在"吃、住、行、游"各个方面的需求。

4月10日，团队成员王梦根据所拍摄的视频素材以及先前沟通好的内容结构完成了中文稿件，并由邱露同学翻译成了英文版。最后，历时10天，郑楚楚同学完成了视频的剪辑和配音部分，发送给了指导教师并收获了宝贵的修改建议。回想整个创作实践过程，虽然任务艰巨，但在老师的帮助以及团队的共同努力下，我们的第一次参赛作品总算圆满完成了。

3. 困难与瓶颈

这次参赛是我们第一次尝试做外语微视频，过程中遇到的问题总是会让我们头痛，其中最大的问题出现在视频素材取景中。比如，由于事先未关注天气预报，在我们踏出门的那一刻，天下起了倾盆大雨，这意味着我们只有两个选择：再定拍摄时间或者硬着头皮冒雨拍。而紧迫的时间只允许我们选择后者。在这般恶劣的情况下拍摄不仅妨碍了我们的行动，拍出来的视频效果也没有预期的好，但开弓没有回头箭，这次的失误就算是为我们积攒了拍摄经验，提醒我们重要的安排要做好充足的准备。

最后，在我们的互相安慰和鼓励下，劳累的拍摄日结束了，相机的存储卡里也装满了我们的辛勤付出。

四、创作心得

● 郑楚楚（团队负责人）

这次的作品创作将我们三个多年挚友又重新聚在了一起。我们一起分享自己的想法，探寻家乡的变化，过程中有苦有累。但通过我们的共同努力，将一项又一项工作完成后，迎面而来的成就感是让人无比满足的。我在整个过程中主要负责配音和剪辑，在这两个方面我都是"小白"，所以花费了好长一段时间才完成任务。凡事都有第一次，不断的摸索也让我爱上了配音和剪辑，我也会继续努力精进技术。

图3 郑楚楚（团队负责人）

纵观过去这十年，鹰潭这座小城的面貌有了翻天覆地的变化，它正在一步一步与现代接轨，努力让市民们过上更便捷、舒适的生活。家乡在越变越好，我们也是无比自豪，但小城的飞跃离不开国家的发展。

十年间，祖国的变化我们每个人都有真真切切的感受，因此每每看到视频的后半部分，我们的心情总是无比澎湃。从看到这次比赛的主题开始，我们心里就有非常多的感受想要倾诉。作为中国的"00"后，我们见证了信息时代的来临和互联网的普及。十年奋进路，阔步新征程，中国在各个方面的飞速发展都彰显着祖国这十年来的不懈努力。

总的来说，参加这次比赛不仅让我们收获了一次无比难忘的创作经历，还让我们对家乡乃至祖国的未来充满了更美好的期待。希望以后有机会参加更多有意义的比赛，积累更多有益的比赛经验。

● 王梦（团队成员）

在创作过程中，尽管我们提前搜索了关于风土人情、历史文化、自然景观等方面的许多资料，以帮助我们对家乡有一个更深入的了解，但是真正拍摄起来还是会出问题。实际拍摄的情况与提前构想的不同，对具体的地理位置不熟使我们遗漏了一些关键的拍摄线索。值得一提的是，拍摄过程中我们

图4 王梦（团队成员）

59

遇到了很多热情的老乡，在了解到我们的拍摄目的之后都很乐意配合，并且积极地帮助我们。我相信，能让更多人看到这座城市是我们共同的愿望。

每次回家，家乡都有新的变化。曾经不太美观的街道如今已呈现崭新的面貌。我们走街串巷，去了许多熟悉或陌生的地方，再一次全面地认识了这座城市：她可能一时无法和大城市相比，但是有自己独特的美丽。路边喇叭里此起彼伏的叫卖声；藏在小巷子里的炒粉，是在外鹰潭人心心念念的美味；马路上来回穿梭的电动车是我们最便捷的交通工具；相隔不远的地方，方言也会存在巨大的差异……我的家乡一直在发展，也会变得越来越繁华。

● 邱露（团队成员）

这一次的微视频制作让我收获满满，非常开心能有这么一次机会、这么一个创作平台让我们三个老朋友凑到一起，为我们的家乡拍摄作品。回想起创作过程中的点点滴滴，我们经历的困难不少，但收获远远多于困难。

图5 邱露（团队成员）

在这次的团队创作中，我负责的板块是视频拍摄和撰写英文文稿。拿拍摄部分来说，一开始，我信心满满地拿着相机准备大干一场，拍了许多不同场景的视频素材，最后打开相册看到的却是一条条毫无技术和感染力的视频。那怎么办？学！记得在拍摄的小湖边，几个人拍来拍去仍不满意，随后坐在石椅子上打开手机搜索相关网站，一点点收藏并记录合适的想法和创意，就这样边学边拍了一个下午。经过一次次的实战，我的拍摄技术有了突破性的提升。

当然，这次创作机遇带给我的不仅仅是自身能力的提升，更多的是由创作宣传家乡的作品而带来的莫大成就感、自豪感和责任感。家乡的一草一木，一牲一畜，丝风片雨，都是我们人生的底色。鹰潭这座城市养育了我们，我们也深深热爱着家乡。在山清水秀的小城，十年巨变，从孩童到如今长大求学，我们见证着家乡的变化，也希望用镜头、用语言向世界展示她的美。十年前，水木清华；十年后，依旧草木蔓发，春山可望。希望能通过我们的视频让世界上更多的人认识鹰潭，喜欢鹰潭！

● 创作反思

这次的外语微视频制作大赛给我们带来了不小的收获，同时也让我们看到了自身的一些不足，值得反思和总结。

一是团队三人首次合作，在团队的磨合以及视频主题、细节的敲定上花费了太多不必要的时间。从最初的你一言我一语、万事皆可的试错讨论到后面的有序分工、高效合作，我们意识到在团队合作中，一开始就应该扎稳脚步、冷静分工，将更多的创作时间花在作品细节的完善和提高作品质量的工作上去。

二是视频内容存在一些值得反思的地方。在确定主题后，我们小组只是按常规从家乡的美食美景的创作点出发去思考问题，缺少新颖的想法和点子，没有突破性的创新。

三是在视频拍摄及后期剪辑配音上，相比专业人士，我们小组还有较大的进步空间。在整个创作过程中，我们极力通过各种学习渠道去提升视频拍摄质量并处理各种问题，一直都在进步。这种坚持不懈、精益求精的精神是我们的队魂，也是我们一直坚守不弃的初心！

我们时常觉得：艺术是历史与文化的沉淀。借助艺术的形式，过往的岁月掸去了身上的尘土，向世界展示她迷人的际遇，与同频的人事共情，使人们更好地理解她、接受她。带着这样的启发，我们十分希望能够通过双语微视频来向大众宣传鹰潭的美丽。在此之前，我们团队完全没有想过能够凭借几个人的能力为家乡发展做出些什么，现在看来，纵然帮助甚微，但我们做了，就有意义！家乡的发展需要我们每一个人携手努力，不论是文艺宣传还是城乡基建，都是促进城市发展、吸引人才流入和资源投入的有效手段，因此我们希望用自己创作的作品来记录家乡的美好，向社会宣扬家乡的美丽！也希望我们团队能够继续努力提升专业水平，拿出更优秀的作品，为家乡做实事！

五、作品主要人物叙述

老味道的坚守

——李有财

坚守，意味着告别浮光掠影、浅尝辄止，拥抱耐心与时光。这在快速变化的时代尤为重要。

在鹰潭贵溪县南大街，有一家开了三十多年的炒粉店，因为老板戴着一副眼镜，所以大家都亲切诙谐地用家乡话称他为"瞎子"。"李瞎子炒粉"的创始人李有财和妻子谢少丽在南大街经营了三十余年。三十多年前，两个人、一辆手推车、一口锅，支撑起了"李瞎子炒粉"。

　　每天早上，李有财都会提前准备好一天要用的食材，新鲜与干净是"李瞎子炒粉"数年来的口碑。下油、加料、加粉……经过了几十年的沉淀，炒粉的每一个动作都有了肌肉记忆。李有财炒粉的动作麻利，一锅雪白的米粉，加入酱油和配料翻炒，没过几分钟，条条米粉都裹上了褐色的酱油外衣，诱人的炒粉香味在锅铲的翻动下飘香十里。最早开始去店里吃炒粉的都是住在一条街的亲朋好友，吃过李瞎子家炒粉的人都赞不绝口。名声传开后，慕名而来的客人也就越来越多，生意也逐渐火爆。店里忙到每天凌晨两点才下班，李有财说他每年都要炒烂三个铁锅。

图6　老味道的坚守（图转自《贵溪报》）

　　这十年来，李有财颠锅的手艺没有变，来买炒粉的新面孔越来越多。如今，他们有了自己的门店，注册了"李瞎子炒粉"商标，从一口锅加一推车的小摊到家喻户晓的炒粉店，卖出第一碗粉的日子似乎就在昨天。炒粉店的名气和口碑让"李瞎子炒粉"成了当地正宗的"老味道"。每逢过节，归家的乡里人都会到店里吃上一碗炒粉，重温久违的家乡气息。夫妻二人就这样靠着自己的手艺和实在的用料，十年如一日地用心经营小摊，把"李瞎子炒粉"的味道留在了鹰潭人的味蕾里。

　　对于鹰潭人来说，"李瞎子炒粉"吃的不仅是味道，更是情怀。我们生活中也有许许多多像"李瞎子炒粉"这样的老味道，从几十年前的小摊奋斗到现在的独立门店，他们在发展，鹰潭在发展，我们的社会也在发展，而在这不断的发展中，最难能可贵的就是坚守的精神。在新时代，我们每个人都要奋勇前进，不忘初心，在传承中坚守，在坚守中发展。

六、指导教师手记

何妨将舞台交给学生

——涂汉仑

常言道："读万卷书不如行万里路。"古人的智慧告诉我们，实践永远是最好的老师。而就思政教育而言，这更是一句至理名言。讲好中国故事、传递中国声音、厚植中国情怀，可以是课堂里的耳提面命、春风化雨，也可以是教室外的合辙之旅、豁然开朗。在这次中国文化外语微视频大赛中，我与郑楚楚、王梦、邱露三位同学一同经历的，正是这样一段美好的旅程。

图7　指导教师涂汉仑

"寻迹鹰潭"是我们作品的主题，也是三位同学发自内心的愿望。讲好中国故事，行于叙事，成于叙情。生长于斯的情怀，是作品的底色与内核。三位同学都是土生土长的鹰潭女孩，希望以自己所学介绍自己的故乡，这份热爱难能可贵。之后，随着拍摄工作的展开，借她们的镜头，我游历在鹰潭小城。从"茨莘弄"到图书馆，再到新建的火车站，由传统到现代，在历史与现实的光影中，这座城市用特有的符号向我们诉说她的故事。我们是描绘者，亦是聆听者，聆听在老街石板上行人欢快的脚步，聆听老屋檐瓴下孩童的欢笑，聆听时代的风在这座城市的每个角落回响。这些"声音"是"鹰潭故事"的血肉肌理。安居乐业、蓬勃发展，这样的情节由三位同学亲身见证，也深刻感动着我这个陌生人。这样的"有血有肉"的声音，是她们想要传递给观众的，它具备感动他人的力量，是中国故事宏大叙事的缩影。为了讲好这个故事，她们克服了恶劣天气、自学了拍摄剪辑、忍受了文本修改过程中我的"絮叨与啰嗦"……最终她们的努力没有白费，我们的作品在活动中荣幸获奖。

作为她们的指导教师，一路走来，见证了她们的坚持与成长，在热闹与沉静之间，我收获良多。回想自己以往的课程思政与教学，聚焦总在自身，卖弄于引经据典，惶恐于不尽不实，考据有余，共情不足。何妨将舞台交给学生？

63

道自在其心，知之而好之，行之于事业，蕴之为德行，这知行之间才是教育最好的捷径。

七、作品点评

许多大学生虽然在繁华都市上学，习惯了一线城市的生活，但在他们的心底一直有一座自己土生土长的"小城"。虽然有些"低调"，"小城"也在不断地发展，而"老味道"却一直在坚守。《市井小城　十年巨变》作品就是来自出生并成长于江西鹰潭这座小城的三位女大学生。作品的视角很独特，从一座小城的变化可以看出其在紧跟时代造福百姓，但与许多繁华喧嚣的都市相比，这里总有一些角落，安静而坚韧地守护着那些即将被遗忘的"老味道"，如鹰潭的"李瞎子炒粉"。这些味道，或许并不张扬，却承载着几代人的记忆与情感，是岁月留下的独特印记。作品巧妙地将小城的"变"与"不变"糅合在一起，让人忍不住想看看那些容易被人忽视的了不起的"小"城市。

导语

　　2015年6月11日，国务院印发《关于大力推进大众创业万众创新若干政策措施的意见》，明确指出推进大众创业、万众创新，是培育和催生经济社会发展新动力的必然选择，是扩大就业、实现富民之道的根本举措，是激发全社会创新潜能和创业活力的有效途径。习近平总书记强调："要引进一批人才，有序引导大学毕业生到乡、能人回乡、农民工返乡、企业家入乡，帮助他们解决后顾之忧，让其留得下、能创业。"①"大众创业、万众创新"的蓬勃兴起，催生了数量众多的市场新生力量，他们的创新创业行动成为驱动我国经济发展的强劲动力。逐梦在乡村振兴路上的创业"新农人"，一对居住山林、勤劳淳朴的农民夫妻，他们筚路蓝缕、栉风沐雨的十年，演绎着入城"流动"创业—夜市"定点"创业—返乡"自主"创业的真实故事，这是我国千千万万草根创业者的奋斗缩影，是他们服务社会与发展自我的同频共振，是他们创造幸福生活与实现人生价值的自强不息。

十全食美　那山那情
Love for Delicacy and Hometown

东华理工大学　学生团队：常珂凡　林飞鸿　熊文俊
指导教师：周　凌　廖华英

一、作品简介

　　作品介绍了一对居住在山林里的农民夫妻，他们是团队负责人常珂凡的叔叔婶婶，在十年前紧跟个体户创业政策，来到江西省省会城市南昌。他们从租赁一个美食车做烤冷面开始，在城市优化规范后进入集体夜市；在国家呼吁返回家乡、因地制宜建设家乡后，又积极响应国家号召，回归家乡建设，借助本

---

① 习近平：《锚定建设农业强国目标　切实抓好农业农村工作》，《人民日报》2022年12月25日，第1版。

地山林优势建设农家乐。这对农民夫妻勤劳质朴、求变求新，是中国众多小微企业创业者的缩影，也是国家发展中创业基数最大的一批人，是新经济发展的追随者和受益人。如今，他们的生活水平日益提高，幸福感也越来越强。

（a）生活在山里的叔叔婶婶

（b）支起了美食车

（c）规范的夜市摊

（d）增加美食品种

（e）办起了自己的农家乐

图1　叔叔婶婶这十年

二、创作流程

1. 选题缘由

在新时代，每个人都面临着比以往更多的机遇。常珂凡的叔叔婶婶是千万个中国创业者中的一员，他们从山里走出来，通过自己的手艺在大城市做起了小生意，又响应国家的号召回来建设家乡，因地制宜开起了农家乐。他们的十年奋斗经历让大家看到了普通百姓在参与国家城乡建设进程中付出的点点滴滴。他们虽然没有高科技的开发能力，但通过个人的努力解决了自己的衣食住行需求，过上了美好的生活，也形成了城市一道道亮丽的风景线。

民以食为天，餐饮店遍布城市的大街小巷，城乡建设的飞速发展体现在每家每户的变迁里，叔叔婶婶十年来生活变化已然成为日益美好的人民生活的缩影。反映日益美好的人民生活和创新创业风貌是团队的初衷，通过英语视频的方式宣传并讴歌党的领导，感受经济腾飞下中国家庭的变化，以及对于新营商环境下人们安居乐业的充分表现，更是对未来十年的美好生活的展望。

2. 团队组建

为了完成视频作品，团队进行了细致的任务分工。

表1　团队任务分工

分工任务	负责人员
中文文稿	常珂凡
英文翻译	常珂凡
配音	林飞鸿
剪辑	常珂凡
摄影	常珂凡
字幕校对	熊文俊

在确定了团队分工任务后，团队制定了详细的视频作品推进流程。

表2　视频作品推进流程

时　间（2023年）	任　务
3月1日	团队线上会议，进行任务安排

表2（续）

时　间（2023年）	任　务
3月5日	视频初步构思
3月9日	团队成员提供视频构思方案
3月15日—4月1日	初步确定拍摄人物、场景、中文文稿
4月4日—4月15日	拍摄素材
4月21日—5月1日	结合素材修改，形成最终脚本；分配任务，文稿翻译、视频剪辑、配音及字幕
5月5日	团队研讨，形成最终版双语字幕
5月9日	最终视频整合，配音、字幕工作收尾，形成最终视频成果

三、创作过程

为了更好地展示作品的创作思路，团队设计了以下思维导图来展示创作内容。

设计思路具体包括：选题原因、主人公经历的变化、作品中多次奋斗创业的展现方式、主人公遇到的困难等，通过清晰的思路准确呈现作品内容。

图2　创作内容设计思路

我们突出强调作品的两大特色：一是体现南昌、上饶两地的地域特色，记录两地的快速发展；二是体现叔叔婶婶从山里人到城里人再回归"山里人"的质的变化与蜕变过程，通过个人的成长蜕变来映射时代的发展与演变。

1. 创作实践

3月初，在得知今年的主题是"我们这十年"后，我们开始了组队定题的工作。一开始，作为英语专业硕士的我们主要集中关注教育变革、学校基础建设设备更新等选题，但由于教育主题在参赛中出现概率过高，这样的作品很难从众多团队中脱颖而出。我们不仅仅要关注学习，国家的政策调整和经济发展趋势同样是需要我们去了解的。借助网红夜市——白欧园夜市，以新媒体为启发，我们最后决定讲述叔叔婶婶奋斗的十年。3月15日，我们先通过线上形式采访了两位主人公，确定了将十年的变革分成四个部分，在有所侧重的情况下完成了中文的脚本。考虑到叙事的语气、主人公的文化和经历特点，我们不断修改内容，并用贴切的英文翻译整篇文稿。

4月4日，我们开始进行各个部分的拍摄，按照"在山林里栖息""美食车推起新生活""新面貌中的落脚""农家乐里把话聊"四个场景主题，分别奔赴南昌和上饶的四个地点取景。这期间，指导教师给了我们很多建议，如拍摄角度、英文翻译等，还举办了一次线上多学校的交流会，给我们带来很多拍摄上的启发，视频的制作也向着不断发展和完善迈进，从构想一步一步坚持求变逐渐成为完整翔实的视频作品。在此过程中，我们有合作、有分享、有创新，最终在共同的努力下完成了视频制作。

2. 困难与瓶颈

在视频作品的创作过程中，我们也遇到了一些困难和挫折。例如，在第二部分场景拍摄中，我们发现当年叔叔婶婶使用的小推车早已不复存在。于是，我们根据照片找到了一样的推车；又因为环境和原来的情况也不尽相同，我们便寻找相似的位置，以契合场景。另外，对于如何凸显人物性格和大环境下的变化，我们在拍摄过程中也存在多处难点和困惑。

3. 难忘的回忆

对于我们团队来说，在制作的过程中最难忘的便是一起走进叔叔婶婶最早生活的山林后再来到他们如今的农家乐。他们生活的巨大改变让我们感叹，十年来他们从小小的棚屋，围着树桩垒起来的鸡窝到现在窗明几净的小洋房；从早年的砍柴生火到现在农家乐一体化的厨具设备；从勉强度日，每天的话题就是喂鸡喂鸭，到现在通过自媒体开发新的娱乐活动，根据时节环境制定个性化菜谱，这些改变就在这十年里，感人至深。

四、创作心得

● 常珂凡（团队负责人）

拍摄之初，我们选定角度、搜集素材、撰写文稿、构思采访话题、拍摄不同时期的片段、剪辑视频，通过几番讨论，决定借用拉波夫叙事理论解决拍摄当中遇到的种种问题。例如，十年前的场景难以复原全貌，如何通过拍摄的视角去讲述好叔叔婶婶奋斗十年的故事，不突兀同样保证翔实？我们将一整段故事分成4个部分，分别介绍不同时期主人公周围的环境和作出选择的背景，让观众了解到当时的政策，进一步理解在大环境下两位主人公的改变与抉择。

图3　常珂凡（团队负责人）

拍摄中期，我邀请叔叔婶婶回到原来的夜市。那里的森林植被保护得很好，有各种森林片区，夜市的排列相较于之前也更加合理，井井有条。生活改变了，自然环境却得到了保护和合理利用，这是城市发展与乡村环境资源保护齐头并进的良性结果。对自然环境的保护为乡村振兴留住了最扎实的根基，才不断有了新农村农家乐、野外露营和特色水果蔬菜种植生产。

拍摄后期，我带领团队成员对叔叔婶婶做了深度的访谈。他们学历不高，一开始的想法就是要走出大山，去城市看看。刚进城时，他们在语言上存在沟通困难，进货采买都是问题，做出的菜品也不知道合不合当地人的口味，又加上他们内向的性格，不会甚至不敢吆喝，一度生意冷淡，日子过得很辛苦。但叔叔婶婶不放弃，比别人出摊早、比别人收摊晚，菜品分量比别人多，哪怕冬日寒风呼啸，双手都冻裂出深深的口子，他们想的是多卖一份多招揽一个客人多宣传一下，慢慢地积累了好的口碑和越来越多的客源。在这个追求快速、到处充斥着速成、每个人都被推着赶着找寻最短时间和速效方案的时代，往往看似最简单、最笨拙的勤奋才是最优解法，欲速则不达。

求变、求新、敢闯、敢拼，是我从叔叔婶婶的故事里面学到的。面对毕业后竞争日渐激烈的就业，一些大学生求职失败后就颓废堕落，成为"啃老族"，开始脱离社会、脱离现实生活。而只有初中学历的叔叔婶婶并没有止步于曾经的山林农田生活，他们走出大山来到城里，没有因为种种困难退缩、放弃，努力地经营着自己的小生意，后来又积极响应国家号召，回到家乡办起了富有特色的农家乐。我们作为接受过高等教育的大学生，更应该从点滴做起，敢闯敢拼，从力所能及的事情做起，一步一个脚印地做好每一件事。

● 林飞鸿（团队成员）

作为本作品的配音，在前期其实遇到了很多的问题。例如，在声音的录制以及在不同部分如何将语音语调配合进图片的内容当中，着实让我头疼。在与团队负责人一起参与了叔叔婶婶的采访之后，进一步地理解了每一个片段需要表达的含义，每一个镜头应该是叙述这个时期他们的心理变化、所作所为，以及带来的改变。

在了解到叔叔婶婶从山里走出来，走进大城市，不断拼搏，不断与时俱进，结合国家的政策和他们的优势进行创业的故事之后，我更深刻地理解了整个视频的内涵，这让我在未来的语音教学上有了一个可以借鉴的案例。语音不仅仅表达人的情感特色，更多的时候是将不同的内容适当地串联起来，通过语音语调的变化能够让听众、

图4　林飞鸿（团队成员）

观众更清晰地理解每个片段所表达的含义，体会到作品背后的思想与情感。

● 熊文俊（团队成员）

图5　熊文俊（团队成员）

视频创作中，让我最记忆犹新的是其中的故事。叔叔婶婶重新回到家乡办农家乐，但面对环境变化后的选址问题以及在如何通过举办符合地方特色的活动来吸引顾客等方面产生了分歧。叔叔认为农家乐需要的是走进山林，可以组织游客一起在山林里采摘野味；而婶婶的想法是游客是为了娱乐消遣，应该在农家乐里举办活动。两个人都有各自的道理，面对这种僵持的情况，他们想着既然是多样化的形式，为什么不合作呢？

最终两个人找到了隔壁农家乐的老板薛阿姨，由其负责餐食准备，而叔叔婶婶这边负责带领游客走进山林体验大自然，这样就完美地解决了两个人的分歧。

这次采访让我体会到合作的重要性，就像我们拍摄这个作品，不同人有不同的分工。独木难支，集体的力量永远是强大的，中国的腾飞也离不开各个民族之间的团结。教育也好，经济也好，都需要大家齐心协力、协助共进。

● 创作反思

这次微视频作品最初的创作灵感来自常珂凡的叔叔和婶婶。他们通过自己十年的奋斗，不断地改善自己的生活状态，体现了一种积极向上的精神。创作前期，我们只是单纯地用镜头平铺直叙地记述了这十年来的变化。在不断地进行素材拍摄中，我们反复尝试作品的不同表达形式，又不断推翻自己原来设计的角度，最后把整个作品分为4个主题并赋予了故事全新的理解，那就是从山

里来又回山里去，这看似相同，实际却已发生质变的过程。

通过最终的作品，我们能够看到的不只是叔叔婶婶对生活的追求，更反映了他们在求变创新之后的蜕变，体现了普通百姓不服输、努力、奋斗、谋求出路的坚韧精神。身处新时代，他们有不同的经历，过程中身份也发生了变化，但都构成了叔叔婶婶在奋斗中与整个社会的连接。

五、作品主要人物叙述

只要努力干　就有好生活

——常珂凡的叔叔婶婶

俺们其实挺普通的，没啥文化，只能做这些，赶上了好时候。要感谢党的领导和政府的帮助。我们就是山里人，我老汉儿（方言：父亲）老娭（方言：母亲）就是在这边灵溪村生活了一辈子，我和你婶子那时就住隔壁，小时候一起河里摸鱼摸虾上山里头采竹笋。哦呦，原来山上好多的小花，春天漫山遍野的映山红。

图6　叔叔婶婶一家

十年前，那个时候我们俩就在山脚下，一个小小的棚屋，就跟工地的临时房差不多大，两个人每天养鸡养鸭、种菜烧饭，下午没事就看电视，信号不好，断断续续老是有雪花点还跳台，那个时候把你婶子气得嘞。后面要（方言：玩）手机看到外面鼓励个体户创业，我们也不晓得啥是创业喽，《新闻联播》里面也经常听到，那个时候你表妹读小学了，我们想着以后是不是可以送她去市里念书，环境更好，老师文化也高水平嘞。我们没读啥子（方言：什么）书，希望她以后读了书有个好工作，不会像我们这样不稳定，能出去看看。

我们那段时间也纠结，去哪里呢？做什么呢？也不晓得（方言：知道）咋搞，闷着头就说去上饶市区吧，也近，回来也方便，万一家里有事也能照应得到。你婶婶做的烤冷面挺好的，租了个车就去了。头两天到处找摊位，赶上下雨修路，这个学校门口摆摆，那边走走，每天回到家累死喽，腰都直不起来。好多次我们都说不搞喽，村里书记知道了我们在摆摊还特意联系了市里给我们选了一个小学门口，才坚持下来。市里那时也正好改新广场，到处造房子，修路，市区热闹得很，我们俩想着是来对喽。从那个步行街一路到小学这门口，原来的地好多洞，我们轮子经常扎得没了气，烦死了（方言：苦恼）。赶上下雨天积水，向上反映了，过了段时间，广场改造完就开始修这边，很快路平了。

后来城管说要整改不能乱停乱摆，我们就搬到统一的白欧园夜市，一个人一个格子，固定好了，旁边还有流动水，我和你婶终于攒够了一小笔钱，在市里付了个首付买房子，把你妹妹接过来上初中，全家终于在一块喽。我们也把小推车升级了，家里买了电瓶车，方便多了。旁边的房子越来越多，医院啥的也新加（方言：新建）了几个，主要是搬到这边的人流多了，我们生意更好了，收入也更多了。

后来有句口号是什么来着？对，鼓励年轻人回家乡！还有好多（方言：很多）人开始搞农家乐，我和你婶子就说我们也回去搞个自己的，她一开始不同意，挺好的现在又要弄来弄去的，我就带她去看新农村规划，看到规划后的新农村，她就同意了。

这十年啊，变化太多了，棚屋换楼房，全是水泥地，自来水煤气通到屋子里头，电脑手机每天看信息方便得很，政府还给我们办农家乐奖金嘞，日子越来越好啦，红红火火的。你妹妹也马上上高三，学了知识也懂事了，我们的医保社保也办好了，去办每年更新的农家乐证件也方便，现在集中在一个地方好几个窗口。只要努力干，就有好生活！

六、指导教师手记

"十"光印记，创意激荡；镜头背后，情感共鸣

——周　凌

国与家，宏观与微观，彼此交织，相互影响。国家的发展，需要通过每一个家庭的努力来实现；而每一个家庭的梦想，也需要在国家的发展大局中找到实现的路径。在这样的互动中，国家与家庭共同创造着未来的可能，也共同实现每一个普通家庭平凡而伟大的中国梦。常珂凡团队的作品以小见大，见微知著。这部作品不仅仅是一段对普通夫妇十年创业历程的记录，也是国家发展进程中无数小微创业者故事的生动体现。

作为指导教师，我见证了学生们从选题到视频制作完成的整个过程，其

中，选题过程给我留下了深刻的印象。在最初的讨论中，学生们充满激情地提出了各种选题建议，这些建议涵盖了很多方面的社会问题，显示出他们广阔的视野和敏锐的观察力。然而，在众多选题中，我注意到学生们陷入了迷茫和不知所措的状态。这些选题虽然新颖，但缺乏聚焦点和深入挖掘的潜力。看到

图7　指导教师周凌

学生们在天马行空的想法中徘徊，我决定引导他们从生活中寻找灵感。

在一次偶然的机会中，学生们提议去夜市品尝当地小吃。在热闹的夜市氛围中，我观察到学生们被这里的生活气息所吸引，他们的心情也变得轻松愉快。这时，常珂凡突然谈起了自己的叔叔婶婶，他说叔叔婶婶也曾在夜市经营着一家烤冷面摊，后来又响应国家的号召回乡建设家园，因地制宜开起了农家乐，现在的生活越来越好。听着他的讲述，我意识到，这对夫妇的创业故事不仅充满励志色彩，还体现了我国对个体户创业的政策支持。他们跟随政策从农村来到城市，又在国家鼓励返乡创业的背景下，毅然回到家乡发展。这个故事具有时代背景，展现了普通人在国家发展中的积极作用。

我鼓励学生们深入挖掘这对夫妇的故事，并将其作为微视频的选题。学生们顿时有了很多灵感。在创作过程中，他们采访了这对夫妇，了解到了他们的创业经历、心路历程以及背后的艰辛。通过深入挖掘，学生们发现了这对夫妇故事中的感人之处，以及这些故事与国家政策的关系；他们运用了多种拍摄技巧，如场景切换、特写镜头、访谈等，将这对夫妇的故事生动地呈现出来。

这次视频制作经历让我和学生们都体会到，生活中的点滴细节往往蕴含着丰富的内涵，只要用心去发现，就能找到最佳的选题。学生们认识到，创作不仅仅是一种技能，更是一种态度，一种对生活的热爱和关注。通过这次创作，大家锻炼了自己的观察力、采访能力和拍摄技巧，也为他们的未来创作积累了宝贵的经验。同时，这个作品让我们深刻感受到了国家发展给普通人带来的机遇和改变。这对夫妇，正是国家新经济发展的追随者和受益人。他们的成功，不仅仅是个人努力的结果，更是国家政策支持和时代背景的体现。这让我们每一个人更加坚信，国家的发展离不开每一个人的付出和努力，努力付出的个人也都将是国家发展的受益者。而我在未来的教育教学工作中，将继续坚持实践

教育的理念，引导学生走进社会，了解社会，通过实践锻炼他们的能力，培养他们的社会责任感。

七、作品点评

《十全食美　那山那情》作品通过叔叔婶婶走出大山又回归大山的真实感人故事，展示了一个有温度、有鲜明代表性的普通民众的创业历程。故事贴近生活，字里行间彰显了国家政策给百姓生活带来的改变，也反映了中国人求变、不故步自封的创新精神，始终弘扬勤劳这一中华民族优良传统美德。作品立题新颖，故事性强，尤其是主人公自叙更直接反映了普通民众发自肺腑的幸福感。该作品体现的自主创业中与时俱进、不断创新的精神也值得大学生好好学习和思考。

导语

　　党的十八大以来，以习近平同志为核心的党中央关注农业、关心农村、关爱农民。在以习近平同志为核心的党中央坚强领导下，我国打赢了人类历史上规模最大的脱贫攻坚战，历史性地解决了绝对贫困问题，取得了重大历史性成就，创造了彪炳史册的人间奇迹。习近平总书记指出，脱贫攻坚取得胜利后，要全面推进乡村振兴，这是"三农"工作重心的历史性转移；推进中国式现代化，必须坚持不懈夯实农业基础，推进乡村全面振兴。有力有效推进我国乡村全面振兴行动，正"在路上"；像白石村一样的成千上万个中国乡村，正在全面振兴的大路上。在路上的十年，"白石村们"持续巩固拓展脱贫攻坚成果，齐心协力、多措并举推动脱贫地区发展和乡村全面振兴；在路上的十年，中国凝心聚力、众志成城加快建设农业强国、推进农业农村现代化，以更好地推进中国式现代化建设。

在路上

On the Way

东华理工大学　学生团队：江宇晨　陈紫薇　王红梅　赵晓婷

指导教师：万　翠　廖华英

一、作品简介

　　江西省抚州市乐安县是国家扶贫开发工作重点县，曾有"十三五"贫困村69个，建档立卡贫困人口9761户29745人。戴坊镇白石村属于其中之一，这里也是团队负责人江宇晨同学的家乡。

　　本作品通过团队走进白石村

图1　团队成员采访村党支部书记

的实地采访、调查，正面直观地展示了白石村的十年变化，也折射出在政府的扶持下农村是如何脱贫攻坚实现乡村振兴的。随着我国脱贫攻坚取得胜利，乡村振兴进入全面推进期，乡村振兴目标的实现更需要人才的振兴。本作品旨在激励更多年轻人到农村基层就业，巩固脱贫攻坚成果。

二、创作流程

1. 选题缘由

团队主创者均是来自贫困村的大学生。选题围绕乡村振兴与脱贫攻坚，一是为了向世界宣传中国农村真实的发展现状，向外展现我国乡村振兴政策的成果，讲好中国故事；二是为了鼓励和支持农村大学生回流，参与家乡经济建设和产业发展，刺激农村经济的潜在活力，以人才支持助力乡村振兴，推动农村建设进程，更好地巩固脱贫攻坚的成果。

我国经济自改革开放以来取得了高速发展，综合国力得到提升，经济发展势能不断积聚并得到有效释放。但在我国经济发展进程中也出现了一些问题，如城乡两极分化问题。城市发展在人才、资金、技术和资源方面相对具有明显的优势；反之，农村地区发展明显滞后，而农村青年群体不断涌向城市的趋势又进一步拉大了城乡差距。人是社会发展的主体，在乡村振兴战略中离不开人才振兴。作为我国重点培养的宝贵人才资源——大学生，他们具有丰富的知识、新颖的理念和开拓进取的精神，是发展乡村产业的重要力量和优势所在，加上自身的农村生活背景，使他们返乡就业适应农村工作和生活的能力更强。

"我们这十年"，不仅是我国全面脱贫的重要节点，更是巩固脱贫攻坚成果的开始。希望作品能达到"厚植爱农情怀"的目的，呼吁更多年轻、有思想的青年人才扎根农村，在乡村振兴的大舞台上建功立业，为加快推进农业农村现代化、全面建设社会主义现代化国家奉献青春。

2. 团队组建

视频创作所需分工有摄影、剪辑、配音、字幕等。团队创建初期，负责人采取自愿报名的形式招揽团队成员，最终经过筛选与匹配，确定团队成员并进行如下分工。

表1　团队任务分工

分工任务	负责人员
中文文稿	王红梅、赵晓婷
字幕翻译	赵晓婷
配音	王红梅
剪辑	江宇晨、陈紫薇
摄影	江宇晨、陈紫薇

三、创作过程

1. 创作思路

在讨论选题时，我们最先聚焦的就是乡村振兴，因为团队负责人对"我们这十年"感悟最深的是自己的家乡——江西省抚州市乐安县戴坊镇白石村。团队负责人亲身体会家乡十年发生的翻天覆地的变化，希望借此视频将白石村作为一个缩影来呈现国家全面脱贫攻坚政策的成果。

十年前，白石村被确定为"十三五"省定贫困村。那时的白石村经济基础薄弱，基础设施建设差，没有通自来水，村里交通不便，村民人口流失严重。那时候，白石村水泥路很少，村里村外基本都是靠脚踩出来的泥土路，孩子们就沿着这条泥泞的土路步行上学。村里的房子主要是土砖房、瓦房，屋前院后会堆满柴火。村民们的主要经济来源是耕种，很多年轻人选择了外出务工，留在村里的人越来越少，最后剩下的大多数是老人和孩子。现如今，我们看见村

图2　白石村十年前后的道路与房屋

里多了许多小楼房。这是村民们靠着自己勤劳的双手奋斗出来的，当然，这背后也离不开国家政策的大力支持。

在确定了选题之后，我们开始构思视频创作大纲。团队成员都非常有想法，但意见不一致。经过几轮的讨论与咨询之后，团队最终确定了视频的大纲。团队负责人趁着清明节假期与团队成员一起，回到了阔别多年的家乡。

白石村，与团队负责人脑海中十年前的样子完全不同。当她下车踏上故乡这片土地的时候，扑面而来的是欣欣向荣的气息。她沿着白石村的主干道一路走过去，看见了从前坑坑洼洼的泥土路变成了平整干净的柏油马路，看见了路两旁低矮的土房子变成了一栋栋现代化的小楼，看见了萧条的村落变得熙熙攘攘。在一位大叔的热情介绍下，我们得知了村子近十年来大大小小的变化，同时，我们也在想：这十年来，是什么在推着它前进，是谁在帮助它成长？我们带着这些疑惑对白石村的村民及村干部展开了一些采访，由此揭开白石村变化背后的真正原因。

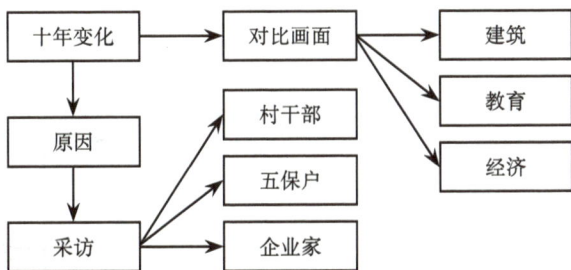

图3 创作内容设计思路

2. 创作实践

由于无法获取被采访者的联系方式和通信地址，我们在寻找被采访人员的过程中花费了许多时间。在联系到白石村驻村干部之后，问题迎刃而解。在这位干部的帮助下，许多村民接受了我们的采访，向我们讲述了村子里这十年来发生的种种变化。大部分老村民没有接受过什么教育，他们在采访过程中大多以乡音进行讲述。这些夹杂着方言的普通话令我们很难理解其中的意思，因此，团队负责人江宇晨进行了实时翻译，使得采访顺利完成。

从学校至县城的路程需要两小时，再从县至白石村的路程也要一小时，我们总计耗时三小时左右才抵达白石村。在拍摄过程中，由于天气不好，无法按期进行外景拍摄。团队成员多次辗转县城与白石村，尽管路上颠簸，个别成员还出现晕车现象，但视频的拍摄最终达到了预期效果。

3. 瓶颈与困难

在进行采访时，如何引出关键问题以及受访人回答是否有效等诸多问题困扰了我们许久。在镜头呈现方式上，我们在选用第几人称来叙述方面踌躇不定。在询问专业编导人士之后，视频确定以第一人称与第三人称交叉的形式进行呈现。

在制作完视频脚本之后，素材与素材之间的衔接方式无法确定。我们以主人公在前行道路上的叙述为主线，从映入眼帘的宽广马路再回到十年前村子里的泥土路开始展开叙述。视频先呈现白石村十年前的人、事、物，再由发生的变化对其进行探究。通过拍摄和采访的形式对白石村的变化进行呈现和阐述。视频结尾部分由一句主旨句深化主题，镜头再次切换到行驶在公路上的画面。

四、创作心得

● 江宇晨（团队负责人）

作为本次视频制作的负责人，我从决定参加中国文化外语微视频大赛之时，心中就萌生出宣传家乡变化的想法。当我把宣传家乡和呼吁人才归乡的想法说出来后，指导教师给予了充分的肯定并帮助我厘清视频主题及创作思路。在后期的创作过程中，老师也不断地给予我设备和精神上的支持与鼓励。

在团队合作的过程中，我与几位团队成员彼此鼓励，携手前行，共同努力。能和他们一起创作出这个作品，我感到无比幸运。在视频脚本的

图4　江宇晨（团队负责人）

初创阶段，大家围坐热烈地讨论着每一个细节，思想在交流中不断碰撞，最终凝聚成了现在的视频脚本和主题。这次经历让我深刻意识到，要想创作出优秀的作品，单靠个人的力量是远远不够的，必须及时与同伴们沟通，集合大家的智慧和创意，才能碰撞出更加璀璨的火花，共同创造出更加出色的作品。

在参加这次比赛之前，我认为自身价值观的塑造主要是通过在思政课上学习相关知识点以及每日学习"学习强国"中的知识来完成的。在完成视频之后，除了工作能力方面得到了很大的提升之外，我从被动学习变成了主动

学习。讲好中国故事，不仅需要我们深刻体会其内涵，更需要我们去搭建桥梁，让世界了解真实的中国，并激励人才积极投入到中国的发展进程中去。

● **陈紫薇（团队成员）**

通过本次视频创作，我体会到了白石村这十年变化之大，也由此体会到了我国这十年城乡变化之大，感受到了我国乡村振兴政策成果的丰富，体会到了中国共产党为中国人民谋幸福、为中华民族谋复兴的初衷和决心。同时，我的团队意识和工作能力也有所增强，在团队中，我们互相尊重、互相帮助、团结协作、友好交流，共同完成了这次创作。

图5　陈紫薇（团队成员）

● **王红梅（团队成员）**

图6　王红梅（团队成员）

创作初期，我们有好多想法，经过反复讨论终于定下了方案。关于"我们这十年"这个主题，我们有着不同的经历，但是时代背景是一样的。这十年，对于我们普通人来说，是青春、是年华、是岁月；对于国家来说，则是一段历史，一段快速发展和成长的历史。

十年前的我们还是初中生，和其他同学一起奋斗，慢慢地，我们的人生轨迹有了或多或少的不同。有的已经有了自己的家庭，有的忙碌于自己的工作，有的还在为学业奔波。大家选择的发展道路虽然不同，但是我们身处同一片中华大地，共同见证了祖国的兴盛之路。一方面，我们的物质生活水平有了明显提高。从自行车到摩托车再到小轿车，从土坯房到小楼房，这些变化基本是很多家庭都有的经历。另一方面，我国脱贫攻坚战取得了全面胜利，国际地位显著提高，国际影响力明显增强。

过去的十年，中国农村迎来了巨变。我国成功打赢了脱贫攻坚战，取得了历史性的成就，让无数曾经贫困的中国民众脱贫致富奔小康，并且现在还在沿着国家的发展规划，向着共同富裕的目标共同前进。相信在不久的将来，也一定会像打赢脱贫攻坚战一样，在共同富裕的目标上取得成功。

在本次视频制作的过程中，我主要负责采访和配音的工作。整个过程锻炼了我的团队合作能力，让我真实地体会到了国家乡村振兴政策的成果，很荣幸能生活在这个美好的时代，也祝愿我们的祖国更加强大，繁荣昌盛。未来中国的十年必将更加富裕、强大和辉煌，期待我们下一个精彩十年。

- **赵晓婷（团队成员）**

通过参加此次视频制作，我深刻领悟到，在过去的十年，中国共产党领导下的中国人民团结奋斗，深入贯彻以人民为中心的发展思想，在幼有所育、学有所教、劳有所得、病有所医、老有所养、住有所居、弱有所扶上持续用力，人民生活得到了全方位的改善。在视频中我们可以看到，

图7　赵晓婷（团队成员）

在国家政策支持下，白石村发生了翻天覆地的变化，呈现出乡村美、产业旺、农民富的美好盛景。作为新时代青年，我们要深入学习贯彻习近平新时代中国特色社会主义思想，厚植家国情怀，增强文化自信和文明自信，为实现第二个百年奋斗目标、实现中华民族伟大复兴的中国梦贡献自己的智慧和力量。

- **创作反思**

在本次创作中，我们一次次地摸索与实践，从对摄影器材与剪辑软件的一窍不通，到现在每位成员都能自如地拍摄与剪辑，我们从中不仅学到了基本技能，更收获了一种不断学习、接受新鲜事物的心态。

除了提高团队协作以及视频剪辑等工作能力，我们还真正深刻地了解和领悟了国家对农村发展所做出的努力。全面建设社会主义现代化国家是我国一直以来的任务，习近平总书记强调："民族要复兴，乡村必振兴。"[1]美丽乡村建设需要越来越多适应农村经济发展需要、热爱乡村振兴事业的技术人才，投入到乡村建设的火热实践当中。作为社会主义的建设者和接班人，我们应积极响应党的号召，到祖国最需要的地方去，承担更大的责任和义务，这将对我国新时代农村各项事业的健康发展起到巨大的推动作用，也是大学生舒缓就业压力、实现人生价值的有效途径。

---

① 习近平：《坚持把解决好"三农"问题作为全党工作重中之重，举全党全社会之力推动乡村振兴》，《人民日报》2022年4月1日，第1版。

五、作品主要人物叙述

● 村党支部书记（李*强）

驻村干部李*强于2021年9月至2023年8月担任白石村驻村第一书记，2022年度乐安县委组织部年度考核确定为"优秀"，2023年被评为乐安县戴坊镇"优秀党务工作者"。

图8　白石村驻村干部李书记

李书记驻村工作期间，紧紧围绕"建强村党组织、推进强村富民、提升治理水平、为民办事服务"四项基本职责，积极协助村"两委"建强班子队伍，谋划产业发展、提升治理水平、强化为民办实事等工作。

他千方百计用智慧化解民忧。农村要发展，产业支撑是关键。立足白石村自然资源、产业基础和资源优势，增加村集体经济收入，为乡村振兴打下坚实基础。同时充分利用挂点帮扶单位优势，增强消费扶贫活力，提高村级集体经济收入。他走遍"千家万户"，用脚步丈量民情。与村"两委"干部认真排查全村"三类人员"，走访全村村民，密切关注重点户，倾心了解村情民意。他真心为民服务，全心全意为群众办实事，紧紧围绕群众利益，想方设法帮助群众解决急难愁盼问题。

● 致富带头人（江*文）

图9　致富带头人江先生

江先生是一名土生土长的白石村人。在孩童时期，他在课余时间爬过白石村的每一个山头，蹚过村里的每一条小溪，村里的一切他都无比熟悉。出于对这片土地的深爱，江先生在政府的支持下建立了一家养殖专业合作社，希望为白石村做点实事，为白石村的发展尽一点绵薄之力。在乡村振兴政策的帮扶下，村里的养殖户得到了相关的技术支持。江先生的创业举动，不仅合理地开发了白石村，还带动了其他村民加入了农村致富之路。许多村民在他的带领下开始建立养殖专业合作社，推动白石村经济发展。除此之外，一些家中经济困难的农户也有了更多的工作机会。

江先生身为中国共产党党员，这十年来为白石村做了很多实事，为了让村子打开致富之门，他与村干部联合，筹备并修建了便捷的马路，他深知：要想富，先修路。在许许多多的"江先生"带领下，白石村也越来越好！

● 白石村村民（江*香）

图10　白石村五保户

江*香是村里为数不多的五保户，由于年少时的不幸经历，他成为村里的孤寡老人。在政府的帮助下，他作为稳定脱贫户，不仅拥有一个温馨舒适的住所，还有了一份体面的工作。他对政府所做出的努力表示非常感激，希望自己能做些什么回馈白石村。

● 白石村村民（江*发）

江大爷是村里有名的"和事佬"，各种家庭矛盾在他的调解下总能大事化小，小事化了。每逢佳节，村里外出的打工人纷纷回村，他总是能迅速知晓。无论哪家面临工具短缺之困，或是需要人手相助，他都主动伸出援手，慷慨解囊。江大爷和蔼可亲，我们盛情邀请他加入我们的采访。

图11　白石村村民江大爷

白石村一点一滴的变化，他都了解。他告诉我们，十年前，村民们只从事简单的农业活计，都是靠天吃饭，如果遇到干旱，一整年都得艰难度过。这十年来，在村干部与政府的帮扶下，村民有了更多的工作机会，务农也有许多补贴。江大爷向我们介绍，现在种粮有粮食补贴，种经济作物有化肥补贴。村民的日子越过越好。除此之外，村里的环境保护也做得很好。由于国家政策的支持，村里的森林没有被破坏，越来越茂盛。以前村里没有路灯和垃圾桶，每到晚上，村民只能摸着黑去土坑里面倒生活垃圾。现在，几乎家家户户门前都安装了路灯并摆放了垃圾桶。近年来，村里陆陆续续地成立了多家农业合作社，他也能继续留在村里，从事一份不错的工作，补贴家用。

六、指导教师手记

播种希望：引导青年之眼见"乡村振兴十年变迁"

——万　翠

当江宇晨团队找到我，说打算以乡村振兴为主题来讲述"我们这十年"的故事时，我对她们能否准确表达这一故事抱有一定的疑问。毕竟她们看起来似乎已经远离乡村很久，而对这一主题的展开不能仅仅依靠现有的报道信息，更多的需要深入乡村，搜寻这十年乡村发展的见证者、经历者，听他们讲述这一路走来的历程，深入取材，才能生动具体地把这一故事讲好。

带着这一疑惑，我询问团队她们打算如何取材，得知几位团队成员均来自贫困山村，她们之所以选择这一题材，就是因为这些年来看到了自

图12　指导教师万翠

己家乡在各种政策的指引下不断发生的变化。她们正好以这次比赛为契机，以自己的家乡为例向世界讲述一个有温度的中国乡村振兴的故事。

确定这一选题的可行性后，我开始激发团队思考如何去体现这一振兴。有同学很快提出，要体现各种向好的变化；接着，有同学补充，需要通过十年前后的对比，体现这种发展变化。然后，我问同学们她们看到了哪些变化，同学们很兴奋地讲述了各种变化，主要体现在：村民们整体生活水平得到了大幅提升；很多年轻人回乡，一边种田一边在附近打工；村里的环境相较于以前不仅干净整洁了，还进行了整体规划；五保户及困难家庭得到了一对一帮扶。

以上交流体现了同学们对选题要呈现的主要内容的把握。接着，我让她们

思考如何将她们看到的这些变化通过一个10分钟左右的视频呈现出来，以此来讲述"我们"的故事。同学们马上想到要进入农村找到以上变化的"当事人"并对他们进行单独采访。我提醒她们，既然是政策引导，需要首先找到基层的负责人了解具体政策，以及乡村的具体情况，于是她们马上想起村支书，所以第一站要采访的应该是第一书记。团队负责人江宇晨来自江西省抚州市乐安县戴坊镇白石村，乐安县是国家扶贫开发工作重点县，因此白石村的发展变化是非常具有典型性的。所以团队最终确定了以该村为例进行实地探访。

在搜集素材过程中，我帮学生联系了摄影相关专业的同学，方便她们在拍摄角度方面进行交流。素材搜集好后，团队进行具体英文脚本的撰写，并一起探讨了每一部分在视频中的呈现方式。经过了无数次的打磨后，视频终于制作成功。

作为她们的指导教师，非常欣慰地看到了她们这一路走来在面对各种困难时，坚持精益求精地处理每一个细节。而让她们坚持下来的理由是：在脱贫攻坚的路上，这么多的困难，政府都扛过来了，我们还有什么理由在这么小的挑战面前退却？这份坚持，正是她们故事的力量所在。

七、作品点评

《在路上》作品以团队负责人的家乡，也是全国众多贫困村之一的白石村十年来的变化为主线，反映了国家在脱贫攻坚方面取得的辉煌成果。作品以点及面，通过走进村庄采访村里不同类型的人物，如驻村干部、企业家、贫困户、普通村民，活灵活现地呈现出他们内心真实的感激与感悟。要在农村找到十年前的素材不易，"口述"是最淳朴和真实的依据。作品指出"乡村振兴目标的实现更需要人才的振兴"，呼吁更多年轻人"到农村基层就业，巩固脱贫攻坚成果"，使作品呈现出较高的价值性。

　　在革命根据地的创建和发展中，在建立红色政权、探索革命道路的实践中，无数革命先辈用鲜血和生命铸就了以坚定信念、求真务实、一心为民、清正廉洁、艰苦奋斗、争创一流、无私奉献等为主要内涵的苏区精神。习近平总书记指出，苏区精神"既蕴涵了中国共产党人革命精神的共性，又显示了苏区时期的特色和个性，是中国共产党人政治本色和精神特质的集中体现，是中华民族精神新的升华，也是我们今天正在建设的社会主义核心价值体系的重要来源"①。2012年6月28日，在以习近平同志为核心的党中央的坚强领导与关怀推动下，《国务院关于支持赣南等原中央苏区振兴发展的若干意见》正式出台实施，作为革命老区的赣南从此开启了高质量跨越式发展的历史新征程。走进赣南苏区这片红土地，光影记录它十年的振兴发展与沧桑巨变，讲述赣南苏区的历史故事，把握苏区精神的深刻内涵，见证赣南苏区人民感恩奋进、砥砺前行，坚定红色文化自信，弘扬红色基因，传承苏区精神，加快推动新时代赣南苏区振兴发展。

传承苏区精神　响应时代号召

Inherit the Spirit of the Soviet Areas Respond to the Call of the Times

东华理工大学　学生团队：彭雅婧　孔嘉绮　龚良欣　谢佳伟　郭子怡

指导教师：刘　洋

一、作品简介

　　苏区精神是红色革命精神之一，是指土地革命战争中在赣南、闽西革命根据地的基础上发展起来的中央革命根据地（中央苏区）人民和革命战士，在中

---

①习近平：《在纪念中央革命根据地创建暨中华苏维埃共和国成立80周年座谈会上的讲话》，《人民日报》2011年11月5日，第3版。

国共产党的领导下创建、发展和保卫苏区革命实践中培育形成的伟大革命精神。苏区精神是宝贵的理论思想，具有很强的红色文化实践指导意义。作品创作团队深入调查苏区精神相关资料，找到苏区精神与大学生实践的切入点，制作了整个视频。为响应时代号召，创作团队深挖苏区精神内涵，在视频中讨论关于苏区精神的具体表现、列举陶勇等时代新人的例子，对苏区精神的实践形式进行论证，并在最后做出了总结。

二、创作流程

1.选题缘由

"我们这十年"既是过去十年中国社会和人民生活的缩影，也是对美好未来的展望。"我们这十年"让更多的人了解和认识到中国在过去十年中所取得的巨大成就，以及普通百姓生活水平不断提高、幸福感不断增强的过程。视频的主题聚焦红色文化。一方面，意在弥合当代青年与这一看似遥远的文化之间的距离。为了使红色文化为大众所理解，我们运用了一种简洁直观的对比叙述方式，使苏区精神的概念鲜明起来。另一方面，苏区精神对于土地革命战争具有重大的指导意义，我们团队有成员出自赣南苏区，从小就在这种精神的熏陶下成长。该成员发现有些人不太了解苏区，认为那是落后闭塞之地，而忽略了近年来的发展进步。他希望通过讲述苏区的历史故事和丰富精神，纠正这一错误认知，使人们对苏区产生新的认识。

通过对苏区精神的诠释来进一步弘扬红色文化，让更多人了解苏区的历史和宝贵精神，可以激发人们的爱国主义热情，增强民族自豪感和自信心，提高全民素质，促进社会和谐稳定。同时，我们还致力于展现过去十年苏区老一辈人的杰出贡献，以及这份精神在东华理工大学的学生身上得到的传承与弘扬。团队采用对比的方式来讲述苏区精神，将十年前老一辈人的奉献精神、奋斗精神和理想信念，与当代先进人物奉献社会、艰苦奋斗以及如何坚定理想信念形成一个鲜明对比，让苏区精神更加立体和生动。作品旨在让红色文化和苏区精神在当代青年心中扎根，并指导他们的实际行动。通过这种方式，更好地继承和弘扬这些文化与精神。

图1　2012年前后，梅州城区江南东片还处于待开发阶段

图2　如今的梅州城区高楼耸立

2. 团队组建

团队根据成员各自的角色和特点进行了以下分工。

表1　团队任务分工

分工任务	负责人员
作品构思、素材搜集及视频剪辑	彭雅婧
作品构思，视频的配音及字幕	孔嘉绮
作品构思，文稿的撰写	龚良欣
实地考察、素材拍摄等	谢佳伟
问卷调查、实地采访等	郭子怡

三、创作过程

1. 创作思路

团队成员前往东华理工大学校史馆参观，感受到了苏区精神对校本文化的影响。前往苏区（江西省赣南苏区，以下简称苏区）对当地的村民（包括老人及儿童）进行了采访与交流。通过询问走访与实践体验生活，深刻地感受到了这十年来苏区的发展变化，为视频创作提供了更具生活气息的实践感悟。

2. 困难与瓶颈

我们大多都是视频制作的新手，刚开始时，对视频制作有点手足无措。但是在团队成员的互帮互助下，我们逐步学习了如何分配视频结构、调整视频画幅、制作背景音乐、制作视频转场、统一视频色调等细节。在撰写英文稿件时遇到一些专业困难，团队成员分别去请教了专业老师和学长学姐。虽然过程充满了挑战，但这次经历无疑提升了我们的英语能力和政治觉悟。

我们的视频主题设想是将苏区精神与大学生党员、东华理工大学特色结合起来，视频内容的逻辑关系与素材选择是一个比较大的挑战。多次讨论和筛选素材后，我们最终确认了视频方案。这是个精益求精的过程，我们的团队成员虽然在反复比较中无比纠结，但是当视频成品出来之后，所有的努力都化为了无与伦比的成就感。视频最后，我们选择以歌曲结尾，这首歌曲是我们团队的一位成员推荐的，对他来说有着特殊的情感，因为他的奶奶曾在苏区生活过，在他童年的记忆中，常与奶奶一同在那台陈旧的电视机前听这首歌曲。平时，奶奶边做饭边洗衣，总是不自觉地哼唱着旋律，耳边时常响起她的叮嘱："你啊，要记得他们的好。"

四、创作心得

● 彭雅婧（团队负责人）

"星星之火，可以燎原"。不论是在参观瑞金苏区博物馆时看到的具象的火焰，还是苏区精神的熊熊烈火，都让人震撼无比。作为一名文科生，我曾经从书本上汲取知识，但常常感到认识的浅薄。"纸上得来终觉浅，绝知此事要躬行。"通过这次微视频的制作，我有幸融入了苏区文化的氛围之中，直接与苏区人民接触，感受到了这片土地的发展和变迁。这段旅程不仅丰富了我的学识，也成为我人生一段难忘的记忆，让我明白今后不论做任何事，都要理论联系实际。只有深入了解

图3　彭雅婧（团队负责人）

当地人民，体验他们的生活，才能感受到时代的变迁，更好地为祖国的发展作贡献。

在搜集作品素材的过程中，我深深地体会到中国共产党领导下的革命历史、革命文化和红色精神。希望我们的视频作品可以让观众感受到革命历史和文化的厚重感和震撼力，从而更好地继承与发扬苏区精神，更好地服务于社会主义文化的繁荣与发展。

● 谢佳伟（团队成员）

图4　谢佳伟（团队成员）

通过深入到当地实践，我收获了很多平时学不到的知识。十年前，很多中国人会选择购买欧洲的牛奶、日本的马桶、美国的手机，感觉进口的东西比国产的要高端，但如今不是这样了。在参观了瑞金苏区博物馆后，我意识到我们生活在一个和平、稳定、繁荣的时代，这使得我们很容易忘记过去的苦难。我们要珍惜当下的幸福生活，同时也要为了国家的繁荣富强而努力奋斗。通过这次参观，我收获了许多宝贵的历史知识和精神财富。我将把革命先辈们的精神力量运用到自己的学习和生活中，例如在学习上要敢于拼搏、勇于创新，为实现个人价值而不

断努力；在生活上要勤俭节约、乐于助人，为建设美好社会而贡献自己的力量。

与苏区农村的一些老人交流的时候，我好似被带回到那个年代。十年承载着一代人的记忆，现在我通过各个角度去回望时，惊叹于我们这十年的巨大变化，于是我发自内心地想把大家的声音和记忆记录进视频中去。虽然一个短短的视频不足以展现出众人心中那个十年的全貌，但是我想让更多的人看到，我们国家正在与人民一起成长！

● 创作反思

视频制作是新媒体时代不可或缺的一项技能。只有学好视频制作，才能更好地完成自己的作品，更好地传播红色文化。首先，小组在项目开始阶段就制订了详细的计划，正是这份缜密的前期准备，让我们的拍摄进程井然有序、高效快捷。其次，拍摄格式要统一，比如用手机进行拍摄时，竖屏和横屏的效果是完全不同的。若在拍摄过程中发现问题，不要慌张，及时补拍才是解决之道。剪辑赋予了视频第二次生命，尽管在剧本创作时已经想好了相关剪辑策略，但实际拍摄成品往往与预期有所出入。这时，就要根据拍摄视频的特性进行灵活改编与再创作。比如，我们的视频在某些地方剪掉了杂音，在某些地方加了慢动作，为了让观众更好地理解视频内容而加了字幕，等等。

理论简单，实践却艰难，视频制作也是如此。它是一个复杂的过程，涉及安装、录制、剪辑、转码等环节。每个方面又涉及很多的操作，这就要求我们不断地尝试和摸索，在实践中熟悉和掌握各项操作。俗话说"实践出真知"，动手操作、投入其中，可以提高视频制作的能力，让制作出来的视频有声有色，夺人眼球。我们小组这次的视频从最初的拍摄到最终的剪辑合成和配乐等工作，都投入了大量的时间与精力，这部短片的成品也是我们全组人员共同心血的结晶。从编写剧本到拍摄镜头再到后期剪辑，还有许多的不足，也有很多磕绊。然而，每当我们面对成片时，那种成就感让我们确信，所有的付出都是值得的。我们不仅学会了一门专业技能，还通过这个过程加深了对文化知识的理解和认识。

本次创作过程让我们受益匪浅。首先，通过学习和了解红色文化，可以更加深刻地认识到革命先烈们的理想信念和奋斗精神，从而激励自己坚定理想信念，树立正确的人生目标；其次，我们在进行实地调研时会遇上一些老爷爷、老奶奶不理解我们的问题，所以我们耐心给他们解释，这使我们更加深刻地认识到自己的社会责任和使命，从而更加积极地投身于社会服务中；材料与素材搜集过程不仅可以拓宽我们的视野和知识面，还可以提高我们的人文素养及办事能力；最后，在此次创作过程中，师生互动、同学之间互相借鉴学习激发了我们的创新思维和探索精神，培养了创新能力和实践能力，体现出东华理工大学的办学特色，以及东华理工学子的良好风貌。总之，我们学习了很多，能更好地认识历史、了解现实、把握未来，从而更好地为社会作出贡献。

五、作品主要人物叙述

为了更加清晰地了解到这十年乡村的变化，我们走进了苏区农村地区，与当地老人们沟通交流，听他们描述当地农村这十年的变化。在沟通过程中，他们都露出十分高兴喜悦的神情。他们说，在政府政策的扶持下，有些农户通过制作一些手工艺品并通过专门的企业卖到市场去，能够

图5　当地老人和团队成员一起做手工

获得一份不错的收入。当地的红色旅游资源也被开发利用起来，有一位老奶奶表示，看到越来越多的人来到这里体验这些红色文化遗产，她由衷地感到高兴。政府为当地修建了宽敞平坦的柏油马路，增设了健身器材，完善了当地的基础设施建设，整个村子焕然一新。

我们深入田间地头，帮当地农户干农活儿，农民告诉我们："现在农村田里能种的作物种类比十年前丰富多了，以前为了填饱肚子，大家种的主要是水稻、红薯；如今大家的温饱问题都解决了，我们也可以种一些其他的经济作物，拿到市场上卖，或者留着自家改善伙食，物质生活变得更加丰富了。"

在老奶奶的邀请下，我们到了她十年前居住的老房子，那是一幢见证了时代变迁的老式房舍，静静地诉说着过往的岁月。那儿的房子周围堆放着柴火和以前的农作工具，老奶奶向我们介绍这些工具，它们已经被现代机械所取代。过去需耗费数日的农活，如今机械化作业，一日即可完成。在我们交谈的过程中，老奶奶不仅详细讲解了每件农具的使用方法，还津津乐道地分享了往昔的点点滴滴。其中，最让我们感动的是老奶奶对现今生活的诸多感慨。随着时代的进步，村里的变化可谓翻天覆地，老奶奶脸上洋溢着满意和欣慰的笑容，她

的话中溢满幸福——每个人的日子都在一天天变得更加美好。

图6　团队成员参与当地农业劳动

　　我们还到了当地的幼儿园，园内的老师们告诉我们："现在幼儿园的设施都得到了更新，例如桌椅和小朋友的游玩设施；教室也装上了新媒体投影仪，条件比十年前好了很多，小朋友们的学习环境已经不比大城市里的孩子差了，这是一件很值得高兴的事情。"我们与幼儿园小朋友一起做手工，一起上课。在这个过程中，我们感受到，每一个人都沉浸在温馨而充满关怀的氛围中，这些变化让人真切地感到时光的慷慨和社会的进步。

图7　团队成员与当地幼儿园小朋友一起做手工

图8　2015年，建设中的梅县外国语学校

图9　集高中、初中、小学、幼儿园于一体的梅县外国语学校

图10　团队成员参观体验瑞金苏区博物馆

我们还去苏区博物馆进行参观。该博物馆坐落在江西省瑞金市，瑞金是中国共产党最早的革命根据地之一。这里保存了丰富的革命历史遗迹和文物，展示了苏区人民在十年内所经历的巨大变化。经过多年的发展与完善，苏区博物馆已经成为全国重要的革命历史遗址，每年吸引着成千上万的游客前来参观。该博物馆所展示的苏区人民的生产生活场景让我们对那个波澜壮阔的革命时代有了更为直观的了解。从这些历史文物和图片中，我们看到了苏区人民在艰苦环境下所展现出的坚强意志和不屈精神，这种精神激励着我们在今天的工作和生活中勇于去面对各种困难和挑战。

六、指导教师手记

读书明理　实践开悟

——刘　洋

"苏区干部好作风，自带干粮去办公；日着草鞋干革命，夜走山路访贫农。"一首耳熟能详的苏区红歌，不仅是苏区干部艰苦奋斗、真心实意为群众谋利益的真实写照，更表达了苏区人民对苏区干部好作风发自肺腑的赞颂之情。江西是一块红色的土地，我们所说的"红土地"指的是以江

图11　指导教师刘洋

西为中心的中央苏区及其邻省的革命根据地所辖的红色区域。苏区精神虽已历经风雨沧桑，但其思想和价值观念却并未过时。在新时代，苏区精神仍然需要我们去继承、发展与弘扬。在作品选题的讨论中，我们决定从距离我们最近的苏区精神出发，在新时代弘扬苏区精神，不断激发苏区精神新的时代内涵，为实现中华民族伟大复兴提供原动力。

在这个团队里，年轻人拥有最大的话语权。每次讨论遇到分歧时，我都会认真听取他们的意见。如果没有年轻人的视角，没有他们新颖的想法和炙热的情感，视频很有可能是另外一种形态。我看到同学们白天采集视频素材，晚上撰写脚本、制作视频，为了不耽误学习，想方设法来提神。从视频素材选取到创意再到配音表达，逐一讨论，数易其稿。随时随地地沟通，夜以继日，直至

临近截稿的那个通宵，与他们一起在办公室努力工作。团队同学精进的专业态度写在脸上，就是朝气蓬勃；读书明理、实践开悟写在脸上，就是目光澄澈；重情厚谊写在脸上，就是温润如玉；热爱生活写在脸上，就是常含笑意。这总能给我信心和希望。只有制作出既有思想深度又有情感厚度，既有知识广度又有精神高度的视频，才能彰显苏区精神的时代价值与内涵。

七、作品点评

《传承苏区精神　响应时代号召》选题立意深刻，在这个广泛关注时代巨变的大环境下，号召年轻人关注并传承苏区精神和红色文化，具有鲜明的思政教育意义。作品从当代大学生的认知局限说起，他们认为苏区是落后的代名词，而作品的主要宗旨就是重塑苏区的现代形象，号召年轻人传承苏区精神。作品制作过程细致、采用资料翔实，通过参观瑞金苏区博物馆亲身感受苏区精神、深入当地农村体验农户生活、调研采访百位当代大学生了解大学生对苏区的理解，并查找苏区和东华理工大学相关资料，形成从理论到实践、从博物馆到田野、从高校到大学生的全方位调研体系。作品主题深刻、内容丰富，既弘扬了红色文化，又增强了当代大学生的爱国主义精神和民族自豪感，让大家产生当今的幸福生活来之不易，要传承和弘扬苏区精神的深刻感悟。

导 语

2023 年 3 月 15 日，习近平总书记在出席中国共产党与世界政党高层对话会并发表主旨讲话时指出，我们要共同倡导加强国际人文交流合作，探讨构建全球文明对话合作网络，丰富交流内容，拓展合作渠道，促进各国人民相知相亲，共同推动人类文明发展进步。国际汉语教育是助推文化强国、教育强国、人才强国建设的重要力量，是增强中华文明传播力影响力的基础支撑，是促进中外人文交流合作的重要载体。特里布文大学孔子学院①中方院长辛禄高作为从事国际汉语教育的师者，以教成己、以教成人、以教成事，持之以恒地服务于人类命运共同体的构建；作为深化文明交流互鉴的使者，他以文载道、以文传声、以文化人，坚持不懈地推动中华文化更好地走向世界。

行十年汉教路　扬万里国际汉语情

Ten Years of Travel to the Road of Chinese Confucius Teaching To Promote International Chinese Love Across Thousands of Miles

东华理工大学　学生团队：邓郡茹　巫　琴　张诗涵　章依言　章　敏
林飞鸿　指导教师：崔　娜　朱　婷

一、作品简介

本作品开篇由塞内加尔、埃及、加纳、尼泊尔四地的孔子学院的变化和活动瞬间引入，穿插学校举办的国际中文日活动，最后聚焦特里布文大学孔子学院中方院长辛禄高老师的"十年汉教之路"，讲述了一位在世界不同的角落谱

---

① 特里布文大学孔子学院由东华理工大学、青海民族大学与尼泊尔特里布文大学联合建设。

——编者注

写着传播汉语与中华文化的汉语教师的故事。辛禄高老师的个人工作经历，侧面展现了"一带一路"建设的深入推进及中国与世界各国文化交流对于国际关系的重要性。

二、创作流程

1.选题缘由

我们的选题亮点，是通过特里布文大学孔子学院中方院长辛禄高老师作为国际汉语教育者的十年汉语教学经历，体现了个人与国际汉语教学的发展、个人与中国经济发展的紧密关联。

作品由团队负责人邓郡茹提出创作灵感。她说，这次的视频作品可以围绕国际汉语教师辛禄高老师展开，他是特里布文大学孔子学院的中方院长，十年来从事国际汉语教学事业，曾远赴塞内加尔、加纳、埃及、尼泊尔等地进行汉语教学，经历了国际汉语教学的起步、发展和"汉语热"阶段。

众所周知，中国文化是中国综合国力的重要组成部分，在全球范围内产生着广泛的影响。中国文化的传播不仅让世界了解中国，也让中国文化在国际社会上获得认可和尊重。当然，这背后离不开那些汉语传播者，他们远赴各国，怀揣着满腔汉语情，讲述中国文化故事，传播最美中国文化。由于地域的限制和宣传不足等原因，很多优秀文化弘扬者的故事（尤其是身边的人和事）并不能广为人知，大部分人对国际汉语教学了解不多。视频的主人公辛禄高老师曾经是东华理工大学文法与艺术学院教师，受国家汉语国际推广领导小组办公室（简称国家汉办）委派，曾前往塞内加尔、加纳、埃及等国的多所高等学府执教汉语。十年间，他在教学旅程中，凭着自身的努力和对中国传统文化的热爱，将中国文化与当地文化相融合，促进文化交流。

2019年1月25日，习近平总书记在十九届中央政治局第十二次集体学习时的讲话中强调："我们要把握国际传播领域移动化、社交化、可视化的趋势，在构建对外传播话语体系上下功夫，在乐于接受和易于理解上下功夫。"而这个过程离不开汉语教学者，他们深入寻找与受众话语的共同点，以其乐于接受的方式、易于理解的语言进行表达，竭力讲好中国故事。辛禄高老师的十年教学经历具有一定的代表性。在他身上，我们可以真真切切地看到国际汉语教师的使命与初心，也能充分地感悟到中国的国际影响力与日俱增，更能见证大时代下一批批人追逐梦想，远赴异国，只为传播好中国声音，讲好中国故事。

总之，弘扬中华文化，讲好中国故事是我们团队的创作初衷，我们希望通过自己的努力，为传承和发展中国文化作出微薄的贡献。希望更多的人能够关注和支持国际汉语教学，共同为中华优秀文化的传承和发展而努力。

| 在尼泊尔参加 "中尼这十年"活动 | 在塞内加尔 参加教学活动 | 在加纳与学生合影 | 在埃及参与 "增进文明对话" |

图1　辛禄高老师十年的国际中文传播之路

2. 团队组建

此次创作过程中，我们制定了详细的团队任务分工表及视频作品推进流程表。

表1　团队任务分工

分工任务	负责人员
采访	巫琴、张诗涵
中文稿件	邓郡茹、巫琴、章敏、章依言
英文稿件	邓郡茹、巫琴、章依言
配音	林飞鸿
动画制作	张诗涵
剪辑	邓郡茹、巫琴、章依言
字幕校对	邓郡茹、张诗涵

表2　视频作品推进流程

时　间（2023年）	任　务
3月5日	确定作品主题，组建团队
3月8日	形成初步构思
3月10日	各成员提出意见与建议，完善视频构思

表2（续）

时　间（2023年）	任　务
3月12日—3月15日	总结各成员想法，形成视频创作的具体方案
3月16日—3月18日	发送方案给指导教师，并根据其建议进行修改
3月20日—3月25日	完成视频脚本： 确立视频标题《行十年汉教路　扬万里国际汉语情》
3月26日—4月2日	搜集辛禄高老师汉教经历的视频素材
4月1日—4月4日	制定采访大纲，发给指导教师审定
4月6日	对辛禄高老师进行线上采访
4月7日—4月10日	对采访内容进行整理、润色
4月11日	进行成员任务分工
4月12日—4月14日	各成员按照分工对搜集的视频素材进行初步剪辑处理
4月15日—4月18日	完成动画制作、视频文本润色及翻译
4月20日—4月26日	将各成员剪辑成果整合，添加配音、动画及字幕
4月27日	指导教师观看视频初稿并提出修改建议
4月28日—4月30日	根据指导教师的建议，对视频进行修改
5月3日	将已修改的视频发给指导教师并获取建议
5月5日	再次进行视频素材整合、配音及字幕校对，形成最终视频成果

三、创作过程

1. 创作思路

确定了选题之后，我们制作了视频大纲，同时用思维导图来展示我们的创作内容与细节打磨。

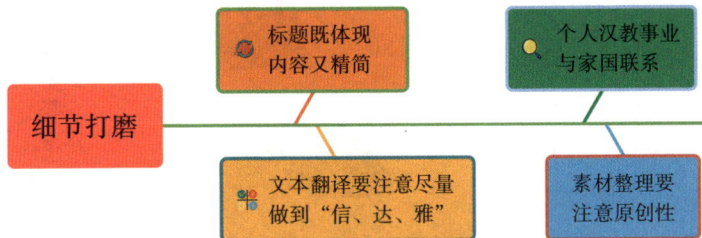

图2　作品设计的细节打磨部分

2.创作实践

在确定好选题之后，团队开始紧锣密鼓地准备。2月12日，我们团队参加了学院的微视频选题课程录制。在课堂上，通过学习交流，接触到了三个不同领域的选题及创作思路，收获颇丰。

图3 听其他同学的选题汇报

我们根据团队成员的特征与特长安排不同的任务。邓郡茹同学有参加微视频大赛的经验，因此负责协调工作；巫琴同学温柔细心，在与他人沟通的时候会更加注意细节，负责与辛禄高老师的沟通以及中文稿件撰写等主要工作；本次微视频制作，由张诗涵同学将辛禄高老师，以及塞内加尔、加纳、埃及、尼泊尔的标志性建筑画成动漫图片，用动漫来展示出辛禄高老师的汉语教育足迹。章敏同学负责中文稿件的修改，章依言同学负责稿件的英译，林飞鸿同学口语流畅，适合为微视频进行配音。最后大家一起完成了微视频的剪辑和字幕核对工作。我们的视频不仅有英文的版本，为了更好地推广，在微视频大赛结束以后，我们还制作了韩语版本，想用不同的语言讲述"辛禄高老师这十年"。

在确定好选题以及团队成员分工之后，我们便围绕主题，开始了本次微视频的正式制作。小组成员通过在网上搜集信息，并与辛禄高老师本人沟通，了解他的汉

图4 动漫插画示意图

教经历，撰写好采访提纲，并约定好采访时间。大家都对本次采访与辛禄高老师的汉教经历充满了期待。

在结束了采访以后，辛禄高老师又向大家提供了自己的许多汉教素材，种类十分丰富，包括视频、图片，甚至还有新闻报道。这为我们的视频剪辑工作提供了巨大的帮助。为了更好地了解尼泊尔的文化与内涵，将微视频的文化价值发挥到最大，我们团队还报名参加了学校的尼泊尔语言文化兴趣班，体验尼泊尔的风土人情。

图5　辛禄高老师在尼泊尔语言文化兴趣班开班仪式上讲话

图6　团队成员邓郡茹在尼泊尔语言文化兴趣班开班仪式上作为学生代表发言

3. 困难与瓶颈

尽管有许多素材，但是在视频剪辑过程中作品一度"难产"，那就是如何体现"十年的变化"。纯粹记录辛禄高老师的十年，视频很容易剪成流水账。剪完视频初稿，团队成员倍感沮丧。指导教师在了解我们的困惑后一起与我们共同解决这个问题。

老师告诉我们，"十年的变化"也可以不仅仅是辛禄高老师一个人十年的变化，可以借助他的视角，如当他离开中国去国外时，他所感受到的文化差异是什么样的？当他第一次回到国内，国内的经济文化事业又发生了怎样的变化？我们要从他的视角去看祖国十年的变化。指导教师还告诉我们，可以搜集辛禄高老师在国内上课时的一些素材，对比一下国内十年的变化。同时，像辛禄高老师一样的汉语国际教师还有许多，我们是不是也可以搜集一下相关素材？

在老师的指导下，我们改变了原来的计划，加入了辛禄高老师在国内和国外的见闻中所反映的我国十年经济文化事业发展变迁的内容，重新整理访谈素材，给我们的视频增加了一条线索，使视频的逻辑和主题更加清晰。

4. 难忘的回忆

对于我们团队来说，最难忘的回忆应该是采访辛禄高老师的那天。我们找了一间空教室，集体坐在电脑前与远在尼泊尔的辛禄高老师进行线上视频，视频接通的那一瞬间，辛禄高老师用尼泊尔语和大家打招呼问好，背景音还有尼泊尔的孩子嬉戏玩闹的声音。辛禄高老师微笑着向我们讲述他在各国汉教的故事，如何让当地人感受到汉语的魅力，真正热爱汉语，让中国优秀文化更好地传播，这是他十年来为之奋斗的事业。心无旁骛，只身一人，十年岁月，只为做自己热爱的事业。我们在辛禄高老师的身上看到了国际汉语教师对中国文化的热爱。

四、创作心得

● 邓郡茹（团队负责人）

这并不是我第一次参加微视频大赛，但这是最特别的一次。相较于以往"自己摸着石头过河"参赛的经历，这一次我更多体会到了在老师的指导下团队合作的力量。我们在老师的帮助下，确定好选题，解决好"如何讲好十年变化的故事"。老师给我们提出了很多好的建议，我感到非常幸运。同时这一次的队友也非常给力，在剪辑视频的过程中，由于我的电脑系统比较老旧，有的时候会拖慢大

图7　邓郡茹（团队负责人）

家的进度，但是大家并没有责备，一直在安慰我。大家齐心协力做好一件事的感觉真好！同时，辛禄高老师的教育经历也极大地激励了我。教师是太阳底下最光辉的职业，以后我也要像辛禄高老师一样，投身到自己热爱的事业中去。

● 巫琴（团队成员）

图8　巫琴（团队成员）

从萌发视频创作思路到创作框架起草、团队组建，再到与辛禄高老师联系沟通、撰写访谈提纲、访谈视频整理、视频剪辑等，我们花费了很多精力与心血。尤其是访谈部分，在向辛禄高老师表达了我们的创作思路后，很快得到了回复，深深感谢他对我们团队的支持与帮助。前期，我们面临素材获取困难、视频剪辑文案思路大调整、视频配音与文字不匹配等问题，团队成员都积极参与，力求把作品做好。印象最深刻的是我们为了把作品音频与文字整合在一起，怀着满腔的热情连夜完成了后续的作品。

● 张诗涵（团队成员）

在此次创作过程中，我主要负责卡通形象设计和动画制作，并参与对辛禄高老师的采访及后期字幕校对等工作。基于团队成员搜集的辛禄高老师在各个时期的生活照，我确定并绘制了他的个人卡通形象，并通过采访了解他十年汉教所在国家，将这些国家的标志性建筑物绘制成卡通图片，最终形成辛禄高老师一路走过这四个国家的动画。我希望我制作的小动画能为作品增添一些特色，使更多的人能观看作品并了解辛禄高老师这十年的国际汉语教学故事。所谓"三人行，必

图9　张诗涵（团队成员）

有我师焉"，此次创作过程中，大家各司其职、各尽其责、各显其能，我十分荣幸能与这么一群有毅力、有创意、有激情的小伙伴一起合作，这让我受益匪浅。

● 章依言（团队成员）

确定参加此次微视频大赛并明确主题后，我开始在网上搜集"国际中文教师"这个职业的相关信息。幸运的是，我们学校正好在尼泊尔有孔子学院，于

是搜集了一些对外汉语教师需要具备的知识以及技能等。之后，对辛禄高老师多年的海外教学经验的微视频进行了剪辑，丰富了整个微视频的内核。总的来说，此次大赛带给我的不只是个人思想层面的提升，团队合作也给予了我强大的力量，让我充满活力。

图10　章依言（团队成员）

● **章敏（团队成员）**

图11　章敏（团队成员）

一次经历，一次进步。参与这次视频制作，我看到团队每位成员都为之努力，团结协作，互帮互助。在遇到问题的时候，大家一起商议，集思广益，让我感受到团队的力量并更加明白团队的意义及团队精神的重要性，也鞭策我在今后的工作中提升自己的能力，为团队贡献自己的一份力量。此次视频制作过程比较长，其中也遇到不少问题，但看到获奖名单上有我们的那一刻，我明白了"道阻且长，行则将至"，在今后遇到困难和挫折时要永不言弃。

● **林飞鸿（团队成员）**

在此次视频制作中，我有幸担任配音工作。配音不仅仅是为视频提供声音，更是为故事注入灵魂，我深知这一点。所以，在为辛禄高老师的故事配音时，我尽量将自己融入其中，感受他的情感，体验他的经历。我希望我的声音能够为这个故事增添更多的情感深度，使观看者能够更加深入理解和感受国际汉语教师的艰辛与对汉教工作的热爱。同时，我也很庆幸能与一群有才华、有激情的队友一起工作，我们为这个项目付出了努力，也从中收获了友情和成长。

图12　林飞鸿（团队成员）

● **创作反思**

通过本次微视频大赛，我们受益颇多，从视频制作方面来看，我们的脚本制作、视频剪辑、英文翻译能力均有所提升。但作品后续也有部分局限，例如没有辛禄高老师的真实教学视频，与辛禄高老师的沟通交流受地域、时间限制等。作品完成后，才体会到这一过程如此不易，感受到弘扬汉语文化的重要性。

本次视频的最终呈现只有短短10分钟，但幕后却凝聚着团队每位成员的心血，从采访、选取素材到字幕、剪辑、配音……每个人都付出了很多。

希望在不久的将来，有越来越多的人能听到、看到国际交流志愿者、公派教师的声音和身影，能够投身于中国文化对外传播事业；更希望身在异国他乡的人们，能够看到祖国变得越来越好，越来越强大。

五、作品主要人物叙述

我的国际汉语教学之旅

——辛禄高

在国外教学的十余年时间里，我逐渐认识到国际汉语教学肩负的国家使命与责任。2008年北京奥运会，引发了新一轮"汉语热"，使更多国际汉语教学者满怀爱国之情（对汉语的情感），远赴海外，讲述中国故事。

图13　辛禄高老师在威斯康星国际大学任教（2012年）

2008年5月9日，我接到国家汉办的电话通知：我成功通过了国家公派对外汉语教师的复试，将被派往塞内加尔教书。塞内加尔是一个陌生的国度，脑海的第一印象是它的地理位置——非洲最西面的国家。通过百度检索，发现塞内加尔是非洲最不发达的国家之一。我面临一个选择题——去还是不去？我的回答很坚决："去。"这个选择改变了我的整个职业生涯，"旅行"无论苦与乐，都将给平淡无奇的生活带来一些波澜。作为一名对外汉语教师，我可以为汉语的发扬光大献上自己的一份力，甚至还可以促进中非文化交流。想到这里，我顿时热血澎湃。

接受了国家公派对外汉语教师培训后，在十年前的一个傍晚，我搭乘的班机抵达了达喀尔（塞内加尔首都）约夫国际机场。除了飞机跑道是水泥的，机场遍地荒草萋萋，这是我第一次看到如此微型且荒凉的"国际航空中心"。我一个人走出机场，脑海里萌生了一个念头，而这个念头在我将"小巧"的塞内加尔首都逛了一遍后愈发强烈：我是一个孤独的外来者。宿舍里没有电视也没有宽带，我与家人的联系也受阻，只能在办公室上网下载中文歌曲。当熟悉的旋律响起时，我会情不自禁地闭上眼睛，任由泪水溢出眼眶，每次仰望月亮，不禁吟出"海上生明月，天涯共此时"；每当在空中看见飞机时，会忍不住大声叫喊起来：Take me home，dear plane！在异国的绝大多数时间里，我用知识填充我的精神生活，看书成了我的主要消遣方式。在"彻骨的孤独"的考验下，我撰写了多篇有关西非文学的论文。

之后，我前往达喀尔大学等多所高等学府教授汉语。偌大的达喀尔大学，居然没有一堵围墙，而校内与校外的脏乱并无二致，甚至还有几名乞丐游走。难以想象这就是拥有5.5万名学生、塞内加尔排名第一、在整个非洲都首屈一指的老牌高等学府。正式走上讲台后，我更加失望。由于汉语课程不计入学分，地位相当于国内的兴趣班，所以选修汉语课程的学生极少，而学生们将上课迟到更视为家常便饭。我有时不得不在空空如也的教室里等待，等学生们陆续到来。迟到的学生并没有惭愧之情，我还要主动跟他们问好。

在上课期间，学生们可以通过后门随意进出教室，毫无课堂纪律可言。在课堂上反复强调纪律的重要性仍然毫无改观后，我想到了一个办法：每次上课后都用钥匙将后门锁住。令我尴尬的是，此举的结果是上课的学生数量越来越少。为此，我很不满意自己的教学成果，因为学生们的汉语口语实在太烂，而且每天都抱怨汉字太难写了。如果在国内，我一定会怒斥：朽木不可雕也！渐渐地，我发现自己错怪了学生们，是自己的师长意识先入为主。因为在塞内加尔，人人遵守的规则是"没有规则"。我所任教的学校管理层，也从不会就其教学工作和成绩进行任何管理和考核。

第一次汉教之旅让我认识到文化上的隔阂受到话语结构与语言思维的影响。在体验到非洲人的生活方式后，在教学中，我结合非洲人的秉性和气质，运用课堂语言，让学生们在释放激情的同时领略汉字的端庄之美。提升汉语水平，加深对汉语的理解是关键。在国际汉语教学过程中，充分了解我的教学对象，做到知己知彼，才能赢得有关汉语文化的话语权。站在从教者的角度，要让外国汉语学习者对汉语和所承载的中国文化有一个基础的认识，有了对大环境的了解，才会有了解中国文化的愿望。了解与认识，为的是彼此之间的跨文化交往有一个相互认可的前提和可供交流的平台。在汉语教学过程中，要采用合适的话语体系，讲述令学习者感兴趣的中国话题，叙述有文化内涵的、有意思的中国故事。提升汉语学习兴趣，提高学习效率，这也是国际汉语教学中应有之义。

2012—2015年，我在加纳的威斯康星国际大学从事汉语教学。跟塞内加尔相比，加纳的语言交流更加便利。我在威斯康星国际大学工作了3年，就转到了加纳大学，这是加纳最大的公立大学。在这里，汉语教学更完善了，有中文系，有统一的教学大纲、统一的课程安排，师资相对稳定，学生的热情也比较高。后来还成立了孔子学院，与之前相比，汉语教学相对来说更加顺利一些。

语言是文化的载体，是文化生产力和综合国力的构成要素，当一种语言被普遍学习的时候，就说明该国的国际地位和影响力在提升。如果说中国已经持续了30年的"英语热"，表明了中国走向世界的愿望，那么最近几年来兴起的世界性"汉语热"，则显示了正在崛起的中国对世界日益增强的影响力。我们要清醒地认识到，虽然近些年国际上学汉语的人数增加，但细细分析，汉语在国际上的应用并不广泛，国际汉语教学仍任重道远。

六、指导教师手记

共同成长中的热辣滚烫

——崔　娜　朱　婷

图14　指导教师崔娜（左）　指导教师朱婷（右）

● 初出茅庐

团队负责人本科和硕士都在东华理工大学就读，跟我们的交流颇多，就在谈及未来的职业发展道路时，邓郡茹表示有些迷茫，她问道："英语专业的职业选择太少了，对社会和国家的价值在何处？我未来该选择什么职业道路呢？"我们认为，"授人以鱼不如授人以渔"，应该让她有一个自我认知探索和职业生涯唤醒的过程。于是，我们没有正面回应她，而是建议她参加中国文化外语微视频大赛。这并不是她第一次参加微视频大赛。这次，我们借着大赛的主题引导她和她的团队以访谈的形式，近距离了解一位对外汉语教师的十年职业发展过程，希望对他们有所启发，找到自己的职业方向。

● 遭遇挫折

视频的制作过程就是成长的过程。团队成员的课业压力大，只能利用课余时间来制作，成稿内容几经修改，仍没有达成一致意见；没有专业视频制作技术人员，调试了半天，也没找到技术的突破口，进度拖拉，落实不够，团队成员的心情特别失落。

● 寻找希望

作为指导教师，我们看到这个团队尽管走得蹒跚，但他们在朝着正确的方向努力前行。在迷茫中，我们既鼓励学生发挥想象力，也提示学生弘扬社会主义核心价值观，在作品中融入思政元素，提高思想政治站位。从策划到内容修改到文字表达再到寻求技术外援，我们带着大家逐一讨论，三易其稿。很多次沟通到手机发烫或没电，直至临近截稿的那个通宵，还在与他们一起努力工作。

● 开花结果

希望就是勇往直前的力量，他们的辛苦和努力最终得到了回报。学生们从初出茅庐开始，经过挫折与锲而不舍，终于成熟。更加可喜的是，团队负责人对我们感激地说："我是被一束束光照亮的人，我也愿意成为一束光，去照亮更多需要我的人。不管是谁，也不管来自哪里，只要是为了教育，只要伸手，我准给个大大的拥抱。"她已经找到教师这一职业方向，未来将内心坚定地向着目标努力，大爱无疆，尽是暖阳！

七、作品点评

随着近年来的国际"汉语热"，越来越多的国际汉语教学者远赴全世界各地，传播汉语知识，讲述中国故事。《行十年汉教路 扬万里国际汉语情》聚焦国际汉教工作者这一群体，介绍了他们的奋斗故事，提出国际汉语教学的发展不仅对语言教育有重要价值，同时对促进文化交流与理解有深刻影响。作品以辛禄高老师十年的国际汉教经历作为切入点，使主题更加具象化和个性化。辛禄高老师心无旁骛，只身一人的十年汉教生涯，是所有国际汉教工作者的缩影，体现了他们的工作热情和伟大情怀！《行十年汉教路　扬万里国际汉语情》素材丰富，融合了塞内加尔、埃及、加纳、尼泊尔多个国家的孔子学院变化以及活动简介，展示了国际汉教工作的魅力和精彩！

导 语

　　文化是一个国家、一个民族的灵魂。文化自信是更基础、更广泛、更深厚的自信，是一个国家、一个民族发展的最基本、最深沉、最持久的力量。习近平总书记强调："没有高度的文化自信，没有文化的繁荣兴盛，就没有中华民族伟大复兴。"①汉字是中华文化的瑰宝、中华民族的象征、中华文明的使者，它的产生和演变体现了先人的智慧和思维方式，既是中华文化传承的重要载体、中华文明发展和传播的助推器，也是文化自立自信自强的重要源泉。《咬文嚼字》杂志编辑部近十年发布的年度关键词，在一定程度上展现了汉语言的真实魅力，折射了社会生活面貌，反映了鲜明的时代特征。让我们跟随三位青年学子生命成长的足迹与学习发展的轨迹，感受这十年年度关键词中时代的脉搏、语言的流变、社会的发展。

年度关键词中的这十年

Our Ten Years in the Annual Keywords

东华理工大学　学生团队：卢麒羽　张康俣　贺青宇　指导教师：朱　婷

一、作品简介

　　本作品将团队成员的个人学业经历和成长路线与这十年间《咬文嚼字》杂志编辑部每年在权威媒体上公布的年度关键词相结合，穿插他们的个人成长经历，使人们可以一窥这十年来中国社会进步与人民生活水平切实提高的缩影，见证中国综合国力的提高，为中华民族伟大复兴增添一抹自信的底色。当代大学生皆为自己青春途中的赶路人，在为中华民族伟大复兴而奋斗的这条路上，自己也染上亮色，愿各位终成为自己的光、民族的光。

---

　　① 习近平：《决胜全面建成小康社会 夺取新时代中国特色社会主义伟大胜利——在中国共产党第十九次全国代表大会上的报告》，《人民日报》2017年10月19日，第2版。

二、创作流程

1.选题缘由

本作品选题定位在"伟大复兴历程"与"群众视角",一是为了向世界宣传近十年中国真实的发展历程,讲好中国故事,坚定自身文化自信,从群众视角展示我国近十年伟大复兴的辉煌成果。早在2016年哲学社会科学工作座谈会开始,习近平总书记就多次强调文化自信的重要性:"文化自信是更基本、更深沉、更持久的力量。"坚定文化自信,是事关国运兴衰、事关文化安全、事关民族精神独立性的大问题。强调文化自信与宣传伟大复兴发展历程的重要性也基于如今西方掌握文化霸权,企图通过对我国采取"颜色革命"来瓦解人民内部凝聚力的事实。要提升我国群众凝聚力与社会向心力,抵御"颜色革命",通过宣传和展示我国的文化成就、价值观和艺术表达,增强对中国文化的自豪感和认同感,坚定文化自信。

二是从群众视角反映中国新时代的真实发展,可以提升人民群众对国家的认同和对社会发展的信心。这有助于构建和谐的社会关系,增强社会的稳定性,促进社会主义核心价值观的传播。我国经济和综合国力在改革开放以来得到了快速发展,经济发展势能不断积聚并得到有效释放。而通过从群众视角宣传中国新时代的真实发展状况可使人民切实体会到在中华民族伟大复兴历程中我国发展的普惠性与公平性,提升其幸福感与归属感。

本作品由团队负责人卢麒羽提出创作灵感,围绕其个人与另一位团队成员贺青宇的成长与求学经历,结合《咬文嚼字》每年末在权威媒体上公布的该年度的年度关键词,以小见大,从侧面反映了近十年中国社会的发展与进步,以及人民生活水平的提高。两位成员的求学历程与成长经历对于本作品着眼于大众的主题来说颇具代表性。

2.团队组建

此次创作过程中,我们制定了细致的团队任务分工表及视频作品推进流程表。

表1 团队任务分工

分工任务	负责人员
视频素材搜集	卢麒羽、张康俣

表1（续）

分工任务	负责人员
中文稿件	卢麒羽、贺青宇
英文稿件	卢麒羽、张康俣、贺青宇
配音	卢麒羽
视频制作	张康俣

表2　视频作品推进流程

时　间（2023年）	任　务
4月5日	确定视频主题，组建团队
4月6日	形成初步构思
4月10日	召开会议，各成员发表意见与建议，完善视频构思
4月12日—4月15日	总结各成员想法，形成视频创作的具体方案
4月16日—4月19日	发送方案给指导教师，并根据其建议进行修改
4月20日	完成视频脚本，确立视频标题《年度关键词中的这十年》
4月21日—5月10日	搜集作品所需要的视频素材
5月11日—5月12日	制定采访大纲，发给指导教师审定
5月13日	召开会议，进行成员任务分工
5月13日—5月20日	各成员按照分工对搜集的视频素材进行初步剪辑处理
5月21日—5月23日	完成视频文本润色及翻译
5月25日—5月29日	将各成员剪辑成果整合，添加配音、动画及字幕
5月30日	提交作品

三、创作过程

1. 创作思路

为了更好地展现年度关键词以及两位成员的成长历程，计划先从两位成员所保存的关于生活经历的记录入手，同时在官方媒体中搜寻《咬文嚼字》这十年来每年公布的年度关键词并且对其进行细致筛选，从而契合微视频主题。同时，通过团队分工来确定每一位成员负责的制作部分，确定好文稿、剪辑等各项工作的具体分工，从而高效地完成作品。

前期任务分配与关键词搜集工作完成后，团队再次开会讨论如何将筛选后的关键词与两位成员的成长历程相契合。最终确定按照由浅入深，即随着成长历程而逐渐走向成熟的认知来组织关键词，也就是由民生领域逐渐走向经济与政治领域，这也正好契合最后的主题升华部分。

最后，我们整合所有资料，进行优化工作，查缺补漏，让作品臻于完美，同时进一步深化作品的中心思想，从而顺利地完成了作品的收尾工作。

2. 创作实践

本视频内容拥有清晰的时间线，由2012年开始，由主角们的成长历程中发生的大事与求学历程并结合每一年的年度关键词，采用线性叙事手法展开。同时在网络上寻找与选定的每一年年度热词相关的视频，又将视频进行合理选段与剪辑，以与主角们的历程相契合，且穿插进无违和感的背景音乐，引人入胜，与观众产生共鸣。结尾部分则对主角们的历程进行总结与升华，表达了对中华民族伟大复兴的美好愿景。

在确定视频的主题以及结尾处进行主题升华后，我们便着手进行素材的搜集与筛选工作。因学业较为紧张且处于备考阶段，我们选择在网络上搜寻与选定和当年的年度关键词相关的视频素材以及《咬文嚼字》杂志编辑部公布的当年年度关键词的视频素材。在这期间，我们对选定的年度关键词素材做了一些调整，例如"冰桶挑战"本为"二胎"，但在指导教师以及组内开会讨论后决定更换关键词。因"二胎"距离两位成员的生活较为遥远且不太切合当时的年龄段，于是我们将其更换为"冰桶挑战"这个两人都曾体验过且在互联网上较为火热的话题。

3. 困难与瓶颈

在大纲准备期间，成员们有很多想法但意见不一，后通过与指导教师商讨确认本作品的最终主题。由于新疆的同学距离家乡遥远，且视频制作期间我们没有充足的时间返乡取材，故选定了在网络上搜集视频资料，并将视频进行选段、剪辑配上背景音乐。视频文稿也几经删改才最终敲定。在剪辑的时候也产生了一些技术性的错误，但经及时修正，最后得以顺利完成。

在文稿的撰写过程中，由于本视频的思政点较为突出且指导教师也强调契合中华民族伟大复兴的主题，因此我们在文稿上尽可能地使用书面语言，摒弃了很多日常用语。碍于视频长度与内容的影响，我们的文稿长度历经多次修改，尽可能地使用精简以及概括性的语言来替代原来的口语化的语言。将中文文稿翻译成英文文稿也是一大难题，因为文稿中有较多政治术语及较为意象化的词汇，如何用英语来表达对我们而言有些棘手，于是我们及时地与老师进行沟通和交流，老师很认真地帮我们修改翻译稿，用更合适的词语和句式进行翻译调整。另外，在创作过程中，我们也面临着时间紧迫的问题，因为需要同时兼顾学习和创作，我们不得不挤出时间来加班加点地去完成任务。

同时，如何去把握好每个关键词所占的篇幅以及随着篇幅的深入该如何升华主题，是我们面临的瓶颈。不过就像之前一样，遇到困难我们便解决困难。我们反复观看，寻求灵感，与指导教师和其他专业人士进行交流和讨论后，成功突破了这个瓶颈，达到了我们的目标。

四、创作心得

● 卢麒羽（团队负责人）

作为此次视频制作的团队负责人及选题人，其实我在决定参加中国文化外语微视频大赛时并没有打算选择以"关键词"为主题，而是以"超级英雄"为主题。但在与指导教师商量及团队内部交流之后，我们确定了以"年度关键词"与"成长历程"为主题。在后期的创作过程中，老师们也不断地给予思路上的支持和精神上的鼓励，在此由衷地感谢朱婷老师。

图1 团队成员：张康侯（左）卢麒羽（中）贺青宇（右）

在合作方面，我与几位成员相处融洽，通力协作。在视频脚本的构思与创作初期，我们利用学业闲暇进行了数次讨论，终于将视频的脚本与流程走向确定下来。在接下来的视频素材搜集与筛选及剪辑中，也同样离不开各位成员的鼎力相助，而在配音这个画龙点睛的阶段，我们更是请到了一位非常热心的学长来帮助我们。从这次交流中，我认识到团队协作的重要性，无论是在视频的构思还是在创作方面，团队成员需要及时沟通协调，才能汇聚出更好的想法，创造出更好的作品。

视频制作这一阶段正好是我学业较为繁忙的时期，我在这个过程中学会了如何在同一时期内处理多件重要的事情并取得良好的结果。原本我们对各自的家乡与社会的发展历程只有很浅薄的认知，但视频制作完毕后我们对这些又有了新的认识。我们的生活在党的领导与人民的共同努力下一直在向上发展，蒸蒸日上。我们坚信，中华民族伟大复兴一定会实现。

● **张康侯（团队成员）**

在这次视频制作中，我收获很多，感受到了团队的力量。为了制作10分钟的视频，需要撰写润色文稿、搜集视频素材、剪辑合成视频、配音等，一路下来，仅靠一人之力，其耗费精力相当之大。团队成员每个人都尽了自己的一份力，使得整个过程很顺利。

此次比赛，我负责视频制作。这一实践过程使我意识到，动手操作能力很重要，逻辑思维能力很重要，个人细心程度很重要，沟通协调也很重要。整个流程从素材裁剪、排序、合并视频、音频音乐到导出视频等，基本都会出现一些情况，但通过和成员沟通，最后都得到了妥善的解决。

最后，我意识到团队分工的重要性。团队成员每人都发挥自身长处，互相配合，取长补短，积极主动。抓好方向，分工合作，在自己适合、擅长的领域做事，往往事半功倍。

● **贺青宇（团队成员）**

通过这次年度关键词微视频的拍摄，我认识到这十年来中国在飞速发展，人民生活水平不断提高。年度关键词是人民生活在这一年的缩影，无论从经济、政治、文化，抑或是人民的生活水平、幸福指数，均有极大的改善和提升。

回想这十年，发生了太多的热门事件，从淘宝"剁手党"的兴起，掀起了网购热潮，改变了人们的购物方式；"全面小康"关键词的出现，说明国家时时刻刻都在关注民生福祉，不能只让一部分人富起来，要让全国人民都富起来，一起奔小康；新冠病毒感染的出现让全国都按下了暂停键，那段时间是人民生活的困难时期，但是人们并没有怨言，都在为抗疫贡献自己的力量。

我与卢麒羽主要负责本次作品的中英文稿件处理，而指导教师给了我们很多宝贵的意见与建议，再次感谢敬业而和蔼的指导教师，也感谢各位组员对我的支持与鼓励。

这次微视频的制作让我产生了对祖国强大的自豪感，让我认识到中国的强大与全国人民的凝聚力。我相信在未来中国一定会有更好的发展，昂首踏上更大的舞台。

● 创作反思

在本次作品的创作过程中，我们受益匪浅，对这十年来国家在民生领域以及经济、政治领域的发展有了一个基本的认识。我们都是平凡人，过着平凡的生活，但平凡不代表平庸，我们也在这烟火气中不断地成长，得到了心灵的慰藉。正是因为有着一个个平凡而不平庸的奋斗者，中国的宏伟发展目标才能不断实现。因此本作品也包含了对所有在自己的岗位上不懈奋斗的普通人的致敬与谢意。作为当代大学生，我们更应当明确自己的光荣使命，牢固树立共产主义的远大理想和中国特色社会主义的坚定信念，把个人的命运与党和国家的发展紧密联系起来，积极提高自身修养，努力做社会主义事业的合格建设者和可靠接班人。

六、指导教师手记

用镜头记录成长　用心传递温暖

——朱　婷

学生用镜头记录下他们的成长瞬间，老师用心传递着教育的温暖和思想的力量。从选拔到准备再到打磨微视频，从集中讨论到内容梳理再到技术研究，这几个月的指导经历，细细回味，意义非凡。

比赛是一个厚积薄发的过程，更是一个完善自我的挑战。

图2　指导教师朱婷

我对本团队的队员所在班级学生的学习与生活比较了解，跟学生在情感上相互信任。在团队组建之初，我就集合了各有特长的学生，有语言功底扎实擅长写文案的、有PPT编辑和视频剪辑技术一流的、有组织沟通和领导能力强的，保证了团队工作在各阶段的顺利进行。

比赛也考查学生的综合素质，涵盖了英语的基本技能，提升了学生家国情怀意识及人文素养的培养。作为指导教师，要关注学生平时的素养培育，做个有心、有意的老师。

当然，老师也要帮助学生"了解自己""了解自己的国家"，要明白自己的责任和使命，还要明白自己目前的站位和必须要做的努力。这个微视频作品就需要学生从普通人的视角充分理解"伟大复兴历程"，讲好中国故事。微视频作品不仅仅是一种媒介，更是一种教育形式，一种传递知识和智慧的方式，它将抽象的概念变得生动有趣。

当然，我们也经历了一些挑战和困难，例如制作一个高质量的微视频需要耗费大量的时间和精力，而作为英语专业学生可能在制作技术和设计能力方面有限，我引导学生"能者为师，愿者为生"，亲自带着学生向计算机软件相关专业老师和学生请教。

比赛的结果并不是最重要的，比赛的过程才是，愿学生们在历练中成长，温暖自己也激励他人。

七、作品点评

《年度关键词中的这十年》选题独特，通过观察《咬文嚼字》近十年公布的年度关键词，结合对两位成员的成长经历的分析，从侧面反映了近十年中国社会的发展与进步。语言，是反映社会变迁的一面镜子。作为当代大学生，团队成员对网络新词非常敏感，也时刻关注新媒体上发布的年度关键词信息。他们化身"语言学家"，透过年度关键词这一滴滴水珠，折射出社会剧变，滴水见阳，以小见大。同时，他们也化身"社会学家"，通过对一南一北不同生活背景的大学生的采访，结合他们的求学经历和成长历程，体现了年度关键词在社会大众层面的生动写照。

导 语

习近平总书记在给中国农业大学科技小院的同学们回信中强调，"希望同学们志存高远、脚踏实地，把课堂学习和乡村实践紧密结合起来，厚植爱农情怀，练就兴农本领，在乡村振兴的大舞台上建功立业，为加快推进农业农村现代化、全面建设社会主义现代化国家贡献青春力量。"推进农业现代化，建设农业强国，科技、人才是关键。习近平总书记指出，中国现代化离不开农业农村现代化，农业农村现代化关键在科技、在人才。作为新时代的有为青年，立鸿鹄之志，行利民之事，"向阳"而生，"向农"而行，在农学专业学习中"知农"，在农学创新实践中"爱农"，在充满希望的田野上"强农"，在农业强国建设的道路上"兴农"，在乡村振兴的广阔舞台上追逐青春之梦、绽放青春之花，在乡村振兴的国家战略中勇做"知农""爱农"的学习者、"强农""兴农"的奋进者。

向 阳

Flourishing in the Sunshine

江西农业大学　学生团队：廖启玥　黄道文　周飞扬　陈婷芮　吴璐娜
指导教师：邹玉梅

一、作品简介

大一新生向阳原本对农学专业不感兴趣，进入大学后计划转专业，但在准备转专业考试的过程中受到农民爷爷、老师和同学的影响，开始逐渐了解农学领域的十年变化，以及农学领域的趣味和意义。最终，向阳喜欢上农学专业，决定不再转专业，和爷爷一起为国家农业的发展作出自己的贡献。这部作品不仅帮助学生了解更多农学知识，更是呼吁当代青年学子踏实努力，响应建设农业强国的时代号召，在实现中国梦征程上向阳成长，发光发热。

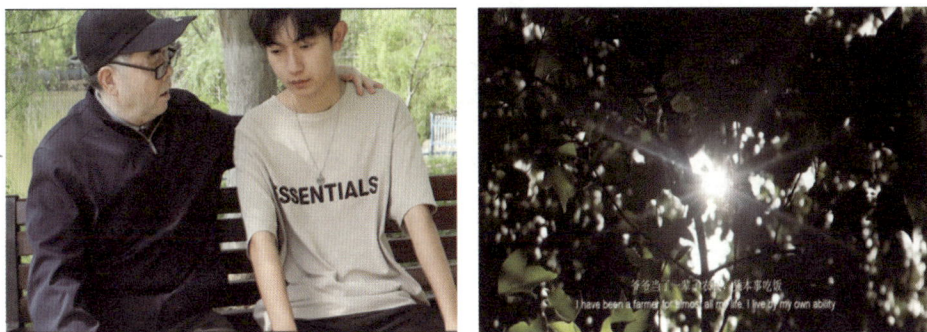

图1 爷爷与向阳谈心（左）"向阳"（右）

二、创作流程

1.选题缘由

第七届中国文化外语微视频大赛的主题是"我们这十年"，可以与中国任何领域的十年发展变化息息相关。党的二十大报告提出，要"加快建设农业强国"。江西农业大学是江西一所以农学为重点学科的综合类院校，作为江农学子，我们理应宣传学校重点学科，为打造良好的学校形象贡献力量。综合这两点，我们决定将农学专业过去十年的发展变化作为视频的选题。

图2 江西农业大学校园内的标语

经过前期调研，我们发现很多大学生对农学专业存在一定程度的偏见和误解。随着时代的进步，这十年中，农学逐渐变得先进、发达，迫切需要更多年轻人投入其中。为了让年轻人更深入、更真实地了解这一行业，淡化或者消除偏见，进而助力国家农业建设发展，我们策划了这部微视频。

视频讲述的是某农业大学大一新生向阳被录取到农学专业，最初感到不满意而决定转专业，但随着他对农学的深入学习与了解，逐渐认识到农学的价值与重要意义并爱上农学的故事。该视频通过展现当代大学生对待农学专业态度的转变，折射出近十年中国农业飞速发展的巨大进步，从而激励更多年轻人以更大的热情投入到农业领域，为国家未来农业的发展贡献出青春的力量。

总之，宣扬农学精神，号召学习农学是我们团队的创作初衷。我们希望通过自己的努力，为国家农业发展建设作出微薄的贡献。希望更多的人，特别是年轻人，能够了解和支持我国的农业建设，共同为建设农业强国而努力。

2. 团队组建

我们首先做了团队分工，本次分工充分考虑到每位队员的特长，着力于让团队所有队员各尽其能，在本次比赛中发挥出最大的作用。

在剧本和文稿分工上，我们认为应该充分考虑团队成员各自的意见，从而最终形成满意的剧本，所以4位成员都参与了剧本讨论与编写；在分镜、场景、拍摄、剪辑分工上，结合各自的特长，团队最终决定由廖启玥和周飞扬主要负责这4项内容；在文稿分工上，决定由写作能力优秀的黄道文负责。

表1　团队任务分工

分工任务	负责人员
剧本	黄道文、陈婷芮、吴璐娜、廖启玥
分镜	周飞扬、廖启玥
场景	周飞扬、廖启玥
拍摄	廖启玥、周飞扬
剪辑	周飞扬
文稿	黄道文

为了完成视频作品，我们又进行了细致的任务分工，如下图所示。

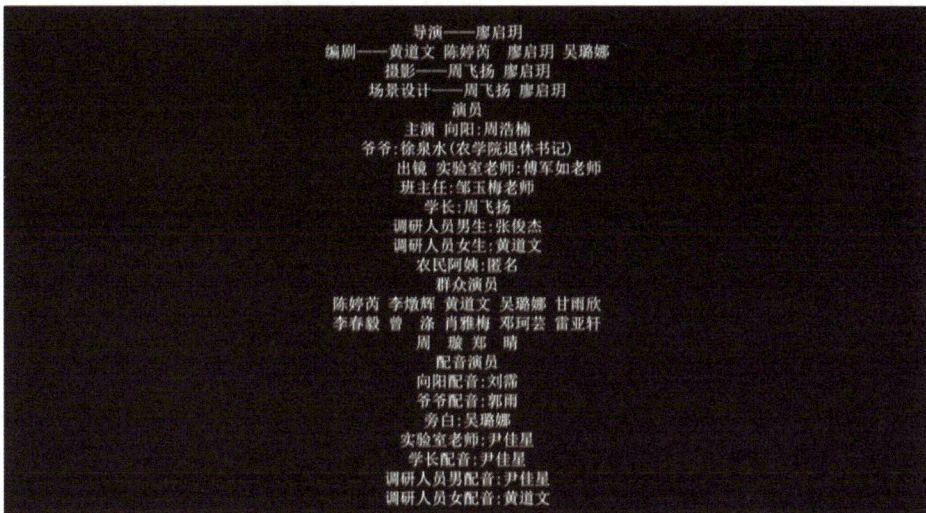

导演——廖启玥

编剧——黄道芮 陈婷芮 廖启玥 吴璐娜

摄影——周飞扬 廖启玥

场景设计——周飞扬 廖启玥

演员

主演 向阳:周浩楠

爷爷:徐泉水(农学院退休书记)

出镜 实验室老师:傅军如老师

班主任:邹玉梅老师

学长:周飞扬

调研人员男生:张俊杰

调研人员女生:黄道文

农民阿姨:匿名

群众演员

陈婷芮 李燉辉 黄道文 吴璐娜 甘雨欣

李春毅 曾 涤 肖雅梅 邓珂芸 雷亚轩

周 璇 郑 晴

配音演员

向阳配音:刘需

爷爷配音:郭雨

旁白:吴璐娜

实验室老师:尹佳星

学长配音:尹佳星

调研人员男配音:尹佳星

调研人员女配音:黄道文

图 3 创作团队任务分工

在确定了团队分工任务后,我们制定了细致的视频作品推进流程。

表 2 视频作品推进流程

时 间(2023 年)	任 务
2 月 24 日	团队组建完毕,提交参赛报名表
3 月 11 日	正式开始筹备比赛,开会确定团队分工和视频基本主题
3 月 15 日	团队成员提供视频构思方案
3 月 17 日	形成视频方案汇报文件
3 月 18 日	形成视频具体方案
3 月 20 日	开始视频剧本和文稿创作
3 月 27 日	视频分镜剧本创作
4 月 1 日	招募演员与配音演员
4 月 3 日	根据剧本形成拍摄清单,为后续拍摄做场景设计
4 月 5 日	开始拍摄,进行视频素材采集工作
4 月 15 日	分配任务处理视频、图片及双语文稿,初步分配视频素材整合任务
4 月 18 日	结合素材修改、形成最终脚本;分配任务,包括文稿翻译、视频剪辑、配音及字幕

表2（续）

时 间（2023年）	任 务
4月20日	初步分配视频素材整合任务
4月21日	开始视频剪辑
4月30日	剪辑完毕，经过团队研讨，形成最终版双语字幕，结合指导教师意见作轻微改动
5月1日	最终视频整合，配音、字幕工作收尾，形成最终视频成果
5月5日	所有细节确认无误，提交参赛作品

三、创作过程

1. 创作思路

为了更好地呈现作品的创作思路，我们设计了以下思维导图来展示整体创作思路，主要包括三大方面：指导思想、作品特色和内容创作过程。

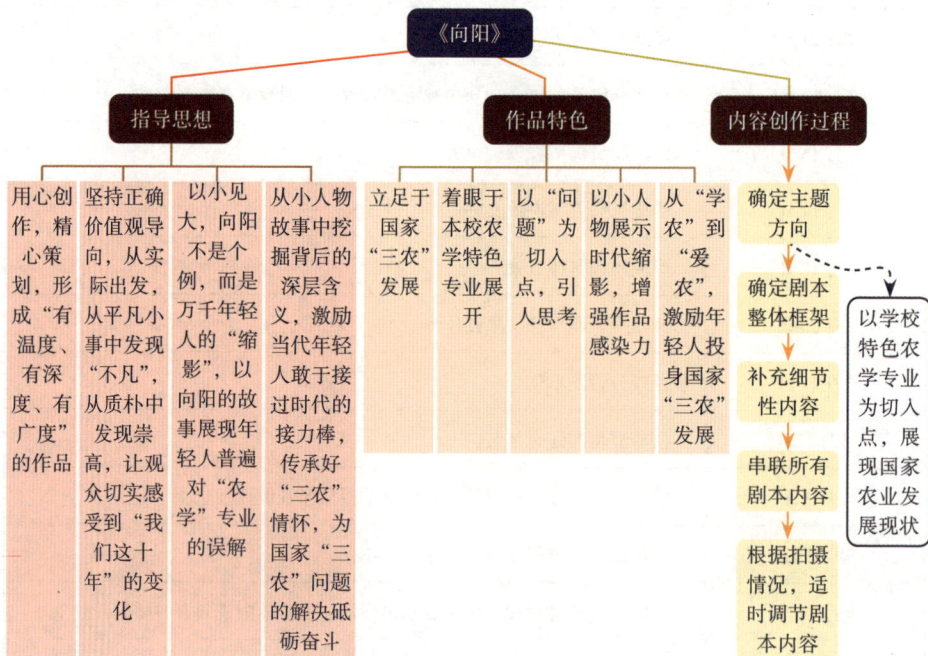

图4 整体创作思路

为了使作品更加贴近实际生活，传递社会正能量并弘扬社会主义核心价值观，我们采用短小精悍、生动活泼的视频风格，旨在给人以启迪、引发社会思考，同时创作出更加优质的作品。为此，我们以四大思想为指导。

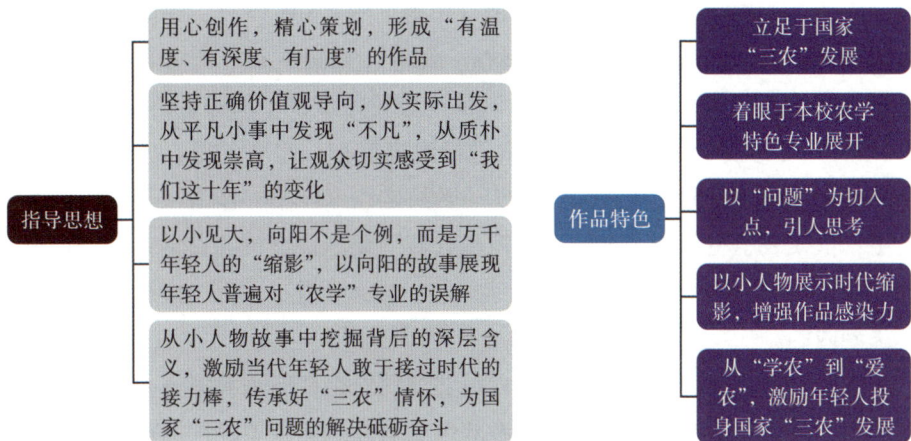

指导思想
- 用心创作，精心策划，形成"有温度、有深度、有广度"的作品
- 坚持正确价值观导向，从实际出发，从平凡小事中发现"不凡"，从质朴中发现崇高，让观众切实感受到"我们这十年"的变化
- 以小见大，向阳不是个例，而是万千年轻人的"缩影"，以向阳的故事展现年轻人普遍对"农学"专业的误解
- 从小人物故事中挖掘背后的深层含义，激励当代年轻人敢于接过时代的接力棒，传承好"三农"情怀，为国家"三农"问题的解决砥砺奋斗

作品特色
- 立足于国家"三农"发展
- 着眼于本校农学特色专业展开
- 以"问题"为切入点，引人思考
- 以小人物展示时代缩影，增强作品感染力
- 从"学农"到"爱农"，激励年轻人投身国家"三农"发展

图5　创作指导思想和作品特色

本作品具有五大特色：一是立足于国家"三农"发展；二是着眼于本校农学特色专业展开；三是以"问题"为切入点，引人思考；四是以小人物展示时代缩影，增强作品感染力；五是从"学农"到"爱农"，激励年轻人投身国家"三农"发展。

在作品的创作过程中，整体内容构思从确定主题到最后正式定稿，大概经历了5个阶段：确定主题方向、确定剧本整体框架、补充细节性内容、串联所有剧本内容、根据拍摄情况适时调整剧本内容。虽然每个过程相对简短，但在每个阶段我们都花费了大量时间与精力，以呈现出更加优秀的作品。

2. 创作实践

2023年2月24日，团队正式组建完毕，推选廖启玥作为团队负责人。3月11日，在廖启玥的组织下，我们进行了第一次线下见面，并根据大赛文件要求，团队成员分别分享了自己的想法，初步确定了主题方向以及部分比较好的拍摄创意。3月11日，团队与指导教师邹玉梅进行了第一次线下见面，老师提出了一些针对性建议。随后团队开会确定团队分工和视频基本主题。之后结合老师的意见，团队对原有方案进行了调整，增加了新的创意性想法，正式确定了主题方向，形成了整体方案与构思。团队成员的任务分工以及预期任务推进时间节点也确定下来了。3月18日，团队汇总全体成员意见，形成视频具体方案，讨论了任务过程中的问题以及可行的解决方案，并以饱满的热情继续推进接下来的工作。4月1日，团队开始招募合适的演员以及配音演员。4月3日，团队形成了剧本初稿，并根据剧本拟写拍摄清单以及场景设计方案。4月5日，团队正式开始拍摄工作，进行视频素材采集工作。4月15日，团队线下汇报了当前任务进度，并分配后续处理视频、图片、双语文稿、配音任务。4月30日，视频剪辑完毕，经过团队研讨以及指导教师审核，形成最终版双语字幕。5月5日，在廖启玥的组织下，团队进行内容审查，完成了视频剪辑、配音和字幕工作，形成了最终版视频。团队一致决定以《向阳》作为视频标题，这一名字不仅代表了主角的名字，而且还蕴含着"无论是学校的农学专业还是国家的农业发展，一定会如'向阳'二字一样，向阳而生，欣欣向荣，蓬勃发展"的深刻内涵。

总而言之，视频的整个创作过程虽然烦琐复杂，但是大家齐心协力，共同奋斗，以坚持不懈的态度和矢志不渝的恒心勇敢地克服了各种困难，出色地完成了自己的任务，以最大的努力呈现出了最好的作品。

3. 困难与瓶颈

在剧本撰写和演员寻找的过程中，我们也遇到了不少困难和瓶颈。最初，我们打算通过向阳小时候与现在的对比来展现十年的变迁，但因为难以找到小演员，我们改为描述向阳转专业前后的变化，以一个大学生的视角来展现，并把这个故事与国家强农兴农的战略相融合。寻找爷爷的演员时，我们挨个询问学校小区里的爷爷们，有人说太忙，有人怕出镜会对他造成影响。我们甚至考虑把剧本调整成向阳和奶奶的故事，但找到的一个奶奶也无法参演。几经波折，最后，很幸运找到一位愿意参演我们微视频的退休老教师。

4. 难忘的回忆

要说拍摄过程中最难忘的回忆，当属和耕地阿姨互动的那一幕。我们一行人前往学校的后田，远远地就看见一位在干农活的阿姨。我们上前询问阿姨是否可以参与我们的拍摄，她非常热情地答应了，还向我们介绍了附近的一位农民伯伯，伯伯也答应出镜。不仅如此，她还带着我们到一块田边，告诉我们她对场景的想法。当看到台词时，她有些着急，担心自己背不下来台词。我们立刻安慰她，并解释视频会进行后期的配音，她只要放心地跟我们聊聊天就行。

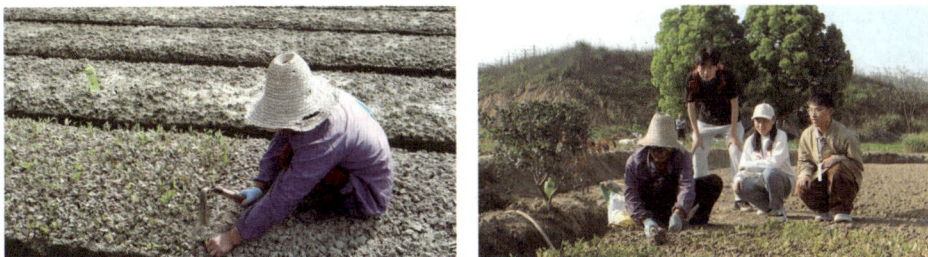

图6 团队成员与耕地阿姨互动

此外，在寻找饰演爷爷的演员时，我们还遇到了两位退休的老教授。当得知我们的主题是关于农业，便情不自禁地向我们分享了学校的农业发展。他们说话幽默风趣，我们的交流很开心。谈笑间，我们以为他们会答应参与此次拍摄，但他们却婉拒了，不能与其合作，让我们觉得有些惋惜。

四、创作心得

图7 团队成员合影：从左到右依次为周飞扬、陈婷芮、廖启玥、黄道文、吴璐娜

● **廖启玥（团队负责人）**

这次微视频比赛的经历可以说是我2023年最难忘的一段回忆。我们团队历经71天，从组队到后期剪辑交稿，每一步都是全新的挑战——我第一次尝试独立导演，感觉梦想近在咫尺；第一次作为负责人加入由学长学姐组成的团队；第一次冷静应对不断出现的突发状况；第一次勇敢地与陌生人分享我的想法，这过程中认识了很多退休的教授、校领导、老师以及学长学姐；第一次通宵达旦，只为创作出让人满意的作品……我一点

图8 廖启玥（团队负责人）

点见证这个作品走向成熟、完善，也一点点见证着自己的成长、团队合作能力的提高。有太多的话想记录，也有太多的人想要感谢——感谢学长学姐的支持，感谢团队成员的无私帮助，感谢学校学院各位老师的鼓励、徐爷爷的耐心配合，还要感谢来自无数陌生人的热心鼓励……

最后，感谢自己的坚持。幸好我们愿意坚守，幸好我们未曾放弃。经过71天的努力，脑海中的构想通过我们的双手变为了现实。

● **黄道文（团队成员）**

图9　黄道文（团队成员）

在这次视频制作过程中，我参与剧本编写、寻找演员、文稿翻译和配音工作，体验了以前从未有过的挑战。开始准备时，我既紧张又激动，担心自己无法达到要求，但团队成员的投入和热情感染了我，我逐渐将比赛结果抛之脑后，专注于享受和大家一起努力的过程，踏实走好每一小步，尽力做到最好。创作路上，尽管遇到了很多挫折与打击，但是我们互相鼓励，灵活变通，克服了种种困难，最终完成了我们的作品。经过此次视频创作，我收获良多，这段经历已然成为我大学生活里最宝贵的回忆。感谢团队的每一个人，感谢创作路上曾经帮助我们的每一个人，希望大家都能向阳而生，活成自己想要的模样！

● **周飞扬（团队成员）**

在拍摄和剪辑视频的过程中，我收获了许多有价值的经验。首先，在拍摄前，我会确保充分了解视频的主题和目的，以便更好地捕捉相关镜头。在拍摄过程中，我注重画面的构图和镜头的运动，让画面更具吸引力。同时，我会关注光线和色彩，确保画面的视觉效果令人满意。在剪辑阶段，我主要使用Pr进行视频剪辑。在剪辑过程中，我关注视频的节奏和流畅性，删除多余的片段，并调整画面的时长和顺序，让故事更加引人

图10　周飞扬（团队成员）

入胜。为了增强观众的体验感，我使用了交叉剪辑、平行剪辑和匹配剪辑等多种剪辑技巧。

在整个过程中，我发现与团队成员的有效沟通和合作至关重要。我们需要

共同讨论视频的创意和拍摄手法，以确保最终的作品能够达到预期的效果。

● 陈婷芮（团队成员）

在团队中，我负责写剧本，同时也参与了挑选演员的后期工作。其实一开始参加这个比赛的时候，我还是挺犹豫的，因为以前也没有写过剧本，担心自己表现不佳，但是后来在团队成员的鼓励下，我决定加入他们。在创作的过程中，我们有过许多次头脑风暴，也有过意见的分歧，但最终经过大家的讨论，终于完成了我们的剧本。在本次创作中，我认为最大的收获不是获得的任何奖项，而是我尝试了以前从未做过的事情，实现了自我的突破，并且收获了友谊，这让我很开心。

图11　陈婷芮（团队成员）

● 吴璐娜（团队成员）

图12　吴璐娜（团队成员）

在这次微视频的设计拍摄过程中，我主要负责剧本编写、配音和后期字幕的校对。我们从无到有，创造出拍摄向阳心路历程的故事。一句句编写台词，一遍遍寻找合适的演员，在与团队成员一起给视频配字幕时，才意识到一个8~10分钟的视频所需的巨大工作量。一个微视频，不仅要有不错的创意和高质量的拍摄，还要配上合适的音频和字幕，每个环节都融入了我们所有人的辛勤劳动。能遇见这样一群认真负责的同伴实乃幸运！

● 创作反思

本次比赛虽取得了不错的成绩，但为了以后能不断地进步，我们还是需要进行系统的总结和反思。

首先是时间安排的问题。这次比赛中的重要任务集中安排在后期，为视频剪辑留下的时间较少，致使剪辑发挥不够充分，剪辑手法创意有限。以后有类似的情况需要提前安排好时间，不能延误，尽可能为重要的环节安排充裕的时间。

其次是演员的沟通问题。在拍摄的过程中，一些演员临时有事不能来，这种情况下就需要重新找演员，会造成时间的浪费。以后需与演员明确约定，避免因个人原因耽误团队进度。我们会从这次经历中吸取教训，找到合适且负责任的合作伙伴。

最后是组内分工协调的问题。有些团队成员的分工任务比较繁重，比如视频剪辑、拍摄等，而有些成员的任务分工只有配音，这可能导致团队成员的潜能未被完全激发。在未来的团队管理和协作中，我们应更加注重任务分配的均衡性，以确保每个人都能发挥自己的长处，感受到团队的凝聚力和归属感。

综上所述，经过这次比赛，我们会反思自己，吸取教训，积极改正不足之处，在今后的学习生活或者比赛中努力做到更好，再接再厉，继续加油！

五、作品主要人物叙述

农学院教师采访稿

—— 傅军如

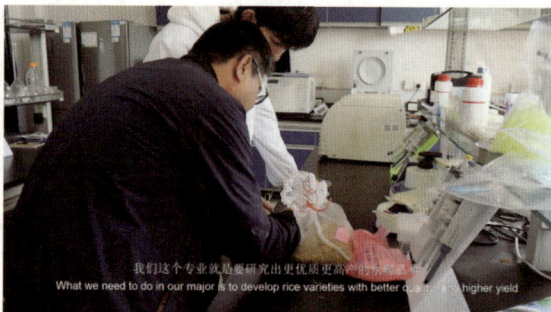

图13　傅军如老师带领学生做实验

● 问：您觉得，学习农学专业对国家农业发展有哪些贡献？

答：学习农学专业可以为以后发展农业提供帮助，助力国家农业发展。发展农业可以促进农民持续增收，进而提高农民生活水平和生活质量。农业稳定发展了，农民生活稳定了，也将促使各行各业全面地、均衡协调地、科学合理地、和谐持久地高速向前发展。只有这样，中国人民的生活水平和国民待遇才能更好更快地提升。只有全体人民都富裕了，国家的财政收入才会更多，这样祖国的各项公共开支才会更加有保障，各项制度才会更加完善和健全，全体人民的日子和生活才会越过越好、越过越幸福。

● 问：您觉得在最近十年里，学生们对学习农学专业的想法、态度有哪些变化？您觉得为什么会有这些变化呢？（如果是不好的变化，您觉得我们应该如何让学生转变思想呢？）

答：起初，很多同学反映，农学专业听起来不那么高大上，而且以后的工作环境可能会比较艰苦，所以属于比较冷门的专业，大学生不愿意选择。但由于国家政策的号召与鼓励，现在越来越多的大学生对农学产生了兴趣，会主动参加一些农学实践或是相关课程学习，掌握一些农学有关的本领，甚至转入农学专业进行学习，这是一种可喜的现象，值得提倡。

● 问：对于大众普遍对农学的一些误解，比如"学农就是去种田""种田没前途，学农没前途"，您怎么看待这些错误想法呢？

答：这些想法是一种偏见，但因年轻人对这方面知识的缺失，这样的想法也是可以理解的。学习农学专业可不仅仅是简单种田，更多是了解很多基础农业知识，为国家农业建设贡献力量。并且当今农业建设正在逐渐走向高精尖，向机械化、智能化、产业化转型升级。国家正需要一批高水平、高素质的农业人才从事相关工作，为国家农业发展、建设农业强国贡献力量。希望这种偏见可以在宣传学习中被打破，让更多学子对农学有新的看法与见解，最终可以主动学习相关知识，在农业事业方面有所作为。

● 问：您觉得，在最近十年里，我们学校的农学专业发展面临着哪些问题？据您了解，我们学校采取了哪些措施去解决这些问题呢？

答：有一些农村的学生觉得考大学就是为了脱离"农"的范畴，彻底与之划清界限。不同于其他专业，农学专业听起来就是土里土气的，让人想要远离，很多学生和家长对农学专业不太看好。在专业的选择上，显而易见的，很多时候农学专业只是一个收容所，或是垫脚石。外界对农学专业存在普遍的误解与偏见。这些都导致农学专业发展受到了一定冲击。此外，学校的师资力量有待提高，例如老师数量不够，存在一个老师教多门课程以及一个导师带多名学生的情况。

● 问：在您看来，近十年里，国家农业发展有哪些突出变化？

答：从"靠天吃饭"的传统生产，发展成良种良法配套、农机农艺融合的现代农业技术体系。从依靠"一把尺子一杆秤"的科研手段，发展成设施完备、装备精良的科技创新平台体系。从"人扛牛拉"传统生产方式，发展成了机械化、自动化、智能化的现代生产方式。我国农业正在经历从传统农业向现代化农业的转型，农业发展越来越趋向于现代化，智慧农业越来越普及。过去，我国农业主要以个体为主，当前个体农民的数量正在不断减少，而合作社、规模户以及农业公司的数量却在不断增加，农业规模化趋势更加显著。而未来农业规模化发展也将促使产业融合成为发展趋势，通过产业融合及产业链延伸，从而实现产供销一体化，综合提升农业生产的盈利空间。

● 问：对于这种以微视频的形式宣传学校的农学专业，激励更多年轻人投入其中，您如何评价？

答：我觉得这种形式非常好。首先，这种形式新颖，生动活泼，比起说教式地给学生灌输学农思想，微视频的形式能够起到更好的宣传作用；其次，时代在进步，作为新时代青年，合理运用新时代的高科技手段去助力学校发展正是与时俱进的表现，也能让更多人看到新时代大学生身上不一样的朝气和勇气，看到新时代大学生也能扛起时代旗帜，敢于亮剑、勇争先锋的胆量；最后，这种形式不仅可以向人们展现大学生的创造性想法，而且可以积极引导广大青年投身农业发展，培养"三农"情怀，一举多得。

六、指导教师手记

一路向阳

——邹玉梅

我一直怀有一个坚定的信念：教育是点燃学生内心激情的火焰，引领他们走向未来。在这片富饶的土地上，我的学生们就像茁壮成长的庄稼，一直向着前进的方向努力前行。曾经在某本杂志中看到过这样一句话：生活可以苟且，教育

图14 指导教师邹玉梅

必须向阳。从教几十年，我带过一批又一批学生，看着他们成才，成为国家栋梁，我也更加明白自己身为教师的责任与担当。

这次我所指导的学生团队参加"我们这十年"——中国文化外语微视频大赛，他们制作的视频作品《向阳》讲述了一名学生从最初对农学的犹豫，到后来对农业越来越充满热情的转变。这个作品不仅仅是一部视频，它传达了"知农、爱农、强农、兴农"的情感。他们用英语宣扬着农业文明，为学校争得荣誉。这是一种向阳的力量，是对农业未来的承诺，也是教育工作的骄傲。

团队从实际出发，取材于身边实例，结合学校特色农学专业，反映出"人们对农学专业的偏见"这一不良现象，努力让更多人看到学农学的意义，从而

消除偏见，激励更多年轻人投身其中，为国家农学发展作出自己的贡献。

从确定主题到着手安排一系列工作再到最后形成成品，回顾创作的整个过程，是有喜有忧的71天。团队每个人都非常投入，付出了十二分的努力，虽然途中遇到过很多困难，但是大家都迎难而上，互相鼓励，最终出色地完成了视频制作。中国农耕文明历经四千多年，被认为是世界上最优秀的农业。作为外语教学工作者，我们要用外语讲好中国农业故事，介绍中国农耕文明和农耕智慧。近年来，团队教师开发的国家级一流课程"英语话农史·华夏篇"和"英语话农史·成语篇"在帮助学生学习英语的同时，教会他们如何用英语讲述和介绍中国农业故事和中国传统文化，有助于加深他们对农业的认识，未来担负起强农兴农的使命。我引导他们用英语表达对农业的热爱，将中国的农业成就传播给世界。这是一种向阳的力量，是激发学生参与和创新的源泉。

正如那一路向阳的田野，我的工作充满希望和活力。我不仅教会学生如何表达自己，更教会他们如何去理解和尊重农业的重要性。

七、作品点评

农业是确保国家粮食安全的基石，对维持人民生活水平至关重要。作品《向阳》以主人公向阳命名，他起初对选择农学专业感到迟疑，认为前途并不明朗，后在深入了解农业发展的重要性后，被这个能够滋养生命、支撑经济并与自然和谐共存的领域深深吸引，决定继续攻读农学专业，让人看到了他追求光明、向阳生长的信念。该团队创造出这一角色旨在呼吁我们与年轻人向阳一起感受农学的魅力，共同挖掘这片充满希望的沃土！作品的创意构思和内容呈现都表现得出色，巧妙地以一位学生心路历程的转变作为故事的核心，创意角度既新颖又贴近年轻人的实际，极易引发观众的共鸣。

导语

党的十八大以来，我国持续推进普惠性、基础性的民生建设，人民生活水平全方位提升，群众获得感显著提高；持续加强生态环境保护与治理，积极开展生态文明建设，生态环境得到显著改善；持续优化高等教育结构、创新高等教育模式，高等教育质量整体提升，教育服务能力显著增强。习近平总书记在十八届中央政治局第二十八次集体学习时的讲话中指出，坚持以人民为中心的发展思想，把增进人民福祉、促进人的全面发展、朝着共同富裕方向稳步前进作为经济发展的出发点和落脚点。以"小我"之眼，见证中国十年巨变、十载辉煌，见证以人民为中心推进民生、生态环境保护、高等教育事业改革发展，见证老百姓餐桌上的十年变化，展现美好生活新气象。环境的十年变化，彰显着幸福生活新福祉；高等教育的十年变化，谱写着教育发展新篇章。

以小我见证：中国十载辉煌
Ten Years' Glory of China: A Personal Glimpse

江西财经大学　学生团队：贾婧涵　指导教师：杜景平

一、作品简介

作品《以小我见证：中国十载辉煌》以个人视角形式呈现，首先从饮食方面入手，从这十年饭桌的变化展开叙述，以我十年前后过生日的影像为依托，折射出百姓生活水平的提高。之后以身边美丽风景为主体，穿插近来在网上引起热议的大学生"特种兵旅行"，展示过去十年的环境变化，体现我国环境政策的成功和旅游业的发展；进一步引申到大学校园里优雅美好的学习环境和丰富多彩的课程，体现高等教育的进步。最后用感染性语言和军训时的画面激励诸位大学生投入到国家建设的伟大事业中去。

二、创作流程

1.选题缘由

十年，在整个人类的历史长河中，不过沧海一粟；十年，对处于这个时代的我们来说，却是翻天覆地。回顾这十年，弹指一挥间，我们的生活发生了巨大变化。我们过上了衣食无忧的生活，过上了小时候盼望的生活，如何生活好、如何有品质地生活成了我们现在的需求。作为大学生，生长在新时代的我们是这个时代的主力军，在感受祖国巨变的同时，也将走向更加美好的未来。这种翻天覆地的变化体现在我们的衣食住行等方面，因此我创作这一视频，从我个人日常生活的视角带大家回顾十年来中国的变化。

当我看到"我们这十年"这一主题时，许多画面在我脑海中逐渐浮现：首先是宏观的层面，对国家的发展而言，这十年至关重要。祖国经历了全面建成小康社会、消除贫困、深化改革、经济转型等多件大事，取得了一系列非凡成就，我们每个人在感慨这些伟大成就的同时，也享受着其带来的更美好的生活体验。其次，对于个人的发展而言，十年同样是一个重要的节点。生活中人们常常以十年作为划分一个时代的标准，如"80后""90后""00后"等。而我作为生长在新时代的大学生，周围也发生了翻天覆地的变化：我们过上了小时候梦寐以求的生活。

由于时间和设备的局限性，从宏观角度搜集素材、展开拍摄有些困难，因此我选择从个人角度入手，以一个大学生视角展示祖国这十年的变化，以起到"以小见大"的效果。虽然专业性和深度有所欠缺，但是拍摄难度大大降低，叙事更为真实，内容更便于观者理解。

2.团队组建

本次比赛，我选择了独自参赛。原因有以下几个：（1）自我挑战：我喜欢挑战自我，希望通过独自参赛来证明自己可以独自完成任务；（2）自主性和自由度：独自拍摄可以获得更大的自主性和自由度，可以有更大的决策权和控制权，不用考虑团队其他成员的意见和需求；（3）更好的时间管理：大二正是课程安排最多的一个学年，独自参赛可以根据自己的实际情况安排规划和管理时间。

表 1　视频作品推进流程

时　间（2023年）	任　务
3月5日	接收比赛通知，初步构思框架
3月5日	搜集相关视频文章，寻求灵感
3月6日	和指导教师初次交流，交换意见
3月10日	搜集素材，确定拍摄脚本
3月18日	初稿初步完成，发给指导教师复核
4月5日	与指导教师确定字幕和视频细节
4月15日	根据指导教师意见对视频进行二次修改及扩充
5月1日	剪辑、配音，形成成品

三、创作过程

1.创作思路

由于是第一次制作10分钟的微视频，我一时不知如何下手，但又对这个比赛很感兴趣，想要借此机会掌握一项新技能，因而我先寻求老师的帮助。指导教师给我提供了宝贵的意见，他建议我可以按照以下五个步骤着手构思：

第一步：确定视频主题；第二步：选择相应的视觉符号；第三步：确定时间跨度和节点即视频架构；第四步：用一条主线把视频片段串起来，也就是内容布局；第五步：结尾要有主题升华。

经过认真思考，在实际操作中我确定了视频主题为"中国的十年巨变"。在确定视频内容时，基于上述的创作灵感，有两个方向可供选择，即国家层面和个人层面。由于现有素材与第二个方向更契合且受限于拍摄设备，我将"中国的十年巨变"这一主题进一步缩小为"以小我见证十年巨变"，并确定视频名为《以小我见证：中国十载辉煌》，即从我个人日常生活的视角带大家回顾十年来中国的变化，如此作品基本确定了时间跨度和节点。

另外，为使主题转换自然流畅，我选择了过渡性话语，比如从旅游过渡到教育话题时，"我曾无数次问自己，为什么想要去旅行？当我踏出了脚步，我开始爱上了这个世界，这个世界充满了未知的兴趣，我想探索它的美好之处，我想这也是高等教育带给我的变化。"我可以将个人命运和国家发展联系在一起，这样就能把主题从个人小我升华到国家大我。

2. 创作实践

"民以食为天"，平常人的生活离不开一日三餐，因此我从饮食方面入手，展开叙述："十年前的大学生，也许常常因为给舍友带饭而困扰，也会因为吃腻了食堂饭菜而觉得索然无味。如今，外卖似乎变成了现代人们生活中极为常见的部分，我们可以悠然地等待美食上门，足不出户就可以选购需要的生活用品。"

这一部分的最后我又挑选了一个典型事例：十年前，生日是在家里过的，虽然温馨，但相对封闭；而如今，许多如火锅店一样的餐饮机构，都有针对生日的专门服务，更开放、氛围感更好。

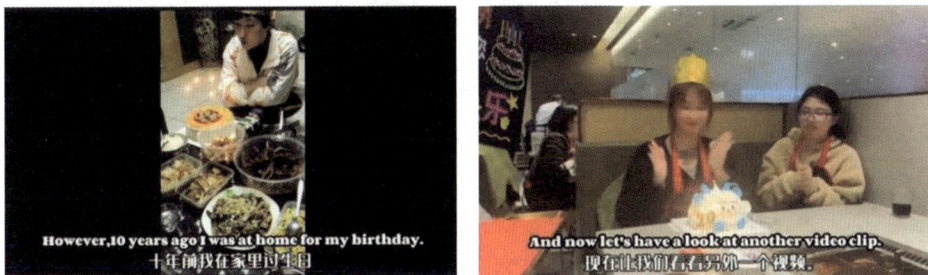

However,10 years ago I was at home for my birthday.
十年前我在家里过生日

And now let's have a look at another video clip.
现在让我们看看另外一个视频

图1　火锅店工作人员为我庆祝生日

我有记录身边美丽风景的习惯，也在记录的过程中深刻地感受到了自然之美和环境变化之大。在"两山"理论的指导下，我国落实对草木河流等自然资源的管理保护，通过有效减少碳排放，实现了山青、水绿、天蓝的人居环境。这一部分素材主要记录了南昌和我家乡唐山的景象，色彩鲜艳、风景宜人的画面，增强了视觉效果。

我还联想到近来在网上引起热议的大学生"特种兵旅行"，其实我也是其中一员。"特种兵旅行"的爆火和队伍的壮大从某种程度上折射出我国旅游业的飞速发展。中国旅游行业在过去十年中取得了巨大的成功，一系列旅游业发展规划和政策的制定以及多元化旅游产品的推出引导更多人参与旅游活动，而大学生就是这些举措的受益者。

我的思绪又延伸到大学校园里和蔼可亲、知识渊博的老师，聪明可爱、勤奋好学的同学，优雅美好的学习环境和丰富多彩的课程。大学生可以参加各种活动，比如运动会、文艺比赛、社团活动等，在活动中收获珍贵的友谊，丰富自己的人生经历。校园生活还可以让我们拥有更多的时间和精力去追求自己的兴趣爱好，比如学习音乐、美术、舞蹈等艺术类课程，或者参加各种俱乐部和社团，学习各种技能和知识。这是人生长河中重要的奠基阶段。

在最后的结尾和主题升华部分，我用感染性语言和军训时的画面激励诸位大学生投入到国家建设的伟大事业中："看着祖国的发展，我们心中无比自豪和骄傲。生长在新时代的我们，是这个时代的主力军，在感受祖国巨变的同时，也应以一颗赤子之心为祖国的更加美好承担起一份应有的责任。"

图2 校园生活丰富多彩，我乐在其中

3. 创作瓶颈

由于生活中我有拍摄日常的习惯，因此视频素材基本取自相册，这一方法的优点是场景真实，容易引起人们的共鸣。创作内容各个板块的衔接也是影响视频呈现效果的一个很重要的因素。在整个剪辑过程中，既要保证镜头与镜头之间的自然、流畅与连贯，又要突出镜头的内在表现，即达到叙事与表现双重功能的统一。但是由于拍摄时间和角度的不同，画面的大小难以统一，因此我的初稿画面十分混乱。杜景平老师精准地给我指出了这一问题，提醒我把画面调整成统一的模式，建议我采用边缘模糊的方式规避了这一问题，这样画面连接起来就更加和谐流畅了。学院的电商平台直播兴趣小组正好有视频制作相关课程，杜景平老师也建议我去听，以积累知识并用于本次视频制作。

文案的编写非常考验个人文字的功底。由于视频中的很多素材都是已有的，我几乎是依据既定素材撰写文案而不是根据文案来拍摄相应画面。在编写字幕的时候，我不断遇到没有

图3 参加学院电商平台直播兴趣小组，
学习视频制作

思路、找不到恰当形容词、想不到好的句子的情况。这时候我在网上借鉴主题相关文章，搜集相关会议或文件，以精进我的用词和表达。

文案和视频素材实际上是相辅相成的，当我发现已有素材不足、不能完整叙事的时候，我就会根据文案确定素材，哪些有缺失就进行补拍。

在字幕的对应方面，受到画面大小限制和中英文的语序不一致等因素影响，常常做不到精准对应，这就需要平衡中英字幕的字数和语义，尽量给观者一个良好的视觉体验，降低理解难度。

四、创作心得

这次10分钟的视频从最初的拍摄到最终的剪辑合成、后期配乐等工作，均由我一人完成，其间遇到了许多瓶颈。为了独自完成高质量的作品，我的心理压力很大。在创作过程中又遇到了才思枯竭的情况，这时我选择寻求杜景平老师的帮助，幸好有他不厌其烦的指导，才得以一一解决。在看到最后结果的时候，我深感一切都是值得的。我不仅学会了一门专业技能，也懂得了很多：创作视频绝对是一项创造艺术的过程，它不是简单的素材堆叠，而是需要创作者拥有布局谋篇的大局观，大到视频的基调主题，小到字幕的译配、背景音乐的选择等都要和谐统一。

图4　贾婧涵（团队负责人）

● 文案编写

做视频并不一定要把文案写得非常华丽。首先把自己想要展现的内容讲明白，最重要的是自己的逻辑要清晰。我前前后后写了三版视频文案，每次调整，都会有新的想法和思路。所以在编写文案的时候，不一定要抱着追求完美的心态，否则很容易落入不断修改文案而没办法进行下一步的怪圈。

● 文案录音

我没有专业的录音设备，于是就地取材，用手机自带的录音功能进行录制。这里我有一些小小心得想分享给大家：一是如果有耳机可以录音的话，尽量选择带耳机的话筒，可以在话筒表面蒙上一层纸巾防止喷麦有杂音；二是如果只能对着手机录音，那么就尝试调整手机和自己的距离，保证录制的声音足够清晰。在录音的过程中，说话吐字尽量清晰，这就需要我们对字幕足够熟悉，也需要一定的语感；三是根据内容和背景音乐，调整好语速，把控好语音语调和情绪。

● 剪辑

我的素材基本保存在手机中，若重新导入电脑，程序比较烦琐，因此我选择了用手机软件"剪映"进行剪辑，并且合成导出。这个软件操作简单，呈现出来的效果，最后也很令人满意。

● 创作反思

知不足而奋进，望远山而前行。拍摄视频是一个考验多元能力的过程，拍摄需要一定的美学素养，配音需要口语能力，字幕的编写考查文学功底，在这些方面，我仍然存在很多不足。因为视频是以英语传递信息，这就需要拥有较高的语言驾驭能力和跨文化表达能力，以后我会汲取经验，不断学习，争取更大的进步。

作为新时代大学生，我们应该义不容辞地担负起新的文化使命。具体可以从以下几个方面入手：一是培养自己良好的文化素养，主动学习和了解各种文化知识，拓宽自己的文化视野；二是积极传承和弘扬中华优秀传统文化；三是创新并传播现代文化。我们应该关注当代文化、了解流行文化，把握时代脉搏，通过自己的创作，如写作、摄影、绘画、音乐等表达自己对文化的理解和感悟，同时可以利用互联网和社交媒体等渠道，传播积极向上、有价值的当代文化。

通过此次创作，我对国家的强大和时代的进步有了更加深刻的认识。以小见大，见微知著。我个人的视角是千千万万个中国人生活变化的一个缩影，随着视频素材搜集、剪辑、译配的过程回忆过去，感恩党给我们带来的美好生活，感谢人民一起努力创造的美好生活。发展是解决一切问题的总钥匙，国家坚持在发展中保障和改善民生，让我们的生活变得像现在这样美好。

视频的拍摄与制作告一段落，作为大学生的我，在感叹党和国家全心全意为人民服务，使百姓生活更加幸福的同时也明确了自身责任。青年人充满了蓬勃朝气与活力，也是敢于拼搏、敢于创新的一代。我们具有强健的体魄、活跃的思维、丰富的知识，是未来中国乃至世界支撑时代发展的中流砥柱。在21世纪的今天，我们青年一代作为祖国未来的希望，要为中华民族伟大复兴而付出艰辛努力，为自己和祖国创造一个美好的未来。

五、指导教师手记

他山之石，可以攻玉

——杜景平

当接到本次比赛通知时，我就被比赛主题和设计深深吸引，觉得这是培养学生人文素养、提升英语综合应用能力的好机会，于是把比赛通知发布在我所教授的班级群组中，期待着学生们的奇思妙想。

第二天，贾婧涵同学就发消息给我，并简要地向我汇报了她的思路，听完后，我感觉眼前一亮。她的构想清晰且富有创意，但还需细细雕琢，

图5 师生精心雕琢文案

方可成精品。于是我和她进一步探讨，在后来交谈的过程中，她对自己的素材来源感到很苦恼，加之她又是独自参赛，对这项任务有些思想上的负担。此时，我注意到她有记录日常生活的习惯，而且拍摄的画面很有艺术性。

"师者，所以传道受业解惑也。"我充分肯定了她的能力，并建议她不一定要重新拍摄素材，可以从身边已有素材入手，稍加整理亦能打动人心。她豁然开朗，表示一定会好好对待这次比赛活动。

一周后，贾婧涵就把初稿发给了我。由于这是她第一次制作长视频，画面和字幕都比较凌乱，影响观感。于是我搜集了一些专业的视频字幕供她参考，针对视频中不美观且又冗长的内容，我建议她从中剔除；作为英语专业的学生，在字幕用词方面也应当严格要求，于是我便与她一同细细敲定。历时两个多月的打磨，我们终于完成了这个作品。得知作品获得一等奖后，贾婧涵十分欣喜，我也倍感欣慰，并鼓励她在今后的人生道路中要把握机会，勇于尝试。"他山之石，可以攻玉"，这便是我们师生之间教学相长的过程：贾婧涵的美学素养和奇思妙想感染着我，我也用我的专业素养和经验助力着她的成长。

在和贾婧涵打磨作品的过程中，我体会到：每个学生都是一块未完全雕琢的璞玉，蕴含着无限可能，我们作为教师，要常具一双慧眼，善于发掘引导；另外，诸如此类的活动和比赛，也是拉近教师和学生距离的良好途径，在交流

和沟通中，彰显为人师者的人文关怀。

"教育就是一棵树摇动另一棵树，一朵云推动另一朵云，一个灵魂唤醒另一个灵魂。"作为教师，我们最大的幸福就是把一群群孩子送往理想的彼岸，这也是我们的职责所在。再次感谢东华理工大学的邀请，让我们收获颇丰，感慨良多。首先，教育应当充分利用现代数字技术，尤其是大数据、人工智能的独特优势，开展有效、高效、有吸引力、个性化的教学活动。其次，英语是跨文化交流的重要桥梁，我们应当鼓励并帮助学生用英文讲好中国故事、传播中国文化。微视频就是一个很好的形式，期待未来有更多类似活动涌现，并吸引更多同学参与。

六、作品点评

《以小我见证：中国十载辉煌》作品视角独特，从当代大学生的个人视角出发，展示了个人生活中的饮食、环境、教育等多个领域的巨大变化，投射出近十年来中国人民生活幸福指数的提高。作品首先基于"民以食为天"视角，谈及个人饮食选择的改变，例如海底捞为顾客庆祝生日的新型饮食现象；又以"两山"理论为观察视角，介绍了中国人民居住环境和环境美化的提升；最后，通过介绍大学校园和课程设置的变化，深入体现了中国教育的巨大进步。《以小我见证：中国十载辉煌》作品选题细腻，以小见大，通过普通人日常生活的点点滴滴，投射出中国人民生活品质的提升，激励年轻大学生积极投身到国家建设的伟大事业中。

陶瓷文化是中华优秀传统文化的重要组成部分，是民族文化高度发展的产物和结晶。陶瓷作为中华文化瑰宝，历史上通过陆上和海上丝绸之路远销海外，成为世界认识中国的文化载体和符号。景德镇素有"瓷都"之称，景德镇瓷器以"白如玉、明如镜、薄如纸、声如磬"的独特风格蜚声海内外。新时代"千年瓷都"景德镇的陶瓷，在"泥与火"的淬炼中传承千年陶瓷文化、弘扬大国工匠精神，实现"窑火中的复兴"，见证着科学技术与文化艺术的交融激荡，见证着创意创造与创新创业的深度融合，还见证着赓续千年的熊熊窑火何以生生不息。

窑火中的复兴

The Revival in Kiln Fire

中南民族大学　学生团队：夏子航　指导教师：李　勋

一、作品简介

"一座景德镇，半部陶瓷史。"陶瓷已成为江西景德镇的特色名片，陶瓷文化与景德镇则已浑然一体、不可分割。视频以游客的视角展现千年瓷都景德镇现今的文旅发展面貌，"当我站在博物馆，近距离观赏馆藏文物时，这场跨越时间的交流使我深切感受到了瓷器之美，同时也唤起了我对这座小城的好奇之心"。视频从生态环境、旅游发展等方面展示，景德镇陶瓷文化的现状，以陶瓷文化发展为重点，弘扬工匠传承精神，旨在用英文讲述中国陶瓷文化，用陶瓷文化讲述新时代中国故事。

二、创作流程

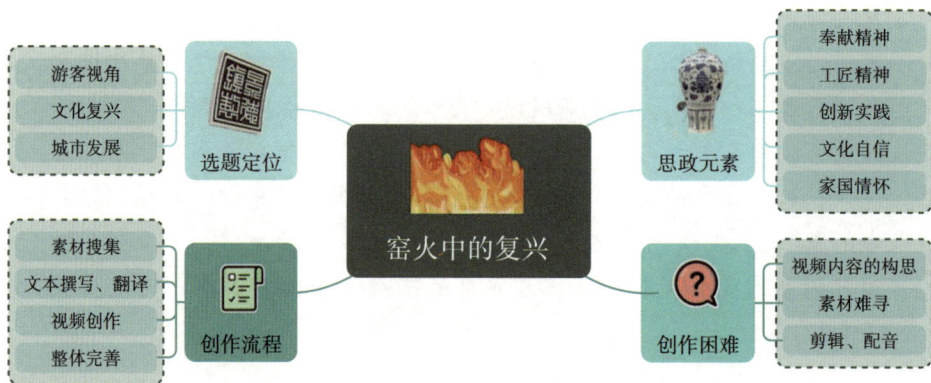

图1　创作思维导图

1. 选题缘由

本次大赛的主题是"我们这十年",要求聚焦中国特色,基于文化传承、文化创新与历史沉淀,多角度、全方位地使用外语元素展现中国近十年的变化。中国的发展速度飞快,在过去的十年里,中国取得了众多辉煌成就,人民的获得感、幸福感和安全感不断提升。这十年的变化体现在中国发展的方方面面,体现在身边小事的桩桩件件,体现在每个中国人的情感共鸣中。景德镇坚持以习近平新时代中国特色社会主义思想为指引,不断解放思想,转变作风,深化改革。此次将选题定为文化复兴与城市发展,是因为我此前去景德镇,亲身感受到了"千年瓷都"景德镇的陶瓷文化氛围。景德镇是一座历史小城,它除去了大城市的浮躁和喧嚣,拥有宁静祥和的风土人情。来到这里,作为游客,我第一次走近了陶瓷——这一之前鲜少关注的工艺美术品。景德镇将陶瓷和文旅深度融合,用丰厚的文化底蕴作为支撑,展现出新的面貌,这不仅是景德镇这座城市的复兴,也是陶瓷文化的复兴,更是中华民族伟大复兴的一部分。本选题贴近大学生的学习生活,鼓励大家关注社会发展,积极投身祖国建设;走近中国文化,推陈出新,革故鼎新,促进中华优秀传统文化创新型发展,创造性转化;弘扬与传承工匠精神。

2. 团队组建

此次微视频创作的全过程均由个人完成。团队合作具有高效、集思广益的优势,而我选择个人参赛,是为了锻炼和提升自我的能力,同时也是为了检测自身专业学习的成果。我就读的新闻学专业属于新闻传播学大类，该专业要求学生掌握拍摄、剪辑、撰稿等多个方面的技能。个人参赛，就需要独立完成微视频制作的全过程，既要把握整体，又要注意细节，同时还要进行英文配音，对于我来说是不小的挑战，也是我在实践中获得提升的一个好机会。

三、创作过程

1. 创作构思

受大赛"中国特色""文化传承""文化创新"等关键词的启发，我在脑海中构建了参赛视频的基本思路。景德镇的文化底蕴深厚，越来越多的人走进景德镇，去翻阅这部厚重的"史书"，领略陶瓷文化新的生机与活力。我也亲身体验过"千年瓷都"的陶瓷之美和人文之美，因此决定利用在景德镇拍摄的影音素材展现这座城市新时代的发展面貌。本视频从游客视角切入，展示陶瓷与旅游业的融合发展以及陶瓷文化的发展，用陶瓷文化讲述中国故事。

2. 资料文本搜集

确立好思路后，我便开始搜集景德镇的资料，撰写文本。文本主要由两个方面构成：作为游客的个人所见所感以及有关陶瓷文化发展的官方资料。

文本的撰写过程逐步加深了我对景德镇的了解，这是在旅行游玩过程中无法感受到的，我想，这或许也是游学的一种形式，先亲身感受再主动学习当地文化。"世界这本书，我又多读了一页"或许说的就是这个意思。进入21世纪的景德镇早已改头换面，但基于环保基础设施建设滞后、管理体制不完善等原因，在环境建设和生态文明建设上仍存在一些问题。这十年是景德镇生态环境大改善、生态质量大提升、生态事业大发展的十年。

走进三宝村，街边路灯是青花瓷的模样；有陶瓷碎片装饰的居民楼，阳光照射下闪耀着夺目的光芒；街边摆满小瓷器的店铺让人忍不住驻足；有辛辣气息的江西菜肴刺激着人们的味蕾……

御窑博物馆的红砖小道带人穿越回过去，行走其间，历史的厚重气息扑面而来，陶瓷碎片折射出永不暗淡的光。转角看见了红砖建筑中的商业店铺，这是历史与现代的交织，也是景德镇将旅游业与陶瓷业融合发展的实践。在这种静谧的文化环境下感受小店里的热闹，别有一番风味。或许这是大城市的喧嚣与小城宁静的最佳中和点。

景德镇陶瓷是中华优秀传统文化的杰出代表，是世界认识中国、中国走向世界的重要文化符号。来到中国陶瓷博物馆，近距离去观察陶瓷，才能真切地感受到制瓷艺术的精美，其样式设计、颜色光泽都是美的象征、艺术的呈现，也让人感慨于能工巧匠"化泥为宝"的工匠精神。若不是亲眼所见，真的很难想象"天青色"能够如此生动地展现在瓷器上，瓷器上的花纹能够如此精细。这一切都少不了工匠们一代代传承的制瓷手艺。城市的发展过程就像是制瓷的过程，每一个步骤都需要严格把关，出现错误及时修正，一步一个脚印，用实践创造出景德镇的新面貌。

图2　走进景德镇中国陶瓷博物馆

图3　中国陶瓷博物馆馆内部分展品

随着中国经济的发展和国际地位的提升，国人的文化自信不断增强，对中国传统文化的关注度越来越高。在这样的背景下，景德镇文旅发展乘风而上，更多人走进了景德镇，不仅用眼睛去观赏陶瓷，而且动手去体验制瓷过程。在景德镇的推动下，陶瓷文化不断"活"起来，文化交流不断"旺"起来。不同形式、不同规模的对外文化交流活动多达千场，向世界展示了中国陶瓷文化的独特魅力，这与此次微视频大赛用外语要素诠释主题的要求是相符的，继承传统和与时俱进相结合、科学精神与人文精神相结合，提升民族自豪感和自信心，展现中国式现代化的成就与风貌。

3. 瓶颈与困难

完成文本创作后，以此为基础进行视频剪辑，这个过程中遇到了难题——缺少素材。因为视频拍摄早于参赛时间，导致了在后期剪辑时我所拍摄的视频内容不够，部分拍摄的视频不能完全契合本次比赛主题，且拍摄的视频质量不够高，因此使用了部分网络视频素材来扩充完善。十年前的景德镇视频素材很难寻找，不仅数量少，而且画质模糊，会极大地降低视频质量，但时间紧迫，我没有机会再根据我的想法去进行拍摄，只能在现有的视频基础上尽可能地展现出最好的效果。

还有一个小困难便是剪辑与配音。我平日里电视节目看得多，会刻意留心节目中的剪辑以及视听语言展示，在此时终于发挥了一些作用，不过我的剪辑水平与正式的节目剪辑水平相差很多，有些地方尽管脑海中有想法，但以我的剪辑水平却不能完全实现，不得不说是一种遗憾。在一次次剪辑中，我能感受到自身的进步，视频质量有所提高，这是我成长的一方面。

随后，我第一次尝试了英文配音，这是对英语口语的考察。我先是将中文文本翻译为英文，对于部分特殊中文名词的英文表达，需要去查阅资料，不断求证。英文文稿里有很多生词，我需要将生词标出并使用相关软件进行反复地跟读，一次次练习后再进行正式的配音。虽然我的配音并不完美，但这一次的尝试让我突破了自己，完全独立地制作出一个作品，对我来说是收获颇多的，我也坚信我会做得越来越好。基于此，我的作品已经初步完成，但时长却只有5分钟。

我将初步完成好的作品发给指导教师，希望能获得一些修改建议。老师很耐心地为我指导，告诉我作品中仍存在的问题，视频内容该如何扩充，为我的"二次加工"指明了方向。依照老师给的宝贵建议，我进一步完善视频，在原

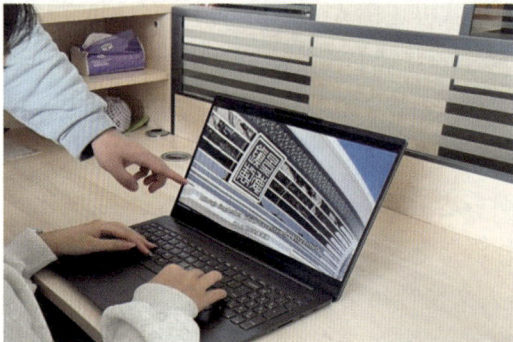
图4　作品创作过程中得到指导教师的指导

视频的基础上扩充了景德镇的陶瓷文化以及文化复兴推动城市发展的内容。陶瓷是中国智慧，是讲述中国故事的最佳载体之一。景德镇立足保护传承，拓展国际交流，不断用小写的china（陶瓷文化），讲好大写的CHINA（中国故事）。景德镇推动文旅融合发展，将文化优势转化为旅游发展优势，这不仅是我在网上搜集的资料，也是我在旅行中的亲身感受。景德镇如今聚集了越来越多的年轻人，文化的创新发展让陶瓷文化焕发出新的生机，新一代的青年更加愿意走近这些优秀传统文化，并从中发现美，传承美。如此扩充，再完善好最后的细节部分，我的作品就此完成了。

四、创作心得

我的作品最终完成并提交，随参赛作品一起提交的还有作者个人的参赛感悟，因为时长限制，参赛感悟视频只有短短40秒，但我的感悟却远不止那40秒里所说的。参加这次比赛，我没想到能获得一等奖，自己的作品得到了如此认可，我当然是非常开心和激动的。

图5　夏子航

这次参赛是我的一段宝贵经历，于我而言最值得开心的是我这次独立进行了创作，选题构思、撰写文本、查阅资料、剪辑配音……这不仅是对我整体素质的考验，也是对我各方面能力的提升，让我有信心有底气再去参加其他的比赛。我在搜集资料的过程中学习到了更多的关于景德镇的文化知识，景德镇的这次旅行对我而言已经不只是一次简单的放松游玩了，它还是我了解陶瓷文化的一次契机和游学经历。这次经历让我有机会去了解城市背后的文化底蕴，挖掘城市的根与魂。

反思此次的创作过程，我认为今后需要在以下几个方面做出改善：多学习，坚持记录，扩充自己的"素材库"；培养发散思维，学会观察，善于思考，在参与一些活动时，尽可能多地与自身专业结合起来，每一次经历都可以是我灵感的来源；继续练习剪辑和英语口语，扎实基本功，通过实践来取得进步，解决"硬伤"；学会与他人分工合作，以此提高效率，促进学习交流。

五、指导教师手记

以"思"之基石，筑"学"之台阶

——李　勋

2023年初，东华理工大学举办第七届中国文化外语微视频大赛。本次大赛的主题是"我们这十年"，比赛要求记录中国各个领域的变化，多维度体现中国十年的变化。我认为这个主题可展开的方向是多样的，以我的课程"中华文化导论（英文）"为例，每一单元的主题，如中国的文学、建筑、民间艺术、服饰、美食等，都能以小见大，成为微视频切入

图6　李勋老师现场指导

的视角，聚焦中国特色，挖掘历史底蕴，展现中国式现代化成就。于是，我在课堂上启发同学们，鼓励他们积极参加比赛，希望他们发挥主观能动性，提出更多创意和构想。

消息一出，来找我询问、报名的同学很多。4月24日，夏子航同学找到我，向我讲述了她的大致想法，说她在景德镇旅游时拍摄过中国陶瓷博物馆的展品，希望运用这些素材来进行创作。我首先肯定了她的想法，随后告诉她需要再思考，应该如何组织文本与主题结合。距离比赛截止时间越来越近，当她告诉我她是个人参赛时，我有过些许的担心，毕竟工作量是不小的，我认为组建团队、分工合作或许更有学习交流的氛围，也有利于效率的提高。不过她对自己有信心，认为自己可以独立完成，我当然也是支持鼓励的。

5月3日，夏子航同学给我看了她的初版微视频，我发现了一些问题。首先是时长不足，只有5分钟，需要继续补充；其次是内容上，有一些英语的语音语调需要纠正，关于陶瓷文化的内容还可以再挖掘，同时主题要展现出变化

后的发展新面貌；最后是视频信息标注和格式的小问题，需要再修改完善。此时，时间已经很紧张了，她告诉我再进行补拍可能无法进行，不得已只好运用网络视频资源进行补充。

5月5日，所有工作均已完成，夏子航同学向我提交了最终作品《窑火中的复兴》。在最后呈现的作品中，视频时长共7分30秒，大体上介绍了十年里景德镇生态环境的改变及其充分利用陶瓷产业推动了文旅纵深发展，致敬了工匠精神，弘扬了中华优秀传统文化。最终作品能够看见视频内容和细节得到了完善，她一定付出了很多精力，我相信她也从中收获颇多。7月3日，比赛结果出来了，《窑火中的复兴》荣获校外组一等奖，我指导的其他同学也都分别获得了不同奖项。作为指导教师，我由衷地为他们感到欣慰。

该比赛与我所任教的课程"中华文化导论（英文）"是紧密相关的，我认为这可以为同学们的课本理论知识提供额外实践的"第二课堂"，能够提高同学们的外语水平及思辨能力，同时也是他们锻炼、展示自我的好机会。未来我将继续鼓励更多同学参与进来，碰撞出更多优秀的创意，在实践中不断学习，取得佳绩！

六、作品点评

《窑火中的复兴》聚焦中国文化金名片"景德镇"，通过展示景德镇陶瓷文化的现状，突出近十年来陶瓷文化的发展，弘扬工匠精神，用英文讲好中国陶瓷故事。视频的作者为新闻传播专业学生，其发挥专业优势，从全新的视角挖掘了陶瓷文化的精髓和传播策略。作品从游客视角切入，通过参观中国陶瓷博物馆、御窑博物馆、陶瓷商店，全面展示了陶瓷与旅游业的融合发展及当代陶瓷的技术发展。《窑火中的复兴》作品选题优良、立意深刻、内容丰富、视角独特，从新闻传播视角全面展示了景德镇陶瓷文化的当代风采，既让人感慨于能工巧匠"化泥为宝"的工匠精神，又向国内外宣传了陶瓷文化的博大精深，强调不断用小写的china（陶瓷文化），讲好大写的CHINA（中国故事）！

导 语

　　2013年12月，习近平总书记在中央城镇化会议上指出："城镇化是现代化的必由之路"。在这一重要思想指引下，党的十八大以来，我国新型城镇化更加注重高质量发展，取得了巨大成就，成为新时代十年伟大变革和历史性成就的重要成果和窗口。党的二十大报告进一步强调："推进以人为核心的新型城镇化，加快农业转移人口市民化。"承载着深厚历史和文化底蕴的南昌罗家集的时代变迁，不仅见证了城镇化有力促进经济发展、社会进步和人民生活改善，而且彰显了坚持以人民为中心的中国特色城市进步之路，展示了中国特色新型城镇化坚持生态优先、节约集约、绿色低碳的发展之道。

南昌罗家集的变迁

Changes of Luojiaji in Nanchang

豫章师范学院　学生团队：熊　茜　熊　莹　钟粤雯　徐梦娇　温慧琴
指导教师：徐艳珍

一、作品简介

　　南昌罗家集，一个承载着深厚历史和文化底蕴的地方，近十年来经历了翻天覆地的变化。从经济到文化，罗家集都展现出蓬勃的生机。本作品通过对比南昌罗家集十年前后的变化，生动地表达了城镇化建设对于促进经济发展、社会进步和人民生活改善的重要意义。罗家集的变化直接

图1　罗家集的高楼大厦

体现了中国推进城镇化建设的成果和人民幸福生活的变化。

二、创作过程

1.选题缘由

近十年，中国的城镇化建设取得了举世瞩目的成就。城市的现代化步伐不断加快，城市面貌焕然一新，人们的生活水平也随之大幅提升。作为南昌市的一个重要区域，罗家集的发展变化极具代表性和典型性。

对于我们这一代人来说，城镇化建设与我们的生活息息相关。作为土生土长的罗家集人，团队成员熊莹同学亲眼见证了家乡的巨大变化。她深有感触地说："家乡的路变宽了，房子变漂亮了，环境变得更美了，选择在家乡工作的人也变多了。"这些变化充分展现了城镇化建设为人们带来的实实在在的便利，显著提高了人们的生活质量与幸福感。

罗家集的发展是中国城镇化发展的一个缩影。随着城镇化的推进，罗家集的基础设施不断完善，人们的生活质量不断提高。以罗家集为切入点，我们清晰地看到了人们生活的改善与国家的发展密不可分，也更加理解了"不断把人民对美好生活的向往变为现实"①这句话。

2.团队组建

为了顺利完成视频作品，我们对任务进行了拆解，分成若干个步骤，进行分工。

表1 团队任务分工

分工任务	负责人员
中英文脚本	熊茜、熊莹、温慧琴、钟粤雯、徐梦娇
视频资料搜集	熊莹（改变前）、徐梦娇（改变后）
背景音乐	钟粤雯（音频处理）
视频英语字幕	徐梦娇（修改错误）、钟粤雯（检查）
视频英语配音	温慧琴
剪辑	熊茜（特效处理）、温慧琴（包装处理）

---

① 习近平：《在二十届中央政治局党委同中外记者见面时的讲话》，《人民日报》2022年11月16日，第1版。

有了分工，接下来的任务才能高效完成。下表详细展示了团队视频作品推进流程。

表2　视频作品推进流程

时　间（2023年）	任　务
3月30日	决定参赛，集体讨论
4月6日	组建团队，确定作品名为《南昌罗家集的变迁》
4月9日	经过不断交流，形成创作思路
4月12日	观摩优秀获奖作品，团队分工
4月15日	搜集资料，不断完善中英文脚本
4月18日	制作视频，提交给指导教师
4月20日	指导教师指出错误，不断修改
4月30日	完成修改，得到指导教师肯定
5月4日	再次完善视频

三、创作过程

1. 创作思路

"我们这十年"这个主题很宽泛，经过多次讨论，我们认为通过平常生活来展现十年的变化比较合适，最终决定以熊莹同学的家乡罗家集的十年变化为代表，展现我国十年来城镇化建设的成果。

创意得到了指导教师的认可，我们备受鼓舞，开始构思视频所需的素材。生活中的烟火气最能打动人心，所以我们在创作中加入老房子、老街景等元素。这些生活气息浓厚的画面能让很多人回想起自己的家乡，产生情感上的共鸣。十年的变化不仅体现在每个人的生活中，更体现了时代的变化，罗家集的变化是中国千千万万乡镇城镇化的缩影。

2. 创作实践

团队组建后，我们向指导教师徐艳珍汇报了创作思路，徐老师给予了高度评价并建议广泛搜集罗家集十年前的素材，在视频中对罗家集十年的变化进行直观的对比。4月15日，我们完成了罗家集相关资料的搜集并进行了组内分工，同时集体学习了老师推荐的优秀获奖作品。从4月18日起，我们开始了紧锣密鼓的视频创作，完成视频后交给老师审核。徐艳珍老师指出了视频中还存在很多问题，如中英文脚本语句不通顺、英文的翻译不准确，字幕不规范，罗家集十年前的状况所占时长偏多，背景音乐过于凸显掩盖了人声，等等。

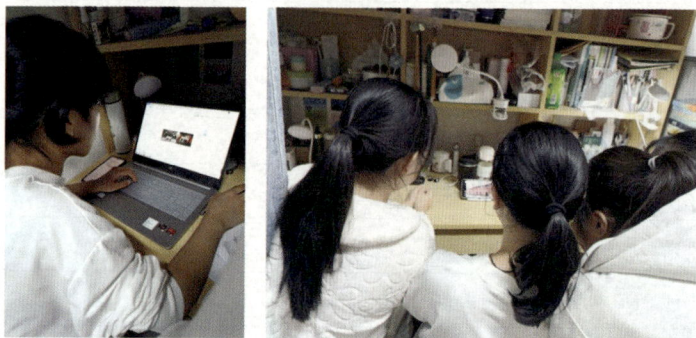

图2　团队成员在课后积极创作

考虑到我们是非英语专业学生，徐艳珍老师给予了我们更加细致和耐心的指导，为我们展示了上届获奖视频，找出获奖视频的优点和亮点，详细分析了我们视频中存在的问题，并指导我们一一改进。

3. 困难与瓶颈

在视频创作的过程中，我们遇到了不少困难。首先在主题的把握方面，如何将罗家集这个小城镇的发展与新时代大发展结合起来，是一个创作的难点。通过多次集体讨论和实地走访罗家集，我们决定从多个角度展现小城镇的发展历程，比如小镇居民的生活变化、小镇企业的转型升级等。其次是视频的制作存在着一些技术问题，例如字幕、转场、特效，还有视频素材的整合如何呈现

图3　学生实地走访

出十年的变化，这也是我们团队创作遇到的挑战。对此，我们先整理好所有的素材，然后根据主题和故事线进行筛选和编排，不断学习相关软件，一步步改进视频剪辑的技巧。此外，对于非英语专业的学生，英文脚本的翻译确实是大难题。我们仔细检查英文脚本是否存在语法错误、表达不准确等问题，在老师的指导下对翻译进行反复的修改，在这个过程中，我们的英文水平也得到很大的提高。

4. 难忘的回忆

对于我们团队来说，此次参赛最难忘的便是我们凭借着自己的毅力不断地去摸索剪辑软件，完成视频剪辑的过程。第一次发给老师的视频存在缺乏逻辑性、主题没有很好呈现等问题，但是我们没有气馁，互相加油打气。在调整好情绪后，我们一起聚集在电脑前，打破原有的认知，重新构思整个视频的思路，列出视频大纲、重新梳理思路、构建逻辑层次、整合视频素材。团队成员有的用手机百度剪辑技巧，有的用平板搜索罗家集的相关资料，有的向好友咨询剪辑技术问题，大家一起从零开始学习，互相探讨，默契配合，不断精进。说实话，这个过程非常地艰难，但是也使我们深刻理解了团队协作的重要性和坚持的意义。

四、创作心得

● 熊茜（团队负责人）

讨论选题的时候，我们团队不约而同地想到了家乡的变化。我们围坐在一起聊起家乡以前是什么样的，现在有什么新变化。大家谈到家乡修建的休闲娱乐广场、小吃街、新学校、新医院等，总之，我们的家乡越来越美丽了。我们选择的罗家集就是中国城镇化的缩影，它的转变展示了人民的幸福感，也展示了新时代的风貌。

图4　熊茜（团队负责人）

作为团队负责人，我有几点体会：首先，团队合作的力量是巨大的。在创作的每个阶段，无论是策划、脚本还是后期制作，每个团队成员都发挥了自己的专长，共同努力，使得整个创作能够顺利进行。我深刻认识到，只有每个人都积极参与、相互支持，才能取得更好的成果。其次，沟通是团队合作的基石。我学会了更加耐心地倾听、积极地反馈，并鼓励团队成员大胆表达自己的想法。最后，我要衷心感谢徐艳珍老师对我们团队的指导。她在团队合作和沟通方面为我们树立了榜样，她耐心指导我们如何更好地协作、更有效地沟通，使得整个团队的工作更加紧密、高效。

● 熊莹（团队成员）

对我们的团队来说，这次参赛不仅仅是一次技术上的挑战，更是一次心灵上的洗礼。我深刻体会到了团队合作的重要性，也深刻感受到了创作的艰辛和乐趣。一个优秀的团队不仅要有各自的专业技能，更要有相互信任、默契配合的精神。在视频制作过程中，团队的每个成员都找到了自己最擅长的领域，从策划、拍摄、剪辑到音效设计，我们共同努力，只为呈现一个真实而又生动的南昌罗家集。在这个过程中，我们

图5　熊莹（团队成员）

遇到了很多困难，但正是这些困难，让我们更加紧密地团结在一起，互相支持和鼓励，收获了成长和友谊，也为我们所热爱的这片土地留下了宝贵的记忆。在未来的日子里，我希望能够继续记录更多的美好瞬间，见证更多的时代变迁。

● 钟粤雯（团队成员）

图6　钟粤雯（团队成员）

回首参赛这段经历，每一个瞬间都充满了挑战与收获。从最初的选题讨论到最后的视频剪辑完成，每一步都凝聚了团队成员的智慧与汗水。选题时的讨论，大家各抒己见，希望能找到一个既有深度又有广度的主题。恰巧团队成员熊莹同学的老家罗家集经历了城镇化进程，我们果断抓住契机，确定以南昌罗家集的十年变迁为内容。在视频制作的过程中，文本的撰写、中英文的翻译、视频的剪辑、音效的选择……都是巨大的挑

战，每一个细节都需要我们反复推敲，但团队成员之间的温暖与支持，让我有了前行的勇气。当我犯错时，她们没有指责，而是耐心地指导我；当我害怕时，她们鼓励我坚持下去。正是这些难关，让我们更加团结，更加虚心学习。当视频得到老师的肯定时，那种喜悦与成就感是前所未有的。短短8分钟的视频，浓缩了南昌罗家集十年的变化发展。我们通过参与制作视频，能更为直观地感受到这种变化。以小见大，从罗家集十年的变化中我感受良多，也坚信

我们的祖国会越来越繁荣昌盛。

● **徐梦娇（团队成员）**

参与这次微视频大赛，让我有了不一样的体验。无论是作品的选题还是团队的合作，每一步都充满了挑战与收获。选题时，我们选择罗家集，是因为在这十年间，罗家集从乡村蜕变为繁华小镇，这种变化让我深感震撼。我们希望通过这个视频，让更多人了解罗家集的发展历程。在制作过程中，我们遇到了许多困难，尤其是英语表达，需要反复推敲，确保准确传达意思。但正是这些困难，让我更加珍惜团队的力量，团队的坚持不懈是支撑我前进的重

图7 徐梦娇（团队成员）

要动力。这次参赛不仅让我收获了宝贵的经验，更让我在英语方面取得了很大进步。最后，我要感谢团队成员的坚持不懈，感谢徐艳珍老师的悉心指导，以及这次竞赛给我们提供的展示平台，让我们有机会将作品呈现给更多的人，让更多的人了解罗家集这十年的变化。

● **温慧琴（团队成员）**

图8 温慧琴（团队成员）

回顾这段视频制作的历程，我仿佛经历了一场精彩的冒险，而这段冒险让我收获了成长与感动。首先，我深刻体会到了创作的艰辛与乐趣。从最初的构思到最终的剪辑完成，每一个环节都充满了挑战。我们时常陷入创作的困境，思考如何更好地呈现一个好的视频。也正是这些挑战，激发了我们不断探索和尝试的勇气。当我们看到最后剪辑的作品时，那种成就感让我们忘记了制作过程中的艰辛。其次，我感受到了团队合作的力量。这让我深刻认识到，一个人的力量是有限的，但当我们团结一心、携手并进时，就能创造出无限的可能。最后，我很感谢这次创作机会，让我在视频的创作过程中潜移默化地学习了英语，提升了英语的表达能力。同时，我也十分期待下次的创作。

● **创作反思**

通过参加比赛，我们受益颇多。首先，我们充分认识到了坚持的意义。第一次上交的作品不理想，使我们自信心受挫。然而，在老师的鼓励下，我们没

有放弃重整旗鼓坚持完成了作品。其次，通过参赛，我们意识到英汉翻译知识的欠缺，今后的英语学习需要更加努力。再次，通过不断修改视频脚本，我们意识到逻辑和细节的重要性。最后，我们从制作罗家集十年变化的视频感受到当地政府及人民群众所作出的努力。十年的时间，一定有不少的挫折和挑战，这种伟大的艰苦奋斗的精神也激励我们勇于克服日常生活和学习中遇到的困难及挑战，我们不仅要用英语讲好罗家集这十年变化的故事，还要用英语讲好更多的中国故事！

五、作品主要人物叙述

奶奶与我在时空中寻觅罗家集的足迹

——熊 莹

在这个瞬息万变的世界里，万事万物都在不断变化。城市在扩张，高楼大厦如雨后春笋般崛起。人们的生活在变化，新的观念、新的科技不断涌现。我们无法阻止时间的车轮，只能在它的轨迹上留下深深的思考。然而，尽管时间如流水般逝去，我们每个人仍然可以留下自己的印记。

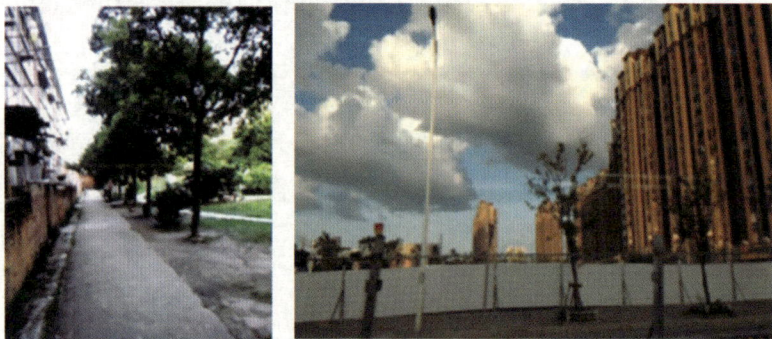

图9 罗家集十年对比图

十年前的一天，奶奶在一望无际的田地里，用镰刀割下一束束金黄的麦穗。休息时，她坐在一块滚烫的石头上，顶着烈日，目光深邃而专注，如同探索者一样，静静地凝视着这个世界的一举一动。她眼中的罗家集是这样的：这是一个充满乡土气息的大村庄。村里所有房屋大都是传统的普通瓦房，小部分是自建楼房。这些房子墙面斑驳陆离，透露着岁月的痕迹。街道狭窄且坑坑洼洼，仿佛被岁月折磨得千疮百孔。路面崎岖不平，颠簸难行，仿佛在挑战每一个过路人的勇气和耐心。车轮碾过，凹陷和凸起不断刺激着人的神经，仿佛是一场无休止的旅程。村里的道路似乎未曾见过光明，灰暗的土石颜色见证着它的历史。村中几乎没有小汽车，到处是摩托车引擎的轰鸣和自行车古老的铃铛声，老人们每到初一、十五便要穿过这样的小道前往寺庙烧香。村内几乎没有娱乐场所，人们辛苦劳作，日复一日，年复一年。

随着城镇化建设的发展，我们生活的罗家集迎来了巨大的发展机遇。罗家集通了地铁，修了高架桥，新建了大型高铁站——南昌东站。同时，奶奶的房子也开始拆迁了，我与奶奶离开了我们的村庄，租住到了江南社区。这距我们居住过的村庄很近，站在窗前，奶奶每天可以看到我们家乡的变化，一户一户的人家慢慢搬走。

年复一年，奶奶的身体逐渐变得衰老，她的面容也发生了变化。她的头发越来越白，皱纹也越来越深，但她的眼神仍然充满了智慧和温柔。她的步伐也变得缓慢，但她仍然每天憧憬能住进新家。她总说："好想住进我们自己的新家，像城里人一样。"可是，由于身体原因，奶奶最终还是没能等到新家的建成。我替她继续寻觅罗家集的盛况。今天，我眼中的罗家集是这副模样：罗家集街道宽阔、干净；中心区车辆川流不息，公交车、小汽车到处可见；高楼大厦林立；文化中心、体育中心一应俱全。现在住在罗家集的人们大都穿着时尚，生活丰富多彩，文化素质也得到了显著提高。那些低矮的平房已经被拔地而起的高楼大厦所取代，我们的拆迁房，每一栋都在28层以上，街道两侧绿树成荫、鸟语花香。罗家集还有各种各样的公园、游乐场、自助图书馆等公共设施，为市民提供了休闲娱乐的好去处。罗家集的广场有一个响亮的名字——罗家集神牛广场，这里有购物中心、电影院和各式各样的小吃店。

2023年10月1日，我们已成功入住新房，大家都十分欣喜，这是整个罗家集的大事，更是南昌的大事！事非经过不知难，成如容易却艰辛。小到家乡，大到国家，一代又一代人的艰辛建设，把最好的留给了我们这一代人，作为新一辈的我们重任在肩，必当发奋图强！

六、指导教师手记

学生是永远的主角

——徐艳珍

熊茜团队是今年报名参赛团队中最让我欣慰的团队，给了我很多惊喜。在上学期中国文化的课堂上，我鼓励同学们参加东华理工大学举办的主题为"我们这十年"的第七届中国文化外语微视频大赛，任教的两个班级自发组成若干比赛小组。由于畏难，个别小组中途放弃了比赛，熊茜团队是最有耐心、最能坚持，也是进步最大的参赛小组。

团队的选题很有意义，熊莹同学是南昌罗家集人，亲身感受到了罗家集城镇化进程中的改变，视频制作有真情实感作为坚实的基石，立意很好。团队和我沟通创作想法时，我很赞同，也对她们的作品满怀期待。第一次和团队观看作品的情景历历在目，我满怀期待地打开，可是短短七八分钟，看得

图10 指导教师徐艳珍

我头昏脑涨，心里直犯愁。这几个孩子一点儿做视频的经验都没有，整个视频脚本缺乏逻辑、语言衔接较混乱、英文翻译的错误不少、视频画面不稳定并且和脚本搭配随意、英文配音不清晰等问题比比皆是。指出视频中的错误后，我鼓励她们继续修改，但是能明显感觉出这几个孩子有挫败感，自信心不足。为了帮助参赛小组树立信心，我立即联系了上届获奖的同学分享参加比赛的经验，为她们答疑解惑。

第二次看到熊茜团队的作品时，我眼前一亮。视频的剪辑水平大大提高，英文脚本更加规范，配乐贴切、配音流畅，进步的速度着实让我惊喜。是什么让她们飞速进步？原来是团队的合作！团队成员重整旗鼓，找到问题的当晚就开始连夜修改视频。她们分工明确，通力合作，不断请教老师和同学，最后一一解决了视频存在的问题，在过程中体会到了克服重重困难后的喜悦。作为老师，最幸福的事情是看到学生们的进步，看到他们的成长，看到他们克服困难后一张张的笑脸。熊茜、熊莹、温慧琴、钟粤雯和徐梦娇五位同学用行动证明了，只要下定决心、付诸行动，没有什么是不可能的。

从教十余载，我一直在思考如何发挥学生的主动性，感受最深的一点就是"授人以鱼不如授人以渔"。无论是日常的教学，还是指导学生参赛，教师应该时刻谨记：学生才是主角，学生的成长才是最大的收获。作为指导教师，我也要向学生们学习，付诸行动，永不言弃！

七、作品点评

　　南昌罗家集位于南昌市青山湖区，是青山湖区罗家镇的镇中心。作品《南昌罗家集的变迁》通过对比罗家集十年前后的变化，生动地表达了城镇化建设对于促进经济发展、社会进步和人民生活改善的重要意义。作品的视角比较新颖，由生于斯长于斯的熊莹同学推荐选题开始，以她曾与奶奶的对话作为主要人物叙事，生动地体现了罗家集镇老一辈和年轻一代的内心世界以及他们对美好生活的向往。罗家集的变迁是中国城镇化发展的一个缩影，让我们清晰地看到人民生活的改善与国家的发展密不可分。作品切入点新，代入感强，同时我们也看到学生在创作过程中的成长、思想变化以及积极对外介绍家乡的良好愿望。

导语

党的十八大以来，习近平总书记多次在地方考察期间走进古城老街，就历史文脉的保护与传承作出重要指示。"要敬畏历史、敬畏文化、敬畏生态，全面保护好历史文化遗产，统筹好旅游发展、特色经营、古城保护，筑牢文物安全底线，守护好前人留给我们的宝贵财富"[1]；"要像爱惜自己的生命一样保护好城市历史文化遗产"[2]……每到一个地方，习近平总书记总是谆谆告诫。"江南宋城"赣州拥有我国当今保存最完好的北宋古城，历史文化底蕴深厚。现代的赣州，赓续历史文脉，传承中华文明，创新运用数智新技术，在历史文化遗产保护中创新发展，在创新发展中保护历史文化遗产，传承中华优秀传统文化，坚定文化自信自强，演绎着新时代"江南宋城"的华美蜕变。

现代赣州
——"江南宋城"的蜕变
Modern Ganzhou
—The Great Transformation of Ganzhou

江西理工大学　学生团队：刘桓麟　宋晨熙　曾伊美　庄　珍　黄张菡
指导教师：谢秋恩

一、作品简介

作品以"江南宋城"赣州的变迁为主线，通过取景拍摄和视频解说，弘扬了中华优秀传统文化之美，坚定文化自信。作品介绍了"江南宋城"赣州的历史文化背景，生动展示了其蜕变过程。通过古旧建筑经过修复后的壮丽景观，

---

[1] 习近平：《向全国各族人民致以美好的新春祝福 祝各族人民幸福安康 祝伟大祖国繁荣富强》，《人民日报》2022年1月28日，第1版。

[2] 习近平：《习近平总书记关心历史文物保护工作纪实》，《人民日报》2015年1月10日，第1版。

向观众展现了赣州蜕变的奇迹。团队成员对"江南宋城"赣州的变化进行了深入细致的讲解，诠释了复原古建筑的意义和价值，展示了中华民族对优秀传统文化的自信和对历史文化遗产的珍视。通过介绍，凸显了"江南宋城"赣州传承中华优秀传统文化和促进文明交流互鉴的重要历史作用。作品不仅展示了"江南宋城"赣州的美丽景观，而且弘扬了中华优秀传统文化，现代赣州向世界展示了自信、自强的文化城市形象，为观众带来了一场盛大的文化大餐和视觉盛宴。

二、创作流程

1. 选题缘由

"我们这十年"主题聚焦在时代变迁中发掘中国文化自信以及继承和传播中华优秀传统文化，我们团队选择"江南宋城"赣州的变迁作为案例。

在选题内容上，"江南宋城"赣州见证了过去十年、百年乃至千年的社会变迁，充分展现了中国文化自信。首先，"江南宋城"赣州致力于诠释中国文化自信并将其体现在自然景观与人文景观中。在建设和修复过程中，严格依照宋代建筑风格进行仿建，力求完美再现古代赣州的辉煌。通过保护和复原宋代建筑的真实面貌，"江南宋城"赣州向世人展示了中国古代建筑的雄伟与壮观，表达了中华民族对自身优秀传统文化的自信。其次，"江南宋城"赣州通过举办多姿多彩的文化活动，积极传承和传播中华优秀传统文化，包括宋代服饰表演、古典音乐演奏、传统手工艺展示等多种形式。通过这些活动，游客们可以亲身体验、感悟中华优秀传统文化的价值和魅力。同时，宋城文化穿越时空，通过以融合智能应用机器学习、深度分析、智能决策的数智技术和社交媒体平台传向全球，让世界了解和欣赏中华优秀传统文化。另外，"江南宋城"赣州还积极开展国际交流与合作，增进国际理解，展示真实、立体、可敬、可爱的中国。通过与国内外文化机构、艺术家和学者合作，"江南宋城"赣州在世界的舞台上展示中华优秀传统文化，推动了中华文化的国际传播。这一过程不仅加强了中华民族对自身文化的认同，也促进了世界对中华优秀传统文化的理解和认同。

在选题形式上，我们选取视频解说的形式，将视听结合起来，同时在原地进行采风和拍摄，让受众身临其境地感受"江南宋城"赣州的历史底蕴和文化魅力，这不仅顺应了时代媒体的需求，还巩固了文化本身历久弥新的精神价值。

总体上，"江南宋城"赣州作为在"我们这十年"这一主题下的作品案例，通过发掘中国文化自信、继承和传播中华优秀传统文化的实践，展现了中国文化在时代变迁中的无限魅力和自我价值。"江南宋城"赣州的变迁过程彰显了中国文化的传承创新和担当作为，为坚定文化自信提供了有力的范例和借鉴。团队期待以新兴的自媒体传播手段全方位展示"江南宋城"赣州的自信、自立、自强精神和中华优秀传统文化的传承与创新。

2. 团队组建

图1　团队实践合影

在作品创作伊始，我们依据团队成员的优势和时间安排进行了细致的任务分工。

表1　团队任务分工

任务分工	负责人员
撰写视频脚本，视频讲解	刘桓麟
搜集"江南宋城"赣州的相关资料，视频讲解	宋晨熙
拍摄视频，视频讲解	黄张菡
视频剪辑，视频讲解	庄珍
视频剪辑，视频讲解	曾伊美

明确团队任务分工之后，我们分步骤制定了细致的视频作品推进流程。

表2　视频作品推进流程

时　间（2023年）	任　务
4月10日	开展团队线下会议，明确视频主题
4月12日	细化视频内容主题，确定视频框架
4月14日	进行大量研究工作，了解赣州古城
4月20日	撰写拍摄录制脚本，勘察拍摄地点
4月25日	开始解说拍摄工作，预留备份素材
4月28日	进行后期视频剪辑，处理细节错误
5月1日	指导教师审核修改，准备上传成品

在确定主题的过程中，我们商讨了各种富含优秀中国文化的意象，最终选定了我们完成本科学业的地方——赣州。作为在赣州生活过的学生，我们相信可以通过对这个历史意蕴浓厚的古城的解说和叙述体现优秀的中国传统文化和强大的文化自信。

经过调研与讨论，我们立足当地，精心挑选了赣州江南宋城历史文化旅游区、赣州福寿沟博物馆、赣州古浮桥等地标性建筑和景点作为视频拍摄的重点，结合这些地点的历史文化特色展现中华优秀传统文化。

在视频制作阶段，我们撰写视频的中英文解说稿，包括赣州的背景、相关故事和重要信息，搜集相关图片和视频素材，制作配图，以便与解说内容配合展示；随后对制作完成的视频进行审核，调整和修改内容，以确保准确性和流畅性。

我们合理运用不同的镜头技巧和拍摄角度，突出赣州江南宋城的美景和细节，使观众能够身临其境地感受到城市的美丽。最终，将拍摄的素材进行剪辑和后期制作，添加合适的背景音乐、字幕和过渡效果，以增强观赏性。

三、创作过程

1. 主题策划与定位

团队从初期以讲好中国故事为目标，将中国传统文化与历史融入视频内容中，使观众可以通过我们的视频更加了解和热爱祖国。在前期的准备工作中，我们首先确定了创作目标和主题，明确想要展示的内容，即"江南宋城"赣州的蜕变过程和中华传统文化之美。

2. 视频内容板块确定

从构思角度来看，本作品的创作思路坚持分析问题的"3W"原则，即以"What，Why，How"为分析框架。

3. 实地调研与考察

我们研究了赣州江南宋城历史文化旅游区的历史和文化背景，参观了福寿沟博物馆、五大城门、客家大院以及郁孤台等极具宋代风情的建筑，搜集了相关的历史资料和文化资料，以便在解说中提供准确的背景知识，继而编写了详细的解说剧本。根据拍摄计划和资料准备，编写详细的解说剧本，包括介绍赣州江南宋城的历史背景、重要性以及对古建筑复原的意义和价值等内容。

4. 视频拍摄与剪辑

团队花费大量时间精心拍摄和剪辑，在景点拍摄过程中注重细节和构图，同时运用创新的剪辑手法以及丰富的视频素材，使视频更富有观赏性和吸引力，如在介绍福寿沟博物馆时插入与历史文化背景相关的视频素材等，增强观众对中国文化的认同感。

5. 作品反思与复盘

在完成视频的制作和润色之后，团队开始从头反思遇到的各种困难和不足之处，主要集中在以下三个方面：（1）术语甄别和翻译难度大；（2）团队协作配合需要调和；（3）资源受限。通过这次的视频作品制作，我们不仅仅学到了如何去面对和解决这些问题和困难，还凝聚了团队的力量，增强了自己的实践能力和协作能力。

四、创作心得

● **刘桓麟（团队负责人）**

作为这个项目的负责人，我对创作视频作品《现代赣州——"江南宋城"的蜕变》有以下几点心得：

首先，我们着重展示了"江南宋城"赣州的历史文化背景，通过生动的叙述和描画，向观众传达了这座古老城市在中国传统文化中的独特地位；通过制作视频来解说赣州古城的变化是一项富有教育意义和文化传承性的工作。在创作过程中，我需要深入研究古城的历史，了解其变迁、建筑风格和文化传统，这样才能准确地呈现给观众，让他们更好地了解古城的魅力和价值。

除了研究，视频制作者还需要具备优秀的拍摄和剪辑技能。通过精心选取画面和配乐，让观众沉浸在古城的氛围中，感受到历史的厚重和变化的魅力。同时，我还需要使讲述过程清晰、生动和有趣，吸引观众的注意力并传达信息。

图2　刘桓麟（团队负责人）

在视频创作过程中，不断学习和提升自己的技能是非常重要的。随着科技的发展，新的拍摄和剪辑工具不断涌现，我深刻地意识到视频创作要不断尝试新的技术和创意，这样才能为观众呈现更加精彩的作品。

通过对古城进行介绍，我们强调了"江南宋城"赣州传承中华优秀传统文化和促进文明交流互鉴的重要历史作用。我们希望观众能够认识到这座城市在传统文化传承方面的努力，并感受到这种传承对于城市形象和文化底蕴的重要性。

这个项目的创作过程充满了团队的努力和创意，希望观众能通过观看这部作品，领略到"江南宋城"赣州的美丽与传统文化的魅力。

● **宋晨熙（团队成员）**

图3　宋晨熙（团队成员）

此次的拍摄地点为赣州宋城历史文化旅游区与福寿沟博物馆，这两个地点都具有重大的历史意义。宋城历史文化旅游区作为一座古城，见证了朝代的更迭与赣州的发展，站在古城墙上，抚摸城墙砖瓦，时间的流逝变得具象化。福寿沟是中国古代先民智慧的结晶，至今沿用千年，为赣州城市建设作出了重大贡献。通过一天的拍摄，我对宋城历史文化旅游区和福寿沟博物馆的历史有了更深的了解。在整个拍摄过程中，从内容选定、计划安排到后期剪辑，我们团队始终团结一心致力于提高视频质量，宣传赣州优秀传统文化，不知不觉中，我们的默契度不断提高，团队凝聚力也渐渐增强。

● **曾伊美（团队成员）**

在此次视频创作过程中，团队前往宋城历史文化旅游区以及福寿沟博物馆采景。深入实地，直观地感受到了诗句里所描写的场景，感受到了宋朝的文化气息。这些恢宏场景提供了丰富的素材，促成了视频的顺利拍摄。从拍摄前的准备到拍摄时的分工合作，最后到视频的圆满完成，可以明显感受到团队的凝聚力越来越强，效率也越来越高。总的说来，这是一次很不错的体验，不仅成为我大学生活有趣而深刻的经历，还为我以后实践活动的开展提供了借鉴。

图4　曾伊美（团队成员）

● **庄珍（团队成员）**

图5　庄珍（团队成员）

此次视频制作过程，对我来说受益匪浅，我慢慢学会了勇敢、自信以及信任。我的性格内敛、不善表达自己，因此出镜一直是我的弱项。但是在整个制作过程中，队友们给予我鼓励，给我时间让我慢慢适应，让我深刻体会到团队的力量并学会相信自己，也让我知道团队成员之间只有相互信任、相互鼓励、相互扶持，才能走得更远。与此同时，视频剪辑方面的工作也让我得到了充分的锻炼，让我明白还有许多地方需要提高。在以后的学习生活中，我会注意从多方面提高自己。

● **黄张菡（团队成员）**

作为团队的一员，我在视频制作过程中收获了许多宝贵的经验。我认为，准备工作至关重要。在开始拍摄之前，我们详细研究了江南宋城的历史与文化背景。这种准备让我在拍摄过程中更加了解需要呈现的元素和故事线索。

实地取景使我们的视频更加真实、生动。我有幸能参观宋城历史文化旅游区，目睹了它的美丽景色和独特魅力。这让我们在录制现场感到兴奋，也使我能更好地捕捉到景区的精髓和传统文

图6　黄张菡（团队成员）

化氛围。

在拍摄过程中，我意识到细节是至关重要的。我努力找出让观众联想到江南宋城历史的素材，如古老建筑等。相信这些点睛之笔能够让观众更好地体验到江南宋城的魅力。

● 创作反思

本作品以赣州古宋城的变化为背景，通过团队成员在当地取景和详细解说，成功展现了中华优秀传统文化之美和中国文化自信。

在团队协作中，团队大于个人。一个团队的力量也远大于一个人的力量。团队不仅强调个人的工作成果，更强调团队的整体业绩。团队所依赖的不仅是集体讨论和决策，同时也强调成员的共同贡献。从创作决策再到执行，我们深深感知到了团队精神的力量。对本次主题的创作而言，展示古城的历史背景和重要性显得尤为重要，我们通过展示赣州古城的历史背景和重要性，成功激发了观众的兴趣。这部分视频可以用来展示赣州的丰富历史文化底蕴，以吸引观众的眼球。这也是视频成功的根本。此外，在创作过程中，我们还领略到了强调传统文化传承和交流的重要性，通过对古城进行介绍，我们强调了"江南宋城"赣州是传统文化传承和交流的重要场所。这一文化点在潜移默化中影响着人们的认知，不仅仅是在日常生活中，在视频拍摄过程中也是如此。最后，作品可以很好地凸显现代赣州，并以此为例折射出中国文化自信城市的形象，通过展示现代化和繁荣的城市风貌，结合与传统文化相融合的元素，给观众留下了深刻印象。

五、作品主要人物叙述

在本视频作品中，我们以赣州的"江南宋城"这一形象为主体，主要探索和研究了包括福寿沟博物馆、郁孤台、客家大院、五大城门在内的诸多标志性建筑。

我们拜访的古城第一站是坐落于江南宋城历史文化旅游区的福寿沟博物馆。福寿沟是我国古代基础的城市下水道工程，也是世界上最早的城市

图7 团队成员参观福寿沟博物馆

下水道。福寿沟博物馆是中国的地下排水系统博物馆。作为地下排水系统的专门展馆，其以多媒体等技术手段系统、真实、有趣地展示了福寿沟的修建背景、结构组成、建造工艺、科学原理。同时，利用一段已发掘的福寿沟遗址，实现与游客零距离接触，为游客呈现一座历千年而不朽的伟大工程。团队成员了解到了福寿沟的历史沿革、建筑特点、文物价值等，深刻意识到了这一水利工程对于充满生机与活力的赣州古城的重要性。

同样身处江南宋城历史文化旅游区的郁孤台，让我们领略到了独属文人雅士的才高八斗，李渤、苏轼、辛弃疾、岳飞、文天祥、王守仁、郭沫若等历代名人都曾在这里留下过诗词，其中著名的诗词有《过虔州登郁孤台》《菩萨蛮·书江西造口壁》等。如今，郁孤台已经成为省级重点风景名胜区，在文墨和书香味十足的建筑中，郁孤台提供了一个留住宋韵和赣南客家风情的特色文化窗口。

图8　在阳光下矗立的郁孤台

关于古城的五大城门——西津门、镇南门、百胜门、建春门和涌金门，由于它们的地理位置相距较远，而且修缮和损坏程度也参差不齐，我们选择性地调研了西津门和涌金门这两扇修缮得较为良好的城门。我们选定西津门为视频讲解地场地之一，章江流经赣州城西，而西津门

图9　团队成员进行视频讲解和拍摄

濒临章江，城门外是渡江津口，故名西津门。西津门建有瓮城，城门有两重，1932年红军在赣州作战时，西津门是攻城的主战场，在1933年的重建时，改建为带有欧式建筑风格的三门洞碉堡式城楼。这也是我们选择西津门作为视频讲解背景场地的原因之一，它承载了巨大的历史人文价值。

除了我们自身对赣州古城这些与现代赣州不同的，极具历史气息的建筑的拍摄之外，我们也获取了在赣州土生土长的媒体工作者黄凯对于赣州古今交错和变化的看法。

赣州：变迁中的故土情怀

——黄　凯

　　赣江之畔，有一座古老而又年轻的城市，那便是赣州。这片土地，见证了千年的沧桑与变迁，也承载了无数赣州儿女的故土情怀。如今，站在新时代的起点上，赣州正焕发出勃勃生机，以崭新的姿态展现在世人面前。

图10　赣州籍学生黄凯

　　遥想昔日，赣州是南方的重要交通枢纽，商贾云集，繁华一时。那时，赣江之畔，帆樯林立，舟楫往来，繁忙的景象令人瞩目。记得小时候，古城的街巷，青石板路，古色古香，赣州给我留下的印象是古老而宁静的。那时，我经常会和家人在赣江边散步，看着江水缓缓流淌，听着远处传来的船笛声，仿佛时间都在这里静止了。那时的赣州，虽然缺乏现代化的设施，却有着独特的韵味和魅力。

　　时代的车轮滚滚向前，赣州迎来了发展的新机遇。改革开放的春风，吹拂着这片古老的土地，唤醒了沉睡已久的生机。如今的赣州，已经旧貌换新颜，展现出一幅美丽的画卷。高楼大厦拔地而起，这些建筑，犹如时代的印记，见证着赣州的发展与变迁。漫步在赣州的大街小巷，你会发现，街道变得更加宽敞整洁，城市的交通也更加便利。这座城市已经焕发出新的生机，散发出迷人的魅力。除了城市面貌的变化，我还感受到了赣州人民生活的巨大改善。现在的赣州人民享受着更加优质的教育、医疗和公共服务，他们的生活水平和幸福感也在不断提高。在赣州的大街小巷，可以看到人们笑容满面，充满着对未来的希望和憧憬。赣州的文化也在不断地传承与创新。

图11　现代赣州一瞥

171 ■

赣州的文化底蕴深厚，有着丰富的历史文化遗产。如今，这些文化遗产得到了更好的保护和传承，成为赣州独特的文化符号。同时，赣州还积极挖掘和培育新的文化元素，让传统文化与现代文明交相辉映，为这座城市注入了新的活力。

在赣州的发展中，还有许多感人至深的故事。比如那些坚守故土的赣州人，他们用自己的双手，辛勤耕耘，为赣州的发展贡献着自己的力量。他们的故事，是赣州发展的生动写照，也是赣州人民坚韧不拔、奋发向前的精神象征。

故乡对游子来说总是那么津津乐道，每个人对故土的理解也不尽相同，就像现在的我将我对故乡的情怀写成诗文一样，我爱赣州这片土地爱得深沉。赣州，我土生土长在这座城市，每当我提起她，心中总会涌现出一种难以言表的情感。她是我的故乡，是我成长的摇篮，也是我青春的记忆。作为一名赣州人，我时刻关注着家乡的发展，见证着她的变迁。在变迁中的故土情怀中，我们看到了赣州的发展与变化。这座古老而又年轻的城市，正以其独特的魅力和无限的活力，向世界展示着一个美丽、繁荣、充满希望的新赣州。

站在新时代的起点上，赣州的未来更加美好。这座城市，正以其独特的魅力和无限的潜力，吸引着越来越多的目光。未来的赣州，将继续坚持改革开放，不断推动经济社会的全面发展。在科技创新、绿色发展、文化传承等方面，赣州将迈出更加坚定的步伐，为实现中华民族伟大复兴的中国梦贡献自己的力量。让我们共同期待，未来的赣州将在新的征程中创造更加辉煌的成就，成为中华民族伟大复兴道路上的一道亮丽风景线。

最后，我想说的是，无论我走到哪里，赣州永远是我的故乡，是我心中最温暖的家。我会时刻关注着家乡的发展，为赣州的美好未来贡献自己的力量。同时，我也希望更多的人能够了解和关注赣州，让这座美丽的城市在更多人的心中留下深刻的印记。

六、指导教师手记

让敬畏之光烛照文化传承

——谢秋恩

在团队创作伊始，我与团队成员一起商榷了选题。作为红土地上的一名大学教师，深感中华优秀传统文化的继承和传播是我们教育工作者的使命，因此当学生们选择"江南宋城"赣州为案例作品时，我表示认同。江南宋城作为中

国传统文化的重要遗产，具有丰富的
历史积淀和文化内涵，通过视频的形
式将其蜕变过程展示给观众，有助于
激发广大民众对中华优秀传统文化的
兴趣，使中国文化得以代代相传。

在创作过程中，我致力于发掘学
生的潜力，关注学生的变化与成长。
我鼓励团队成员主动参与，积极组织
讨论，激发创意，引导他们展现自己

图12　指导教师谢秋恩

的潜能和才华。学生们逐渐发现了自己在创作中的独特贡献，从取景到解说，
每个人都展现了出色的能力。他们在观察、理解和表达方面取得了很大的进
步，不仅学会了微视频拍摄、剪辑和制作技巧，而且对赣州的历史文化有了更
深入的了解。这种成长和进步与他们对中国传统文化的热爱和自信相互促进，
相得益彰，使得他们的创作更加出色。

《现代赣州——"江南宋城"的蜕变》充分诠释了文化传承与创新的重要
性。在快速发展的现代社会中，对待我们的文化遗产，每一个人都应该怀揣一
颗敬畏之心，确保它们能够在时光的长河中熠熠生辉。

首先，我们要敬畏悠久厚重的历史文化。文化是一个民族、一个国家的灵
魂，它承载着过去，连接着现在，展望着未来。我们中华民族有着五千年的文
明史，这是一份无比宝贵的精神财富。从古代的诗词歌赋、书画艺术，到近代
的革命精神、民族气节，这些文化遗产都是我们民族的根与魂。我们应该怀着
敬畏之心，去学习和传承这些宝贵的历史遗产，让它们在我们手中焕发出新的
生机与活力。

其次，我们要敬畏文化的多样性。在全球化的大背景下，文化的交流与融
合已经成为不可逆转的趋势。各种文化在碰撞中相互学习、相互借鉴，形成了
丰富多彩的文化景观。我们应该尊重每一种文化的独特性，以敬畏之心去欣赏
和学习其他民族的文化，促进文化多样性的繁荣与发展。同时，我们也要以开
放包容的心态，向世界展示中华文化的独特魅力，推动中华文化走向世界。

再次，我们要敬畏文化传承的责任。作为新时代的青年，我们是文化传承
与创新的主力军。我们应该深刻认识到自己肩负的责任和使命，以敬畏之心对
待文化传承这项工作。我们要努力学习传统文化知识，掌握现代科技手段，推
动传统文化的现代化转型。同时，我们也要积极创新，为传统文化的传承注入

新的时代内涵，让传统文化在新的时代背景下焕发出新的活力。

最后，我们要敬畏文化的未来发展。文化的传承不是简单的复制和继承，更重要的是创新和发展。我们要以敬畏之心对待文化的未来发展，不断探索新的文化传承方式和途径。要关注时代的变化和社会的需求，推动传统文化与现代社会的深度融合，为文化的未来发展注入新的动力。同时，关注文化的可持续发展，保护好我们的文化遗产，让它们能够传承下去，为我们的后代留下宝贵的精神财富。

作为人师，这次指导经历让我产生了深切的感悟与体会。我意识到学生们的想象力和创造力是无限的，只要给予科学的指导和引导，他们能够快速成长。我看到了学生们对传统文化的热爱，为中华优秀传统文化感到自豪。这让我更加坚定了将中华优秀传统文化融入教育的信念，希望通过这样的创作训练，让更多的学生理解、尊重和传承中华优秀传统文化。这次指导经历也让我深刻认识到教育的力量。通过参赛作品，我们不仅向观众传递了信息和知识，更重要的是唤起他们对中华优秀传统文化的深刻思考和关切。视频作品的创作充分发掘了学生们潜力，见证了他们的变化与成长。通过对江南宋城的生动展示和详细解说，我们传递了中华优秀传统文化之美和中国文化自信。作品凸显了现代赣州作为一个承载着中国文化自信的城市形象，并为观众带来了关于中华优秀传统文化的视觉盛宴。

让敬畏之光烛照文化传承，不仅是我们对历史的尊重，更是我们对未来的担当。让我们携手共进，以敬畏之心对待文化传承与创新，为中华文化的繁荣与发展贡献自己的力量。我相信，在我们的共同努力下，中华文化一定能够在新的时代背景下焕发出更加绚丽的光彩。

七、作品点评

赣州有着丰富的历史文化底蕴，同学们通过取景拍摄和视频解说的形式，生动地展示了这座"江南宋城"的蜕变过程，让观众仿佛身临其境般地感受到了这座城市的历史变迁。古旧建筑修复后的壮丽景观，更是凸显了中华民族对优秀传统文化的珍视和传承。同学们通过细致讲解，很好地诠释了复原古建筑的意义和价值，使读者更容易感受作品所传达的文化自信。

导 语

　　农业是国民经济的基础，农村是承载中华民族乡愁的精神家园，农民是我国人口数量最多的群体。党的十八大以来，以习近平同志为核心的党中央高度重视"三农"工作，把脱贫攻坚作为全面建成小康社会的标志性工程，组织推进人类历史上规模空前、力度最大、惠及人口最多的脱贫攻坚战，启动实施乡村振兴战略，推动农业农村取得历史性成就、发生历史性变革。习近平总书记强调："加快建设农业强国，扎实推动乡村产业、人才、文化、生态、组织振兴。"①一个乡村孩子生于农村、长于农村、扎根农村的所见所闻、所思所想、所行所做，展现了我国进行脱贫攻坚伟大斗争，扎实推进乡村振兴，持续推动实现农村更富裕、生活更幸福、乡村更美丽的伟大实践；一个乡村孩子走出大山笃志好学、重返大山教书育人，见证着新时代新征程上建设农业强国的新实践、实现农业农村现代化的新曙光。

曙　光

Hope

南昌航空大学　学生团队：李思雨　丁巧玲　郑瑶红　黄雨果　蒋宇星
指导教师：陈　媛　胡　妮

一、作品简介

　　作品以乡村振兴为背景，通过第一视角讲述"我"——一个乡村孩子在农村成长、在学校成才、学成归乡、扎根农村、教书育人的故事，以此展示中国实施乡村振兴战略这十年来乡村基础设施不断完善、教育水平不断推进、人民福祉不断增加等重大成果。作品通过"我"的所见所闻、所思所想、所行所做，直观展现了十年来中国乡村的巨大变革。十年来，新时代青年在广袤的乡

---

　　① 习近平：《高举中国特色社会主义伟大旗帜　为全面建设社会主义现代化国家而团结奋斗》，《人民日报》2022年10月26日，第1版。

村热土上，书写奋斗故事，定格青春身影，以此诠释着新时代青年的使命与担当。作品集中体现了乡村振兴战略对推进乡村经济快速发展，提升广大农民综合素质，顺利实现农村现代化的重要意义，展现出人民的获得感与幸福感、民族自豪感和自信心的极大提升。

二、创作过程

1. 选题缘由

作品的亮点主要体现在两个方面：一是叙述视角。与大多数以客观视角叙述的视频作品不同，我们选择了第一人称视角，通过讲述"我"这个乡村孩子的成长故事，展现出乡村十年变迁之路，体现出中国在过去十年中取得的伟大成就。二是立意层面，乡村振兴为中国农村带来了翻天覆地的变化，包括交通建设、基础设施、乡风文明、乡村环境等，作品的重点聚焦在"教育"变革。视频讲述了"我"在乡村振兴中接受教育、走出大山、去往更大的世界的过程，"我"在乡村振兴中学习知识、丰富技能、开阔视野、实现了儿时的梦想。在党和国家的号召下，"我"怀着感恩之心，重回故土，成为家乡的一名支教老师，在三尺讲台上，为党育人、为国育才。

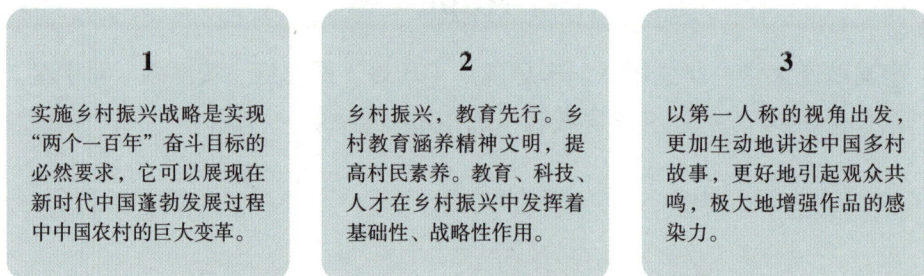

1	2	3
实施乡村振兴战略是实现"两个一百年"奋斗目标的必然要求，它可以展现在新时代中国蓬勃发展过程中中国农村的巨大变革。	乡村振兴，教育先行。乡村教育涵养精神文明，提高村民素养。教育、科技、人才在乡村振兴中发挥着基础性、战略性作用。	以第一人称的视角出发，更加生动地讲述中国乡村故事，更好地引起观众共鸣，极大地增强作品的感染力。

图1　作品选题依据

中国这十年来的变化是巨大的，但是党的初心与使命从未改变，中国青年的毅力与责任从未改变。乡村振兴战略是中国政府提出的一项重大战略，旨在通过推动"三农"现代化，实现城乡协调发展，提高农村居民的生活水平和幸福感。更为重要的是，乡村振兴与教育强国密不可分、相辅相成。教育的目的不仅仅在于传授知识、提升本领，更在于启迪心灵，赓续薪火。"我"代表的不仅是无数个大山孩子，还有千千万万个有理想、敢担当、能吃苦、肯奋斗的中国青年，他们接过历史的接力棒，将青春之花绽放在祖国最需要的地方，铭记初心，勇担使命，用热爱与汗水将中华民族自古以来的奉献精神、服务精神、奋斗精神永续传承。

作为新时代青年，我们希望通过自己的声音讲好中国故事、乡村故事、江西故事，用行动践行好中国精神，用我们的力量发展好中国建设。所以，我们选择从乡村振兴入手，希望更多人能关注和支持新农村建设，关注和支持一代又一代新农人的伟大付出，共同为乡村振兴发展贡献力量。

2. 团队组建

为了完成视频作品，我们了解了每个成员的特长：黄雨果和蒋宇星同学喜欢阅读中国古典书籍，曾在多种征文比赛中获得佳绩，有较强的语言文字功底；李思雨和丁巧玲同学喜欢阅读外刊、新闻、原著等，在英语语法运用方面较为精确、娴熟；李思雨同学曾多次主持活动，进行播音广播，语音语调动听；郑瑶红同学热爱视频剪辑，审美力较高，能够熟练运用视频剪辑软件；蒋宇星同学对乡村极为熟悉，拥有许多乡村的图片、视频，可以为视频提供优质素材。

依据以上特长，对团队任务进行了分工。

表1　团队任务分工

分工任务	负责人员
中文文稿	黄雨果、蒋宇星
英文翻译	李思雨、丁巧玲
配音	李思雨
剪辑	郑瑶红
摄影	蒋宇星

在确定了团队任务分工后，我们制定了细致的视频作品推进流程。

表2　视频作品推进流程

时　间（2023年）	任　务
1月15日	团队线下开会，明确任务分工
1月17日	视频初步构思

表2（续）

时　间（2023年）	任　务
2月1日	团队成员提供视频构思方案
2月7日	整合构思，形成最终方案
2月8日	安排视频拍摄步骤与时间
2月10日	搜集乡村振兴相关文件素材
3月15日	形成最初拍摄脚本"曙光"
3月17日	根据指导教师反馈修改版脚本
3月20日	根据脚本形成拍摄清单，准备调查问卷，实时做好访谈记录
3月24日	外出实践：参观江西省宜春市，了解农村发展，根据脚本采访当地居民，进行视频素材采集工作
3月27日	进一步挑选素材，处理视频、图片及双语文稿
3月31日	根据指导教师反馈意见，进行二次修改
4月1日	根据意见补充素材，进行完善
4月5日	结合素材修改，形成最终脚本，精进视频剪辑、配音、背景音乐选择及字幕
5月1日	团队研讨，形成最终版双语字幕
5月3日	视频整合，呈现最终视频成果

三、创作过程

1. 创作思路

为了更好地呈现作品的创作思路，我们设计了思维导图来展示创作内容设计思路，具体包括：选题原因、乡村振兴战略的具体表现、乡村振兴战略展现的文化自信、创作遇到的困难等。

我们还搜集了国家发布的乡村振兴有关文件，以增加视频内容的有效性，并确定作品创作的指导思想，思考如何让视频内容贴合实际，让拍摄视角与众不同，让作品表现形式新颖别致。

图2　创作内容设计思路

最后，我们突出强调乡村振兴的局部探索和主要成就，以小见大，由少到多，从微观到宏观，多层次、宽领域地展示乡村振兴的重要成果，以此体现乡村振兴战略的重大意义。以小见大是以"我"的视角讲述故事，体现全国各地区的青年将实施乡村振兴战略的成果巧妙运用到实践中去，体现"我"作为新时代青年的一员反哺家乡、建设家乡、振兴家乡的责任担当；由少到多就是"以点代面"，以一个乡村的蜕变体现全中国众多乡村的蜕变，以"我"的个人成长发展来展示全中国千万个"我"的成长变化；从微观到宏观是通过讲述向阳村实施乡村振兴战略的发展历程（例如，建设"四好农村路"，保证"公路村村通"、打造"美丽乡村"），反映全国各地抓好乡村振兴，实现人民幸福的坚定决心，体现了中国人民为共同绘就新时代乡村的新图景而不懈努力。

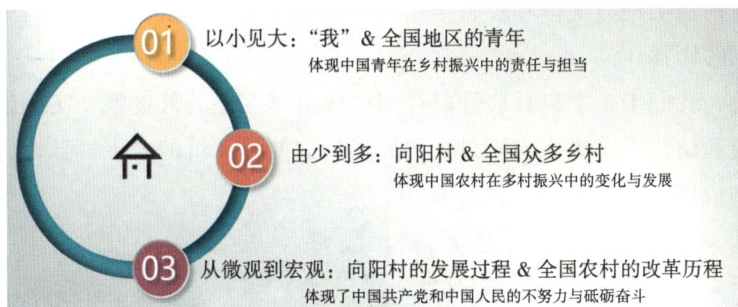

图3　作品的突出特色

2. 创作实践

在前期准备比赛的过程中，团队每个成员都编写了自己对"我们这十年"的主题解读。

2023年1月15日，针对该视频的主题，团队召开了第一次线下会议，团队负责人李思雨同学介绍了赛事流程及安排，详细讲述了对应主题的选择范围，与大家分享指导教师建议的解读思路、选择方向、内容大纲和所需达成的目标，并进行了初步的任务分工。

2月7日，团队成员通过自我思索、组内商讨后，以文件形式给李思雨同学发送每个人的主题构思和内容安排，最终由团队成员共同研讨，指导教师陈媛结合选题筛选整合，形成视频的初步构思。

3月15日，团队成员再次会面，整合选题和调研资料，从"日暖蓝田""蹚路垦荒景""十载东风新山河"等构思的选题中选择以"曙光"作为视频比赛的选题。同时，我们也讨论了视频的拍摄方案，整理出所需拍摄的素材。随后，李思雨同学在工作群里给每位成员分配了每个时间段微视频大赛汇报进度的任务，并由团队成员共同检查修正，再由陈媛老师进行指导和修改。

截至3月27日，团队决定由黄雨果、蒋宇星同学撰写中文初稿，李思雨、丁巧玲同学撰写英文初稿，两个小组经过商讨，顺利将文稿整合在一起，后交由指导教师陈媛、胡妮进行第一轮修订。老师们细心地指出文稿的不足之处并列举大纲，为我们提供了宝贵的指导意见。

在拟好了题为"曙光"的剧本后，团队决定将视频分为三个部分进行理念阐述。我们将农村的蓬勃发展比喻成太阳冉冉升起的过程，将青年的行动比作太阳展露光芒的时刻，将中国的伟大成就想象成太阳照耀大地的辉煌，使得视频更为生动，立意更深，这个想法也得到了组内成员的一致认可。我们清楚地知道，只在网上搜寻文件和资料是远远不够的，实地考察才能让我们更加了解乡村振兴的历程。

为此，我们于3月24日启程前往团队成员蒋宇星的外婆家，实地走进农村进行拍摄和访谈。一进入向阳村，我们感到的便是深沉的乡土气息、美丽的田野环境和浓厚的建党精神，这让我们不由得感慨农村发展变化之大、之快。后来，我们采访了蒋宇星的外公，并拜访了村党支部副书记，开展拍摄工作。经过一番交谈之后，村党支部副书记带我们参观了向阳村的基础设施建设、教育建设基地和村民文化中心，我们记录下

图4　走进向阳村

了许多有关乡村振兴的工作的信息。

图5 参观党建室和文化公园

3月27日，素材准备完毕后，我们便开始了视频二次修改创作工作，并于5月1日交由指导老师进行审阅调整，最终在5月3日完成定稿，上交参赛作品。整个视频创作过程虽然十分艰难，但在负责人李思雨同学的统筹规划下，每位成员坚持不懈，从不言弃。凭借着强大的团队凝聚力和号召力，我们最终克服重重艰难险阻，按时按质按量、出色地完成了微视频的创作。

3. 困难与瓶颈

在视频作品的创作过程中，团队也遇到了不少困难和挫折。首先，由于我们知识储备有限和自身经验匮乏，对于乡村振兴的了解并不是十分透彻。为此，我们查找了过去十年乡村的实况资料来初步构造作品框架，但在我们推进的过程中，却发现我们的用词不够精确、句子翻译不够通畅，甚至在后期的作品拍摄和剪辑时都存在问题。为了解决这些问题，我们查找了乡村振兴的有关资料，仔细阅读，寻找解决办法，更新作品内容。

其次，为更加深入地了解新时代乡村的村容村貌，使视频内容更加真实丰富，我们决定前往江西省宜春市的一个小山村——向阳村展开走访调研。我们在周末坐高铁从江西省南昌市出发前往江西省宜春市，这一段路程花的时间虽然不多，但前往向阳村的这段旅程却让我们倍感吃力。

由于向阳村比较偏僻，只能由蒋宇星同学的舅舅开车带领我们前往。伴随着汽车发动的声音，眼前的路逐渐由宽阔的柏油马路变成了狭窄曲折的山路，汽车被小路颠簸得摇摇晃晃，让我们有些许不适，但当我们回过神来，呈现在我们面前的是一幅幅生机勃勃、充满希望的麦田，我们在旅途中的疲惫和辛劳也被一扫而空了。

在与当地村民交流的过程中，我们发现多数村民说的是本地方言，很少有人说普通话，这给沟通增添了许多无形的障碍。我们只好求助蒋宇星同学的舅舅，协助我们完成调研任务。虽然沟通的过程并不是十分流畅，但是村民们知道我们特地来此调研的目的后，都十分热情，带领我们参观了村子里的党建宣传栏、村民文化中心及向阳希望小学。

最后，专业拍摄设备的缺乏、拍摄知识的不足也成了素材积累上的拦路虎。我们没有专业技术人员进行拍摄，也没有精通剪辑的同学制作视频。为克服这些困难，团队成员在网络上找寻剪辑教学视频，向专业人士学习拍摄手法，力求完成精美的视频画面。

4.难忘的回忆

在视频创作的过程中，我们团队拥有着许多难忘的回忆，其中之一就是我们选定以十年间乡村的变化为主题的过程。蒋宇星同学与大家分享了自己在向阳村成长的故事，那时交通闭塞，道路泥泞不堪，房屋破旧斑驳，连学校和医院也得去几公里之外的县城才能找到，所以，这个小山村便成了她儿时最不愿意待的地方。可是乡村振兴战略开始实施之后，向阳村的经济、文化、环境等方面都得到了极大的改善，她与我们分享了许多向阳村的图片，我们看到一排排文化宣传栏整齐陈列、一栋栋白墙洋房整洁分布在村庄中，这个落后的小山村已然变成了一个美丽的乡村建设示范村。

最令我们印象深刻的当数前往向阳村的实地调研。当我们商议如何拍摄素材时，蒋宇星同学盛情邀请团队成员去向阳村，切实体会一下乡村生活。那时，我们不约而同想到的便是破旧的房屋、泥泞的山路

图6　向阳小学

和落后的教育。可是，真正踏上那片土地的时候，我们才发现向阳村的面貌已与我们脑海中的破旧小山村大不相同。残破的小平房变成了整齐排列的楼房；泥泞的小路铺上了一层层水泥和沥青；荒地上也盖起了一所承载着希望的小学——向阳小学。

　　我们在平整的道路上走着，看到的是人们脸上洋溢着的幸福笑容，听到的是人们谈论着如何进一步发展乡村的建议。看见村民们在这里生活得幸福与满足，我们心中也涌入一股暖流。正当我们准备离开时，琅琅书声和欢声笑语让我们停住了脚步，原来是一位青年志愿支教大学生在给乡村的孩子们上课。村中的一位奶奶向我们讲述了一群支教大学生不辞辛劳来到这里为孩子们授课的故事，我们深深地为这些无私奉献、心怀大爱的支教大学生所感动，这也给了我们更多的灵感与启发。

　　对于团队来说，在视频制作的过程中，最难忘的回忆便是剪辑。2023年4月17日下午，在确定好我们所需要的视频文件、资料、大纲、文稿后，团队成员一同开启了第一轮剪辑。起初，当看到以前农村落后的景象时，每一个人的心都被牵动着。后来，画面逐渐变得富有生机，看到乡村振兴战略在一个个乡村中得以实施，我们在感慨乡村巨大变化的同时，也为党的英明决策连连称赞。党的每一项工作部署都在为人民考虑，为人民谋幸福、为国家谋发展。

四、创作心得

● 李思雨（团队负责人）

　　我想感谢每一位为视频创作默默付出的人。我们团队共有5位同学，虽然都来自不同的省份，但都有着在农村生活的经历。我们深刻知晓新农村与旧农村的巨大变化，都希望从我们的视角带领大家了解乡村振兴战略，关注农村的发展。我们走进向阳村，深刻了解到当地人民是如何在党建引领下扎实推动乡村发展，以及乡村产业的振兴的。尤其是看到学校里孩子们脸上的笑容、村中爷爷奶奶悠闲地锻炼身体的画面，我们为之高

图7　李思雨（团队负责人）

兴，觉得振兴的乡村给人们带来了极大的幸福感。而我作为一名当代大学生，希望能够在未来多多走进农村，听听农村的故事，在农村的广阔天地上有所作为，挥洒我的青春热血，努力在乡村振兴的征程上实现人生价值。在走进向阳村的途中，团队即使遇到了困难与阻碍、有过冲突与矛盾，也会寻找良好的方式积极化解，为共同的目标不断努力。我相信，我们的团队积极进取，携手前行，在未来的活动中，我们也一定会取得更多佳绩，勇攀高峰！

● 丁巧玲（团队成员）

在本次视频制作过程中，我很荣幸参与了英文文稿的撰写工作，这让我受益良多。看到乡村振兴的伟大成就，我深切感受到了中国农村的巨大变化，所以听到大家提议去向阳村的时候，我十分高兴。令我更为惊讶的是，向阳村虽然在高山上，但它呈现出来的是美丽、安静的模样，老人在树下休息，孩子们在嬉戏玩耍。我们跟随着老爷爷了解到如今的向阳村已经实现了脱贫，人

图8　丁巧玲（团队成员）

们过着富足、和谐的生活，这让我们看到了乡村振兴的伟大意义，感受到中国共产党始终以人民为中心，心系人民，所以我将我的所见所感都写到了文稿中，希望让更多的人感受到村中人们的幸福和乡村振兴的强大力量。正因为有大家的共同努力，我们的乡村才变得越来越富饶、越来越美好。

● 郑瑶红（团队成员）

图9　郑瑶红（团队成员）

在本次视频制作过程中，我很荣幸参与了视频的剪辑工作。在剪辑视频的过程中，我大量搜集资料，整合素材，力求展现乡村十年来翻天覆地的变化。我十分高兴能有机会走进向阳村去感受如今乡村的巨大变化。在村里，文化长廊中满是爷爷奶奶们锻炼的身影，党建中心也挤满了学习知识的学生，向阳小学也传来琅琅书声，这让我不禁感叹这一切是如此美好，也给我带来了更多的灵感。在整个创作过程中，我深切体会到了团队合作的意义。从字幕到视频选材再到配乐选择，无不凝聚着大家的心血。同时，我也感受到了在乡村振兴战略下农村发生的巨变。今天的农村不再是"山路难行，房屋破败"，也不再有村民因为温饱问题而发愁。如今的农村家家户户盖新房、政府修新路、发展新农业，令人振奋，我相信我们的乡村一定会越来越美丽、越来越繁荣！

● 黄雨果（团队成员）

在本次视频制作的过程中，我很荣幸参与了中文文稿的撰写工作。我们选取的主题是乡村振兴，在创作的过程中，我们以一位支教老师的成长历程展现整个乡村及中国这十年的巨大变化。以第一视角讲述，让我们感觉自己不仅仅是创作者，更是亲历者，内心对祖国的成长与繁荣感到无比自豪，为日益富起

来的生活感到骄傲。其中，令我感触最深的还是教育的变化。在我们进入向阳村的时候，我看到了许多青年大学生的身影，他们在为村中的孩子们教授知识；更看到现代化教学设备和支教团队逐渐覆盖乡村，孩子们脸上洋溢着幸福的笑容。通过这次团队合作，我深刻认识到交流和表达的重要性，当团队成员意见不一致时，我们会积极化解矛盾，找寻自身不足，反思总结问题，力争呈现出一个完美的作品。

图10　黄雨果（团队成员）

● 蒋宇星（团队成员）

图11　蒋宇星（团队成员）

在本次视频制作过程中，我很荣幸地参与了中文文稿的撰写及素材拍摄的工作，更加明白了团结协作的重要性。每当有问题时，大家及时沟通交流、友好协商，稳步推进视频进度。我的团队精神和专业素养也在这次视频制作过程中得到了极大增强与提升。这次去外婆家，我看到乡村道路变宽了、房屋变高了、教育变好了、生活也变美了。当听到村党支部副书记说这些年来向阳村一直在变好，经济收入在提高，自豪感油然而生。当地政府重视乡村经济发展，推动乡村企业振兴；一大批青年学子下乡支教，推动乡村教育建设。曾经的乡村，道路泥泞不堪，房屋岁月斑驳，教育投入不足；但在党的领导下，乡村振兴战略开始实施，一切都在往好的方向发展。而我，也将立志回报家乡，走进乡村，用我的双手为乡村的发展贡献力量。

● 创作反思

本次创作过程让我们受益颇多。首先，我们真切体会到了"纸上得来终觉浅，绝知此事要躬行"的真正含义。乡村振兴，让落后的乡村变得欣欣向荣。当我们走入向阳村，从老人们的笑容中看到的是乡村振兴战略实施后千千万万百姓的幸福与满足；从村党支部副书记的坚守中看到的是党员的奉献与责任；从支教大学生的授课中看到的是新时代中国青年的韧性与使命。党的二十大擘画了乡村振兴大文章，全面推进乡村振兴战略进入关键期，我们面临着各种挑战和困难，但是乡村振兴战略是必须全胜的战役，也是必然全胜的战役，广大青年是取得最后胜利的主力军。

在这次创作过程中，我们不仅看到了自身的不足和需要改进的地方，也看到了其他团队优秀的作品和值得借鉴之处。这不仅对我们接下来的创作活动起到了极大的促进作用，也给予了我们更多的灵感与想法，让我们能够在未来的活动中越做越好。

五、作品主要人物叙述

在家门口邂逅"诗和远方"

——蒋宇星外公

向阳村只是一个拥有三十几户人家的小山村，加上外出打工的人很多，村子平常几乎看不到人。向阳村与钳桥之间，有一个丁字路口，一条土路向山里延伸。咱们村子地处偏远山区，过去村里连通外界的是一条砂石路。坑坑洼洼，陡峭狭窄，都很少人会出去，因为

图12 与蒋星宇外公对话

路很不好走，碎石多，经常有村民摔跤，车辆进出也困难，所以村党支部号召村民们修一条水泥路。

都说"要致富，先修路"，咱们向阳村要发展，修路是家家户户迫切的愿望，也是村子摆脱贫困的重要举措。终于，在上级部门的支持下，向阳村修建了水泥路。但是，起初修路的时候并不顺利，有些村民以为修路会影响自己家门口的路，咱们的村干部便挨家挨户做思想工作。水泥路通车后，村民们尝到了修路带来的甜头，发现修路可以让他们致富，纷纷让出自家的利益，投工投劳，积极得很。

水泥路自建成以来，村里与外界连接的通道瞬间提速提质，与外面的沟通交流也变多了，村里的农特产、土特产也卖得越来越好，收益比以前高多了。这些稻谷、麦穗、李子都摇身一变，成了市场上的"香饽饽"。胡萝卜、青豆、沙果、丝瓜等种植业快速兴起，使村里大多数家庭大大增收。

村子美了，游客也多了起来。昔日寂寞的小山村，如今人来车往，变得热

闹非凡。村里的人都有新楼房住，日子过得美滋滋的。那些过去穷得叮当响的人，现在也成为村里、乡里的致富能人。村民们齐心协力，与乡镇企业一起，一同带动村子的经济发展，村里人们的生活也越来越富裕。

向阳村变得越来越好我这心里别提有多开心了，现在这日子过得可比以前舒服多了。我一直以来最大的梦想就是能够住上好看的屋子，吃上好吃可口的饭菜，有绿水青山让我可以看看。现在，这些都实现了，心里别提多高兴了！

六、指导教师手记

深耕"三农"沃土，照亮振兴之路

——胡　妮

同学们在起初商量视频的选题该定为什么时还有些犹豫不决，于是，我告诉他们，多去学习党的二十大相关报道，因为党的二十大在擘画全面建成社会主义现代化强国宏伟蓝图时，对农业农村工作也进行了总体部署。习近平总书记强调："……民族要复兴，乡村必

图13　师生共同探讨选题

振兴。从世界百年未有之大变局看，稳住农业基本盘、守好'三农'基础是应变局、开新局的'压舱石'"。①所以，我们决定以乡村振兴为主题进行创作，在创作过程中展现实施乡村振兴战略的总目标、总方针、总要求和制度保障。视频主要介绍了乡村振兴中"三农"工作在决策部署、乡村基础建设的规划安排、农村基础教育的普及推广和乡村环境的设计改造等方面的伟大成就。

乡村振兴千头万绪，从何处入手，关系到视频的呈现效果。在创作期间，我带领团队成员积极讨论乡村振兴的故事，搜集乡村振兴的资料，了解乡村振兴的意义，与她们一同商讨视频创作的构思方案、表现形式，思考着如何让作品更加丰富精彩、内容饱满、新颖别致。正当同学们没有思路的时候，我向她们指出乡村振兴是包括产业振兴、人才振兴、文化振兴、生态振兴、组织振兴

---

① 习近平：《坚持把解决好"三农"问题作为全党工作重中之重 促进农业高质高效乡村宜居宜业农民富裕富足》，《人民日报》2020年12月30日，第1版。

的全面振兴，所以，我们的聚焦点可以放在"三农"问题、乡村教育、乡村基建、产业发展上，多层次、多维度地展现乡村振兴的重大成就。实现全面乡村振兴，实际上是对"三农"问题的破解，我与团队成员搜寻有关资料，了解"三农"工作的开展情况、目的及意义。

确定主题之后，我们要思考的便是通过什么内容来展示十年来的"变与不变"，也就是视频内容应该呈现什么，怎么呈现。我们以江西省宜春市的一个小山村——向阳村为背景，从一个由大山里走出来的孩子的视角走进乡村振兴，以他人生中的三个阶段折射出乡村振兴的发展阶段。当同学们告诉我，她们决定去向阳村实地走访时，我倍感欣慰。我时刻关注同学们的动向，与他们分享我在乡村中的经历，将过去的农村与现在的农村作比较，发现乡村振兴促进了农作物走出村庄，走向全国。科技创新不断为产业赋能，我们的乡村在良种繁育、节水灌溉、土壤改良、智慧农业、设施农业等方面取得重大进步，第二产业围绕特色农副产品加工、绿色食品制造等精准发力，推动实现产业融合发展，激活乡村振兴内生动力。让我意外的是，村中许多支教大学生不辞辛劳地教授知识，这充分体现了乡村振兴、教育先行的战略特点，所以我们将视频的目光放在了支教大学生身上，既展现了青年在乡村振兴中的责任与担当，也体现了教育在乡村振兴中的基础性、先导性作用。在视频中，我们着力展现乡村教育振兴这一部分，带领每名观众充分认识乡村教育发展潜能。

乡村振兴离不开党的正确指导，十年间，党扎根中国沃土，运用马克思主义理论指导实践，不断开创"三农"工作新局面。坚持制度创新，不断健全和完善乡村治理体系，发动广大党员群众，构建新型乡村治理格局。我们将党的决策理念融入视频中，使党的各项政策所发挥出来的力量得以充分体现。乡村振兴战略凝聚发展定力，为制度自信、道路自信的增强提供源源不断的力量。看到同学们写的文字和剪辑出来的视频，我感觉自己好像站在那片宁静的田野上，听着时代的涛声，见证了创新的浪潮如何给这片古老的土地带来生机。图画中新型农业机械在田间穿梭，高效率的作业模式让土地的产出倍增；智能物联网技术让数据精准地指导种植，每一粒种子的成长都有温度和湿度的精确陪伴。这些创新潮涌，不仅仅是技术的展示，还承载着乡村振兴的希望与梦想。在农民的笑脸上，我读到了对未来生活的美好憧憬；在他们的话语中，我听到了对新时代的由衷赞颂。在村民眼中，我们不仅看到了他们对土地的依恋，还有对未来生活的期许。这份情感，如同乡村的心弦，与每一个关心乡村振兴的人产生共振。我希望乡村振兴过程中的这份情感能够触动每一个人的心。我们正在走的是中国特色社会主义乡村振兴道路，作为一名人民教师，看到同学们如此认真、努力地完成视频，刻苦、用心地深入乡村，了解我国的发展，我感到十分高兴。

责任担当，青春闪光

——陈　媛

在全面推进乡村振兴的过程中，乡村教育是绝对的内生动力，也是避免贫困代际传播的重要切入点，因此，拥有高文化素质和精神力量、充满志愿情怀、具备一定专业技能的大学生群体成为其中不可忽视的重要力量。越来越多的青年学生响应国家号召，积极关注甚至作为志愿者参与到支教活

图14　团队合照

动中，实实在在地为发展乡村教育事业贡献自己的力量，为农村精神文明建设和乡村文化振兴贡献自身的智慧。

同样，这一主题也引起了团队成员的浓厚兴趣和持续关注。在2023年初接到中国文化外语微视频大赛通知后，她们便迅速反应，积极组队，抱着满腔的热情，希望通过亲身实践，更多地了解乡村振兴进程，更好地明确青年的责任担当，让自己在未来有足够的能量作出更大的贡献。当时作为大学一年级新生的她们，努力克服着视野宽度、习惯深度的局限，全力平衡着学习与备赛，可以说挤出了一切可能的时间，广泛查阅资料，经过反复多轮研讨，依据习近平总书记2018年在山东考察讲话中"要积极培养本土人才，鼓励外出能人返乡创业，鼓励大学生村官扎根基层，为乡村振兴提供人才保障"的指示，确定出以第一视角自我叙事的方式展开乡村振兴这一主题。在后来较长的备赛过程中，她们又经受住了组员分工、框架搭建、实地调研等项目准备层面，资料统筹整理、文稿编写校对、双语表述对应等专业知识层面，以及视频图片拍摄、后期编辑剪辑、配音配乐等技术运用层面的层层挑战和种种困难，以身边的故事、自己的故事作为切入点，以小见大、以少见多，将不断变化着的乡村环境与永恒不变的家国情怀、奋斗精神有机融合在一起，通过自己看到的乡村变

化、自己听到的乡村故事、亲身见证的乡村实践等多角度、多层次地展现国家乡村振兴战略的实施历程，形象、立体地展示新时代青年将自我融入中国特色社会主义建设的青春担当。

如今，团队制作的视频获得了二等奖的好成绩，这不仅仅是对作品的肯定，对项目组成员能力和努力的认可，也是对老师的最大鼓励。"躬耕教坛，强国有我"，这是2023年教师节的主题，是我们这一代教育工作者所肩负的历史使命和责任担当。

七、作品点评

作品《曙光》以乡村振兴为背景，通过团队走进向阳村，以第一视角"我"的所见所闻，展现了十年来乡村基础设施不断完善、人民福祉不断增加的新面貌。作品思路较清晰，调研真实可靠，尤其是舅舅的帮助、外公的感悟等真实形象的塑造，反映出普通民众视角下农村发生的新变化及其一路的艰辛。学生的感悟充满正能量，表达了"将立志回报家乡，走进乡村，用我的双手为乡村的发展贡献力量"的决心和展望。

导语

非物质文化遗产是中华优秀传统文化的重要组成部分，是中华文明绵延传承的生动见证，是连接民族情感、维系国家统一的重要基础。保护好、传承好、利用好非物质文化遗产，对于延续历史文脉、坚定文化自信、推动文明交流互鉴、建设社会主义文化强国具有重要意义。"豫章故郡、洪都新府"南昌，"遇见"江西特有的一种绘画艺术——南昌瓷板画。中国传统绘画艺术精华与陶瓷制作工艺精髓完美融合于南昌瓷板画，诉说着国家级非物质文化遗产的"前世今生"。

南昌瓷板画

Nanchang Porcelain Painting

东华理工大学　学生团队：余欣彬　胡诗怡　指导教师：齐　敏

一、作品简介

作品《南昌瓷板画》融合了中国绘画和传统陶瓷艺术，不仅是江西南昌的文化象征，也是瓷板画传承者的智慧结晶。本作品不仅介绍了瓷板画的历史发展与艺术特色，也讲述了十年来从个人层面、社会层面到国家层面为保护瓷板画的发展而做出的努力。从一代代瓷板画传承者的辛勤耕耘到南昌瓷板画被确立为国家非物质文化遗产，南昌瓷板画正致力于实现在国内外的推广与普及，希望有越来越多的年轻学者加入到保护和研究南昌瓷板画的研究队伍中来。

二、创作流程

1. 选题缘由

2021年，习近平总书记在陕西榆林考察时指出，民间艺术是中华民族的宝贵财富，保护好、传承好、利用好老祖宗留下来的这些宝贝，对延续历史文脉、建设社会主义文化强国具有重要意义。

选择南昌瓷板画作为视频主题的契机之一，是因为我（余欣彬）的表姐曾是一名南昌瓷板画研究中心的工作人员，她带给了我很多的灵感与启发，并给我讲解了大量关于瓷板画的知识，因此我对这个主题非常感兴趣。江西省作为中国非物质文化遗产的大省，历史悠久、人文资源丰富，其中瓷文化更是声名远扬，瓷板画正是诞生并形成于此。

瓷板画的创作并不是简单的技法表现，更多的是创作者表达自身对生活、生命的独特感悟和理解，是他们对自然现象和艺术的独特认识、观察的体现。在遵循一定的艺术创作规律的同时，也是创作者自身艺术价值观的反射，其中既有其对客观事物的理解和细致入微的刻画，也有对生活和艺术的追求，这些都能使作品更具艺术性，体现时代精神。

非物质文化遗产的活态性决定其传承方式以家族、师徒传承为主。近年来，我国非物质文化遗产传承人保护机制日益完善，但仍然存在较大的局限，非物质文化遗产的抢救与保护依旧不容忽视。我们旨在让更多的人认识到南昌瓷板画的魅力，加深他们的文化自觉性。只有保护好南昌瓷板画，才能保护好南昌瓷板画中蕴含的江西人的孝道文化。我们要继承和发扬南昌瓷板画这一艺术，提升南昌瓷板画的历史意义，也希望能有更多的人充分挖掘瓷板画的艺术特色，让瓷板画走进百姓生活，走进人们的工作和生活中去，让更多的人认识、了解瓷板画，喜欢瓷板画、发现瓷板画的魅力。只有充分肯定南昌瓷板画的艺术价值，才有利于这一艺术的保护和传承。

2. 团队组建

团队成员分工情况如下：

余欣彬，东华理工大学外国语学院2021级学科教学（英语）研究生，团队负责人，主要担任作品的创作思路设计、文案撰写、英文翻译、配音等工作。胡诗怡，东华理工大学艺术学院2020级数字媒体专业学生，主要担任视频的剪辑、素材搜集、配乐等工作。

团队确定了以下视频作品推进流程：

图1　团队合照

表1　视频作品推进流程

确定选题	成员集合讨论选题，确定主题
脚本设计	确定思路，主线设计，分配任务
文案撰写	搜集资料，英文翻译，反馈修改
视频拍摄	实地调研：参观南昌瓷板画艺术博物馆，搜集素材，拍摄瓷板画研究中心工作人员创作片段
后期剪辑	处理原始素材，视频剪辑，配音及字幕
收尾与修改	工作收尾，根据指导教师意见对视频进行调整修改

三、创作过程

1. 创作思路

作品主线是十年来对瓷板画的传承与保护。内容主要沿以下脉络展开：瓷板画的历史发展、艺术特色以及危机与应对。

视频以介绍江西陶瓷的制作历史、瓷板画的创始人作为开头，过渡到对瓷板画的艺术技巧的介绍以及如今南昌瓷板画在发展过程中遇到的危机。在目前摄影和信息技术的强烈冲击下，南昌瓷板画的境况再度式微，瓷板画的保护和传承所遇到的困难不断加大。瓷板画和文化产业的有机发展结合，进一步拓展瓷板画市场是各方关注的重点，同时政府也云集了一大批瓷绘领域的传人来加强对瓷板画这一非物质文化遗产的保护。在视频的最后，我们呼吁更多的人能够了解和认识南昌瓷板画，希望能使这一珍贵的工匠精神传承下去，增强大家对传统文化的热爱与保护。

视频中包含了瓷板画与红色文化相结合的介绍，在丰富视频内容的同

创作思路

瓷板画的传承与保护

01 瓷板画的历史发展
02 瓷板画的艺术特色
03 瓷板画的危机与应对

图2　作品创作思路

图3　南昌瓷板画艺术博物馆夏令营活动

时，也体现了瓷板画作为宣传媒介的多功能性。

图4　南昌瓷板画艺术博物馆红色主题作品展　图5　观摩青年陶瓷美术师潘自润老师现场创作

视频中间穿插了一段瓷板画研究中心的老师绘制瓷板画的实景拍摄，以期凸显培养手工艺人艺术修养的重要性。

2. 创作实践

在作品筹备阶段，成员们一致认为选好作品的主题对象是微视频制作的关键。考虑到要体现出"我们这十年"所发生的变化以及结合江西地域特色，我们最终选择了南昌瓷板画来进行介绍。要拍什么、展示什么，什么样的视频会比较有亮点并经得起反复观看和琢磨是我们在前期会议讨论中主要关心的问题。

脚本也极其重要，它是整个视频的大纲，用以确定作品的发展方向和拍摄细节。之前制作视频的经验也给我们提了个醒，盲目拍摄只会造成素材的冗杂和浪费，质量也没有保证。因此，在制作《南昌瓷板画》的脚本时，我们首先搭建了一个整体框架，对瓷板画的简要介绍控制在10～20秒；之后就是细化主题。在脚本初稿中，我们没有对结尾做强调，指导教师建议我们可以在结尾处进行简单处理，再次强调主题，引发观众的思考，强化视频和观众的互动感。

在撰写好脚本后，我们一起前往南昌瓷板画艺术博物馆进行实地调研和相关素材拍摄。在参观过程中，令我们印象深刻的是瓷板画制作工序之繁复、技艺之精湛、色彩之丰富。瓷板画的题材种类繁多，不仅有山水、花鸟、动物、风景等传统内容，也有中西方著名人物肖像画，它们栩栩如生、惟妙惟肖，并且在高温烧制后，竟然呈现出逼真的摄影效果和细腻的古典油画效果。参观完之后，我们都更加希望南昌瓷板画能够被更多的人看到，被更多的人知晓。

在制作视频时，视频中有一部分内容是对瓷板画第六代继承人冯杰、王跃林等人的介绍。对此，我们首先准备相关的图片素材、文字内容，在视频软件上做好排版和特效。一开始内容较多，考虑到醒目、易读，避免造成视觉疲劳，我们对文字内容进行了提炼，逐字或逐段显示。同时注意文字与背景颜色的搭配。视频中的声音主要包括人声、音乐和音响效果，配合在一起可以更好地表达视频内容，优化视频效果，增强画面感染力。在录音时，我会根据自己对内容的理解去设计语调和节奏，用声音将观众带入画面中，比如在讲到2008年南昌瓷板画入选第二批"国家级非物质文化遗产"保护名录时，配音情绪较为激昂振奋；在谈到如今瓷板画发展遇到危机时，配合背景音乐，适当放慢语速，降低音调。

视频经过粗剪和精剪后，每个人又将整个视频看了几遍，对不协调的画面和声音进行适当的调整，补充拍摄的不足，处理了画面、字幕、音效等方面的问题，希望能给观众呈现一个好的作品。

3. 瓶颈与困难

我们在作品内容设计的丰富性和原创性方面下了不少功夫，包括确定和联系在瓷板画研究中心工作的老师，对其创作瓷板画的过程进行实景拍摄，以更好地丰富"我们这十年"这一主题的立意。在视频最后融入了书法元素，从而为视频想表达的传承与保护概念增加了多元性。

在整个剪辑过程中，既要保证镜头之间的叙事自然、流畅、连贯，又要突出镜头的内在表现力，实现叙事和表现双重功能的统一。由于我们的作品画面数量较多，画面之间的过渡不是很流畅。基于此，我们在需要转场的地方都加入了视频转场效果，这使整部短片的过渡效果有明显提升。如果是两个极短的镜头，无须用转场；如果连接的镜头略长，可选用渐变式转场；如果显示的是文字内容，可选用放大、缩小、插入、渐变等方式转场；如果显示的是字幕，可直接连接。

在视频创作过程中，如何将这么多的板块素材自然衔接起来是一个挑战，在老师指导下，我们选择按"时间线"把素材串在一起。在"我们这十年"主线如何更加清晰凸显的问题上，我们选择从三个角度（即个人层面、社会层面和国家层面）来讲述人们一直以来为保护瓷板画的发展而做出的努力。

4. 难忘的回忆

俗话说，"细节决定成败"，对于微视频制作来说也是如此。一个好的视频和一个差的视频在故事梗概上可能相似，但是真正的差距在于细节是否能打动人心，是否能让人产生共鸣。视频素材选取和剪辑完成之后，需要对影片部分原有背景音进行消音以及后期配乐。如何让经过处理的声音更加自然？这个问题令我们苦恼了好久。为了这个细节，大家在网上查询大量相关专业知识，观摩视频，也向身边有经验的同学请教。最后，我们研究出一个方法，即用其他类似声音覆盖原有的声音，同时在各个声音的片段之间加入淡入淡出的特效，这就使得整个视频的音频效果有所提高了。之后便是插入配乐，奠定整个视频的音乐感情基调。

四、创作心得

● **余欣彬（团队负责人）**

《南昌瓷板画》向大家展示了中国非物质文化遗产的魅力，从编写剧本到拍摄镜头到后期剪辑，有许多值得完善的地方。在这些过程当中，也会有很多的困难，但是当大家在看到最后的成品时，都觉得之前的辛苦付出是值得的。我从整个创作过程中也深深地感受到了平凡的力量，每一个平凡的人都在做着不平凡的事，他们是不计回报的守护者，在不同的岗位上坚守，散发着自己的光芒。

图6 余欣彬（团队负责人）

● **胡诗怡（团队成员）**

图7 胡诗怡（团队成员）

艺术是一门深奥的学问，艺术创作无疑是一个漫长且艰辛的过程，对艺术创作的热情也是需要慢慢培养的。很多事情都是看起来容易做起来难，视频制作也是如此，它包含很多方面的内容，有安装、录制、剪辑、转码等。每个方面又涉及很多的操作，这就要求我们不断地尝试和摸索，在实践中熟悉和掌握各项操作。在今后，我将会更加专业、深入地了解中华优秀传统文化，用发现美的眼睛观察生活，用手中的画笔记录生活，用学到的知识创造出高于生活的艺术品。

● **创作反思**

在瓷板画的制作过程中，要经过上千摄氏度的烧制。一件普通陶瓷的表面，能够幻化出丰富的图案。这并非魔术，而是烧瓷匠人经历数千年传承下来的技艺。非物质文化遗产的保护有利于继承和发扬民族文化优秀传统，增强民族自信心和凝聚力，在促进区域精神文明和先进文化建设方面都具有重要而深远的意义。

在搜集素材和整理相关资料时，我们了解到了许多匠人关于瓷板画创作的故事，也感受到了他们对这一传统艺术创作的热情和坚守。东华理工大学自创立以来，一直秉持着"敦本务实，崇义奉公"的校训，为祖国社会主义事业建设和地方经济发展培养了一批又一批优秀人才。他们有的投身西部大开发为人民服务；有的扎根基层，为乡村振兴作出贡献；有的在所学专业领域作出了卓有成效的成绩。他们不仅在自己的岗位上努力耕耘，还总是关心着母校的发展，并为在校生提供帮助。他们用信念和力量为我们树立了榜样。

改革之路需要我们带着匠心精神走下去。作为新时代青年的我们，应传承劳动火炬，把握青春年华，以劈波斩浪的坚忍斗志，为我国社会主义现代化建设作出贡献。

五、作品主要人物叙述

"我们这十年"变化之南昌瓷板画

瓷板画既继承了中国传统绘画的精华，又兼容了中国陶瓷艺术的优点，是绘画艺术和陶瓷艺术的完美结合。这门传统技艺从最初尝试起步到现在形成规模，经历了一段漫长的蜕变过程。江西瓷业发展了千百年，景德镇的瓷器更是闻名遐迩，南昌瓷板画就在这浓郁的制瓷文化氛围中悄然形成。在多姿多彩的陶瓷艺术园地中，南昌瓷板画脱颖而出，成为南昌优秀的文化符号之一。起初，南昌瓷板画被用来祭拜祖先，蕴含了尊老爱幼的中国传统文化，至今在南昌的大街小巷中仍可以找到供奉已故先祖的瓷像。随着数码科技时代的到来，瓷像作为曾经的生活必需品似乎逐渐脱离市场。为了拓展瓷板画的艺术价值，瓷板画的内容也在逐渐延伸，不仅限于人物肖像，还包括山水、花鸟等。

瓷板画研究中心自成立以来，一直致力于做好南昌瓷板画的保护和传承工作，包括实现瓷板画和文化产业的有机发展结合；进一步拓展瓷板画市场；加强技艺传承传授，以筹备各类画展和举办工艺美术展会来宣传推广瓷板画。2010年11月，中心参展鄱阳湖国际生态文化节，在现场展出了包括冯杰、王跃林、冯金玲、李春敏等十位大师的优秀作品，其中冯杰、王跃林等多位大师在现场展示作画过程，吸引了大批观众的注意，并得到了各界人士的赞誉。为了传承好这项传统技艺，2017年以来，南昌市积极开展"非遗进校园"活动，使学校成为非遗保护传承的基地，并且面向社会及校园招收新一批学员，吸引美术相关专业的大学毕业生、社会瓷板画工作者积极参与学习，从中选拔优秀的学员进行重点培训，为其创造良好的学习和工作环境，使他们能安心学好这门民间技艺，使之代代相传、发扬光大。南昌瓷板画研究中心还与南昌航空大学等院校合作建立了实习基地。实习基地的建立，效果显著，目前已有众多院校学生报名参加培训，这些来自专业院校的报名人员，在造型和色彩等方面有着深厚的基础，是学习并传承瓷板画技艺最合适的人才。他们当中的佼佼者，将成为南昌瓷板画技艺的接班人，为南昌瓷板画行业输入新鲜血液。

近几年来，在我国收藏市场中开始掀起一股收藏南昌瓷板画的热潮，这在一定程度上提升了南昌瓷板画的价值，人们开始渐渐关注南昌瓷板画的艺术性。第六代继承人冯杰、王跃林等人所创作的南昌瓷板画价格飙升，年轻一辈所创作的关于南昌瓷板画的作品也开始逐渐升值，南昌瓷板画在收藏界渐渐找到了发展之路。

南昌瓷板画作为赣鄱大地孕育出来的一朵艺术奇葩，在一代代创作人的传承下逐渐成长，如今更以全新的风貌在中国的瓷绘艺术中绚烂绽放。

六、指导教师手记

以非遗魅力为源，造美好本心

——齐　敏

中国陶瓷设计艺术大师彭树平曾说过这样一段话："我在青花瓷或者粉彩瓷上绘画，锁定的都是江南民俗。它既表达了一种大众情绪，或者是对生活的认识，也描写了大多数人的生活经历本真。"彭树平通过南昌瓷板画这一非遗瑰宝，用灵性的笔墨气韵向世人展示了精彩的中国民俗面

图8　指导教师齐敏

貌。陶瓷艺术家们在方寸之间，以瓷为体，以彩入画，以文化为魂，笔触舒展流畅，釉色万千，天然成趣。中国绘画艺术和烧瓷工艺相互交融，和谐共生，每幅作品仿佛都有自己的生命，如诗一般，引人深思。

　　瓷板画是陶瓷彩绘文化的传承，也是赣鄱文化在艺术领域的重要体现，这门传统手工技艺几经沉浮，历经了一系列漫长的蜕变过程。2008年，南昌瓷板画入选第二批"国家级非物质文化遗产"保护名录，这也是南昌首个国家级非物质文化遗产项目。在各界高度重视下，南昌市成立了南昌瓷板画研究中心，优秀继承人也不断涌现。我们之所以选择南昌瓷板画这一非遗文化作为视频的主题，既由于它的艺术价值和文化价值，也是因为它蕴含着思政元素，耐人探寻。同时我们也希望能让更多的人认识、了解瓷板画，并加入到宣传和传承的队伍中来，使中华民族的智慧结晶在未来历史发展的长河中熠熠生辉。

　　瓷板画制作的工艺流程十分复杂，材质选择、艺术加工、炼制、落笔，每一步都需要挑选适合的工具进行创作。一幅瓷板画作品的完成一般需要数十天甚至数月。通过对创作过程的了解，我们认识到其实生活中就有很多美、创意和小巧思，需要用心去发现和体会。此外，无论是在审美方面，还是在自身修养和生活习惯方面，瓷板画的制作都令人受益匪浅，让人在艺术领域得到熏陶。

　　在此次中国文化外语微视频大赛中，学生们呈现了精彩的作品，这些作品是他们在教师指导下通过脑力、体力劳动创作出来的。我们团队成员少而精，每个成员在作品创作过程中都要身兼数职，任务重、压力大，但成员们专业对口，加上之前也都有视频制作经验，整体沟通协调较为顺畅，相互间默契配合度高，她们顺利完成了作品。虽然团队规模小，但并没有因此放低标准——仅视频文案的撰写，大家就一起反复打磨了数遍。她们也开玩笑地说："老师，希望我今晚能不做关于瓷板画的梦了。"在强调专业术语翻译准确性的同时，也考虑到可能会存在的"中式英语"思维惯性。在视频素材的选择方面，保证画质清晰度是团队攻克的另一个难题。"路漫漫其修远兮，吾将上下而求索"，匠心品质与劳动精神代代相传，无时无刻不在影响着所有的人，我们要把这些精神不断传承下去，坚持以初心致匠心，或许有一天，我们劳动的身影也会成为他人笔下不可代替的一抹色彩。

　　高校教育是传承和弘扬中华民族文化的有效途径之一。以"和谐至美、人人发展"为愿景引领，以"和、合"等为内涵的文化活动为载体，将非遗文化融入高校教育和学生生活，可以让更多的学生了解南昌瓷板画等非遗文化，为非遗文化的传承与发展贡献一份力量。

七、作品点评

　　《南昌瓷板画》这一作品紧扣"非遗传承"这一主题，聚焦具有南昌地方特色的瓷板画，唤起人们对这一传统艺术形式的关注，体现了当代大学生对江西特色陶瓷艺术的热爱。作品内容丰富全面、制作过程细致翔实，团队成员搜集了大量的瓷板画历史资料，并赴南昌瓷板画艺术博物馆实地考察，挖掘了南昌瓷板画的深厚文化内涵与传承价值。作品通过南昌瓷板画这一非遗瑰宝，体现了陶瓷艺术家们在方寸之间，以瓷为体，以彩入画，以文化为魂，向世人展示了精彩的中国民俗面貌。《南昌瓷板画》选题精良、立意深刻、内容丰富、调研细致，全面介绍了国家级非物质文化遗产南昌瓷板画，体现了当代年轻人对中华优秀传统文化的传承情怀，有助于我国非遗文化在国内外的推广与普及。

导语

　　习近平总书记指出："建设安全、便捷、高效、绿色、经济、包容、韧性的可持续交通体系，是支撑服务经济社会高质量发展、实现'人享其行、物畅其流'美好愿景的重要举措。"[①]中国正在加快建设新时代交通强国，"道阻且长，行则将至"，跟随数名青年学子的视角，在越走越宽阔的家乡路上，在越走越遥远的求学路上，在越走越快捷的出行路上，在越走越宽广的国际路上，一起见证这十年中国之"路"发生的翻天覆地的时代巨变，一起创造新时代"人享其行、物畅其流"的美好幸福生活。

路

The Road

东华理工大学　学生团队：韩子琪　李婷影　黄圳妹　金绮柔
指导教师：石立林

一、作品简介

　　《路》以第一人称的视角叙述了十年间"路"发生的翻天覆地的变化，其间，"我"的成长之路与国家发展之路交织融合。交通工具的更新迭代，让"我"切实体验到路的变化，也印证着国家的进步。路，一步一个脚印，每一步都教会我们成为自强不息、脚踏实地的新青年；国家的繁荣发展之路，也越走越宽阔。"我"和祖国，一直在路上！

图1　团队师生合影

————————
　　① 习近平：《习近平向全球可持续交通高峰论坛致贺信》，《人民日报》2023年9月26日，第1版。

二、创作流程

1. 选题缘由

此次中国文化外语微视频大赛的主题是"我们这十年"。"十年"可以是一个人的十年，也可以是一个国家和地区的十年，还可以是历史长河的一瞬间。我们是十年的参与者，也是见证者。通过10分钟的微视频，我们能展示怎样的"十年"呢？我们的思绪由近及远，慢慢延伸，自身和国家的十年始终交相辉映，密不可分。

商议之初，有成员提出可以讲交流方式的变化，可主题过窄，不易深入；有成员想讲农村脱贫，但我们来自不同省的城市和农村，感受各不相同；有成员说可以讲网购的发展，可覆盖面太广，难以聚焦。讨论无果后，选题一度停滞不前。

这时，指导教师提议结合生活实际，选取最能引起大家共鸣的主题，使观者能深切共情"十年之变"，如中国高铁迅猛发展，在国际上俨然是中国速度的名片。于是，有成员联想到自己老家，十年来，村口的泥土路已变成沥青路；有成员说以前十几个小时的车程缩短到几个小时；还有成员说她来学校就可以选择坐飞机、乘高铁、搭顺风车等多种方式。讨论过程中，我们慢慢转到"路"的话题。"路"的内涵可以上升到从老家到外乡的十年漫漫"求学路"、国与国之间的"一带一路"等。我们国家"十年"来的伟大变革，是全方位、划时代的，而交通工具的革新无疑是祖国兴盛繁荣的有力证明。

如此一来，"路"这一主题便正式确立。作为新时代青年的我们，这十年一直在找寻自己的路，一条奋发向上、谋求发展的路。我们国家这"十年"也一直在探索自己的路，一个个"十年"从"站起来"到"富起来"再到"强起来"。下一个"十年"，路还在继续，终会汇成中华民族伟大的复兴之路……

2. 团队组建

我们团队的成员来自同一个班级，一共4名同学。指导教师既是任课教师，又是班主任，能随时与我们进行充分讨论。在创作视频之前，我们制定了详细的步骤，具体操作流程如下：

步骤一：明确视频主题和目标。

我们希望制作的双语视频首先要展示中国交通工具的发展成果，同时能引起观众的共鸣。考虑到中国交通工具的快速发展和团队成员来自不同地域，我们决定把中国近十年交通工具的发展跟个人"十年"的成长之路联系起来。

步骤二：确定团队职责和分工。

经过分析4名成员不同的地域、家乡变化和个人偏好，我们把"十年"之变分为4个阶段。其中，每一名同学负责其中一部分，串联成一个"我"的整体感受。

表1　团队任务分工

任务分工	负责人员
家乡路：泥泞路——沥青路	李婷影
求学路：家乡——异乡	黄圳妹
出行路：异乡——异乡	金绮柔
国际路：中国——世界	韩子琪

步骤三：细化视频任务和完成期限。

为了确保团队按时按质完成微视频的制作，我们初步制定了详细的时间和任务匹配表，明确每个阶段的具体内容和任务，保证指导教师和团队成员、团队成员之间的顺畅交流和视频初稿的及时完成。

表2　视频作品推进流程

时　间（2023年）	任　　务
3月17日	团队线上开会，进行任务安排
3月18日	视频初步构思
3月27日	团队成员提供视频构思方案
4月1日	形成视频方案汇报文件
4月2日	线下开会，确定视频具体方案； 搜集"路"的相关素材
4月8日	形成最初拍摄脚本"路"
4月9日	指导教师反馈修改版脚本； 根据脚本形成拍摄清单，做第二天外出调研的细节准备
4月10日	外出调研：根据脚本采访行人，进行视频素材采集工作
4月12日	分配任务处理视频、图片及双语文稿

表2（续）

时　间（2023年）	任　务
4月22日	初步分配视频素材整合任务
4月24日	结合素材修改、形成最终脚本；分配任务，分阶段进行文稿翻译、视频剪辑、配音及字幕
5月4日	团队研讨，形成最终版双语修改字幕
5月5日	最终视频整合，配音、字幕工作收尾，形成最终视频成果

步骤四：准备拍摄设备、学习拍摄技巧。

通过各种渠道，我们为微视频拍摄购置和借用了较为齐全的摄影器材，如摄像机、稳定器、麦克风、手机、支架等。我们从网络、往届微视频作品等渠道学习部分视频制作知识，还从其他学院邀请部分摄影专业人士现场指导我们的拍摄工作，全方位保证我们拍摄图片和视频的整体效果。

步骤五：视频精心策划和后期制作。

结合"路"的主题，通过虚拟主人公"我"，我们设计了一个较完整的故事情节，实现从个人成长到国家发展的自然过渡。4名成员分别利用家乡的亲朋好友或自行返回家乡拍摄真实的图片和视频、在校园采访不同群体等，最后合并润饰视频，完成微视频的最终制作。

三、创作过程

1. 创作思路

视频以第一人称叙述，以小见大，讲述了十年间个人和国家的巨大变化。小时候"我"家门前的泥泞小路，受助于国家乡村振兴战略，变成了宽阔的沥青路；求学时，"我"从骑自行车到骑电动车、坐汽车出行，变成后来坐

图2　作品创作思路

高铁去上大学。大学期间，交通工具共享化，使出行更便利。由此，"我"联想到国家的资源共享，从小我升华到大我，"一带一路"使中国走向世界，中国的发展之路也越走越宽。

2. 困难与瓶颈

这次视频制作所遇到的困难与瓶颈如下：

第一，"路"的主题新意不够，较难体现创新性。

"路"虽然跟民众的生活息息相关，但并不是一个新鲜的话题。如何推陈出新，实现"旧瓶装新酒"的效果，团队成员思考了很久。之后，我们决定从大学生的身份出发，将"路"的意义升华到成长之路，这样就跟国家的成长之路联系起来了。

第二，每个成员的例子较零散，难以形成体系化。

团队成员来自不同的省份和城乡，有些例子和个人体会没有代表性，很难用一个完整的故事来叙述中国的十年之变；而如何以故事叙述者的视角，将所有的素材与话语连成一个故事线，娓娓道来，形成自然完整的视频，又是一个难关。多次讨论后，指导教师建议从一个虚拟的"我"的视角，分4个阶段分别讲述，就能拥有比较完整的故事情节了。

第三，素材搜集难度较大，变化的年限难以明确。

网络上相关素材多而繁杂，难以筛选与剪辑，而且过多采用网络视频的话，会使视频缺乏真实性。家乡十年前的图片和视频，搜集难度较大，有些变化无法确定是十年前还是二十年前的变化。经过反复讨论取舍后，对于十年前的图片和视频，我们部分利用网络资源；近几年的变化，主要通过现场拍摄、采访、录制等搜集，最终集齐了所有的视频素材。

四、创作心得

● 韩子琪（团队负责人）

从古代到现代，路都是我们与外界最重要的交流途径。历史上的"丝绸之路"，是连接东西方的纽带，促进东西方之间在经济、政治、文化等诸多方面进行交流；今天的"一带一路"，在中国的引领下推动沿线各国实现更大范围、更高水平、更深层次的区域经济合作之路，彰显人类共同理想和美好追求，增进沿线各国人民的人文交流和文明互鉴。谈到资源共享，中国不断为促进全球互联互通作出贡献，同时让更多国家、更多民众

图3 韩子琪（团队负责人）

共享发展成果，从中国的高质量发展中获益。当我们身在异国他乡时，从来都不是孤身一人，是正在变强大的祖国给了我们底气，时间见证了我们与祖国的共同成长。

● **李婷影（团队成员）**

联想这十年，我的脑海里浮现许多场景。十年前，我的家乡没有高铁，出行基本靠绿皮火车，既耗时又费力；而现在，中国高铁普及到大城小县，中国速度俨然成为世界名片，带着我们走过一座座城，一座座山……

十年前，我家门前还是一片泥泞路，回乡的人常常"谈路色变"：下雨天，泥路上大大小小的水坑会化身为一个个"隐形炸弹"，一不小心走路的人就会与泥水来个"亲密接触"，车子也一定要做好准备洗一个"泥巴浴"。不知不觉，我慢慢长大，国家乡村振兴战略的实施效果斐然，我的返乡之旅变得平坦至极。

图4 李婷影（团队成员）

家门口的泥泞路一去不复返，水泥路、沥青路比比皆是；家门口还架起一座座桥，连接了两岸人、两代人。

在我求学路上，家门口的那条路永远是起点，是我追逐梦想的必经之路。它见证了我不断成长的同时也见证了自己的变化。十年瞬息万变，从小时候行走的路，到长大后的求学路，再到中国走向世界的发展之路，我们希望用"路"这个主题，将这十年的故事，娓娓道来。

● **黄圳妹（团队成员）**

图5 黄圳妹（团队成员）

"路"这个主题很直接地反映出中国近十年的变化和人民生活水平的提高。确定主题后，我们就开始拍摄及编写文本。我这一部分内容主要体现求学时交通工具的变化，这一变化对我这个年龄段的大学生来说印象最深刻。另外，我们还想借此体现中国的国际影响力，展现我国互帮互助的情怀。视频的制作过程不仅让我感受到了国家的强大与变化，也让我立志要奋发图强，通过自己的微薄之力来传播中国文化和中国力量。

● 金绮柔（团队成员）

我主要负责的是展现主人公考上大学后，城市交通工具共享化，共享单车、电动车、汽车，提供了城市内的出行便利。而去往其他城市的过程中有高铁、顺风车、飞机等多种方式可以选择。与十年前泥土路相比的，则是宽阔平实的路面上车水马龙，一排排的汽车秩序井然地行驶着，道路两旁扫码即骑的共享单车也应运而生。这一部分与我们目前的生活基本上是高度重合的，我选择摘取我们的日常生活片段——从寝室前往图书

图6　金绮柔（团队成员）

馆的路下手，引出共享单车这一代表。共享单车从自行车到电动车，再到现在部分地区的共享汽车，共享经济迅猛发展，这不仅给人们的日常出行带来了极大的便利，更是对有限资源的合理运用，推动社会发展，无疑是"路"上的一大亮点。我们希望用微视频使观众直观感受到他们身边虽微小但却不可忽视的社会变化，走在路上，"路"也不断蜿蜒前进。

● 创作反思

这十年，我确实亲身体验过，但是也忽略了很多，以至于创作初期支支吾吾，说不出一段完整的回忆。十年其实并不短，庆幸的是，我们通过这次机会留住了过去的经历，而下一个十年已悄然开始，需要我们慢慢去发现、去经历、去感受。我们准备时间不足，没有很好地利用在一起商讨的时间，导致后期视频剪辑的时间太过仓促。对于视频素材而言，我们缺少真实视角的拍摄，更多的还是通过语言去概括，缺失了更直观的感受。这一次的经历是难忘的，创作过程中我时常在想，这无数个十年，人们都经历了什么。答案对于我来说，一定是模糊的，还需要我今后慢慢去思考。（韩子琪）

或许没有这次经历，我们并不会去深入了解国家这十年的发展变化；但仔细了解后，我为国家的飞速发展而自豪。通过这次视频制作，我变得更加热爱自己的祖国，热爱自己的生活。

十年的飞速发展，让我们的生活质量有了质的飞跃。可遗憾的是，我们没有足够的素材去表现这十年的变化，但是变化在人们心中，如果提及这十年，我们身边的人一定会有或多或少的感慨，感慨从泥土路到沥青路，从绿皮火车到磁悬浮列车，从私家小轿车到电动汽车……儿时作文中的想象正在变成现实，这便是祖国的力量。我们作为新时代的大学生，风华正茂，也应该在国旗

下奋发成长，从小花成长为参天大树！（李婷影）

通过这次视频制作，我深刻感受到国家的强大及变化，也想通过自己的努力以及自己学习到的知识向外传播中国文化和中国力量。同时，我也发现了自己对国家时事了解得太少，作为一名英语专业学生，应将国家时事与自己所学专业结合起来，努力传播中国力量，让更多人了解到中国文化的博大精深。我也由衷希望未来祖国持续发展，让人民的"路"走得更远。（黄圳妹）

此次微视频大赛，我们以国际化的角度剖析叙写"我们这十年"，短短10分钟的微视频并不能完全深入民众的真实生活，面对面交谈，记录下时代变迁的亲历者心里、眼里不同的"路"。我们需要在日常生活中细心体验，感受事物的变迁，使用媒体设备随时记录下我们觉得重要的时刻。希望在下一个十年，我们能记录下更深刻的时代巨变。（金绮柔）

五、作品主要人物叙述

团队就十年之变，对身边亲人和路上行人进行随机采访，采访梗概如下：

图7　随机采访

● 家长：汽车开进千家万户，高铁修到家门口，共享单车随处可用，极大改变了出行方式。我们的手机信号也从3G变为5G，移动支付时代的到来，给我们的购物带来了便捷。社区广场上除了群众在健身，新兴的网络直播群体也穿插其中，丰富了大家的业余生活。

● 环卫工：这十年来，家乡发生了好大的变化。马路变宽了，以前的双车道变成了四车道，马路上的清洁方式也发生了变化，好多人工清扫的区域变成了机械自动化清扫，扫地不那么累了，也节省了人力。路边的树木变得更粗壮了，人行道旁边种满了花花草草，家乡越来越好看了。

● 咖啡店老板：整齐的楼房不断拔地而起，干净的外墙、整洁的城市，获得的"卫生城市"称号体现了城市综合管理能力和文明程度不断发展，居民的卫生健康水平得到了整体提升。随着中国综合国力的增强，科技发展也越来越快，相信在党的坚强领导下，下一个十年，我的家乡会变得更加美好。

● 食堂阿姨：十年前，天空灰蒙蒙的，空气质量差；现在，天蓝了，空气也清新多了。道路干净了许多，路旁种了不少树，设置了很多垃圾桶，公共厕所也有好多，出去玩很方便。

● 公司职员：人们的生活方式有很多新变化。随着快递需求的发展，物流行业兴起。购物不用前往实体商店，直接 APP 线上下单，即可送货到家。购物对纸币的依赖性降低，使用数字货币便可实现自由交易。互联网视频会议软件的日益完善，让居家办公成为一种可能，更多人可以选择弹性工作。

● 大学生：想念亲人时不需要赶很远的路回去探望他们，通过视频通话，我们就可以轻松实现与亲人实时见面。手机成了我们对外交流的重要的工具。网络课堂也越来越完善，人们足不出户，便可通过互联网进行各种课程的学习。

六、指导老师手记

同路同心　国之大成

——石立林

本团队的4名成员参赛时都是大一学生。从参赛之初的不知如何下手，到后期完成较为满意的视频作品，他们迈出了成长之路上了不起的一小步。正如《荀子·修身》中所言："路虽远，行则将至；事虽难，做则必成。"

我们的视频，以点带面，从小人物"我"的视角，展现了过去十年中国翻天覆地的变化。视频中每个人都以奋斗者的姿态迈出坚实的人生步伐，为国家、为社会、为生活不懈奋斗，追逐梦想，一起创造出国家十年间的辉煌之"路"。

这次微视频制作过程中，我们遇到了几次较大的困难。一是确定微视频大赛主题，花费了不少时间。十年前，团队成员还是小学生，能记起来的事情不多。十年间的变化，他们个人的体会比较主观、个性化，缺乏代表性。这时，我一步步询问、引导，拓宽他们的思路，慢慢地，大家能想起来的事情变多了，交流中，"火花"越来越多。经过多次头脑风暴后，"路"的主题就这样被选中了。

还有一个困难是如何提升"路"的内涵，而不是拘泥于单一的中国交通的发展。经过我的提醒，成员们反复思考，尝试将个人成长和国家发展结合起来，串成同一条"路"。这样，"路"的内涵得到了升华，也更能引起观众的共鸣。

图8　指导教师石立林

在繁忙的教学和学习之余，我们认真反思和搜索自己和国家过去十年的变化，十年之"路"的一个个步伐再次清晰起来。我们畅所欲言，思路慢慢打开。通过调查、研究、采访、讨论，我们了解到不同行业有无数个"你""我"，他们是过去十年的亲历者，也是国家十年变化之路的见证者。

2023年恰逢"一带一路"倡议提出十周年，截至2023年6月底，中国与150多个国家30多个国际组织签署200多份共建"一带一路"合作文件。理念化为行动，愿景变为现实，"一带一路"已成为国际公共产品和国际合作平台，为世界人民的共同发展铺平了广阔之"路"。

同为地球人，牵手大步走，迈向下一个"十年"之路。

七、作品点评

作品《路》选题独特，通过隐喻的方式介绍了不同类型的"路"，以此为缩影展现了近十年来中国社会发展的巨变。作品设计巧妙，团队成员分别聚焦家乡路、求学路、出行路、国际路，构建出了从泥泞路到沥青路、从家乡到异乡、从异乡到异乡、从中国到世界的各类"路"，折射出了中国在交通、教育、国际交流等各个领域的飞速发展。

导语

　　城市是人类的智慧创造，是人类文明的关键标志。习近平总书记指出："无论是城市规划还是城市建设，无论是新城区建设还是老城区改造，都要坚持以人民为中心，聚焦人民群众的需求，合理安排生产、生活、生态空间，走内涵式、集约型、绿色化的高质量发展路子，努力创造宜业、宜居、宜乐、宜游的良好环境，让人民有更多获得感，为人民创造更加幸福的美好生活。"①素有"才子之乡、文化之邦"美誉的江右古郡抚州，其城市创新发展的十年画卷谱写着"临川文化"传承发展、新时代生态文明建设的新乐章。

才子乡梦　戏曲魂韵

——城市十年画卷

Scholar's Hometown Dreams，Melody of Traditional Opera
—A Decade's Chronicle of the City

东华理工大学　学生团队：张　彤　刘玮哲　指导教师：汤　昱

一、作品简介

　　微视频《才子乡梦　戏曲魂韵——城市十年画卷》以近十年江西抚州发展战略为主题，在视频画面中插入抚州景观，以个别经典变化反映抚州这些年在经济、文化等方面的发展变化，展现了抚州特有的文化底蕴。作品通过展示抚州之前的模样，了解抚州的"过去"；走入抚州的大街小巷，亲身体会这座城的"现在"，旨在通过微视频以"带有烟火气息"的视角诠释学生们眼中抚州的变化。

---

　　① 习近平：《深入学习贯彻党的十九届四中全会精神　提高社会主义现代化国际大都市治理能力和水平》，《人民日报》2019年11月4日，第1版。

二、创作流程

1. 选题缘由

江西人好读书、读书好，是古时人们的共识，而地处赣东的抚州尤甚。抚州，古称临川，美丽的抚河穿城而过，在城北一块古城的区域，兴建了文昌里历史文化街区。步行流连其间，能在正觉古寺中参禅、听悟，能在街头巷尾间体验临川篆编，能在戏曲博物馆里听一曲《游园惊梦》。晚上的人声鼎沸间，更有街衢里的长歌善舞，亦可化作杜丽娘去寻梦牡丹亭。

不仅是文化创新，近年来抚州同样致力于城市建设，坚持改革创新和发展为先，改善居民的居住环境，完善配套基础设施，极大地提高了居民的生活品质和居住条件。抚州城市化进程加快，城市化的发展也带来了大量的就业机会和人才聚集，提高了城市的竞争力和发展水平。抚州的现代化建设不仅提升了城市形象，更提升了人们的生活质量。总之，抚州正在探索更多的现代化发展之路，不仅给喧嚣的城市注入一股新生命，更多的是去想象与建造一种更加人性化、环境友好、有安全保障的宜人都市环境。

团队的指导教师汤昱十分了解抚州特色地域文化。她认为视频作品可以以地域特色传统文化及抚州城市建设为切入点，谈谈"才子故里"的十年变化，通过身边普通人物的视角，介绍抚州戏曲文化与特色景点的发展历程，以此凸显文化发展与国家发展的紧密关联。

传播中华优秀传统文化是团队创作的初衷和使命，我们希望通过自己的努力，为传承和发展中国文化作出微薄的贡献。希望更多的人能够关注和支持优秀的戏曲艺术，共同为中华优秀传统文化的传承和发展而努力。

2. 团队组建

表1　团队任务分工

分工任务	负责人员
中英文文稿、剪辑	张彤
配音、摄影	刘玮哲

表2　视频作品推进流程

时　间（2023年）	任　务
2月25日	确定团队成员，了解比赛主题
2月26日	根据对主题的理解，大致确定作品内容，并提供主要方案以及备用或补充方案
2月27日	团队成员共同讨论并确定最终选题
2月28日	线下与指导教师沟通，加深对主题的理解
3月上旬	尝试作品方案一：以南昌为主题，着手搜集相关素材
3月中旬	按照确定的方向创作，实践过后发现方案不可行，于是推翻方案一，确定以抚州为大方向
3月下旬	深入研究抚州存在的中国传统文化元素，了解相关历史、传统意义等，选择更具代表性的文化作为作品素材
4月中旬	完成作品视频第一版
4月17日	向指导教师报告作品进度，指导教师接收后提出反馈
4月20日	根据指导教师反馈再次思考作品主题，确保其有足够的深度和内容的准确传达
4月22日	根据指导教师的指导完善方案，补充作品细节，使表达更生动、简洁；对拍摄素材进行调色处理，优化画面效果，使作品能够展现传统文化的特色
4月23日	团队成员外出拍摄，补充拍摄素材，进行剪辑和编辑，保留最具代表性的部分。添加背景音乐、音效等，提升整体观感
4月24日	结合素材修改，形成最终脚本
5月4日	视频整合，工作收尾
5月5日	指导教师修改视频细节，团队成员修改完善

三、创作过程

1. 创作思路

在通读比赛要求之后，我们的第一个想法就是描述一个城市的十年。我们迅速决定了作品大致方向——某个城市的十年。其次，我们认为要准确地叙述一个城市的故事，创作者本身一定要了解这座城市，所以我们列出了各自的家乡——南昌和吉安，以及我们要生活四年的城市——抚州。在充分考虑时间、经费、创作素材之后，我们最终选择了抚州。借此次微视频制作的机会，我们也想以自己的视角围绕这十年的变化去诠释这座城市。

2. 创作实践

在创作微视频作品之前，我们对想表达怎样的内容和情感经过了较长时间的思考。既然我们在一座充满历史和文化底蕴的城市学习与生活，那么以这座城市为主题，通过视频来展示它的美丽和魅力是一个不错的选择。于是，我们开始思考该如何将城市的元素融入一个引人入胜的视频中，吸引观众的注意。关于抚州的视频主题很多，既可以关注城市的自然风光、文化活动，也可以关注城市的生活和历史。我们选择了融合城市景观、人物故事以及艺术文化等概念，借此表达我们坚持关注传统文化和城市发展的初心。

确立了基本方向后，接下来便是编写剧本和制作故事。剧本虽然是简短的文本，介绍视频的情节和情感，但我们为此却花费了大量的时间和精力，力求将我们想表达的思想全部融入进去，达到简约却不失内涵的效果。

选择合适的拍摄设备对于制作高质量的视频起着至关重要的作用。大致构思好将要拍摄的图片及视频素材后，我们决定使用一部手机和一台专业摄影机来拍摄。这两种设备都有各自的优势，均能够捕捉城市的不同元素。专业摄影机提供了高清的画质，可以在不同的拍摄条件下获得清晰、稳定的画面，使用各种镜头来实现不同的视觉效果，能为视频增加一些视觉上的吸引力。手机则是我们拍摄市井生活的工具。生活是有烟火气的，即使画质模糊，生活的气息还是会从指缝里冒出来；生活又是真实的，也是随意的，所以我们特地选用手机来拍摄市井生活部分。回想起来，拍摄阶段是创作中最有趣的部分。在这个阶段，我们按照剧情的需要拍摄城市的各个角落，包括城市的标志性建筑、美丽的风景、繁忙的街道和城市的居民。

声音效果是微视频的重要组成部分。因为作品需用全英文呈现，为了能够取得更好的效果，在后期制作阶段，我们花费了很多时间来练习口语。视频可以让更多的人了解到我们的城市，展示城市的独特魅力、创新活力和发展潜力，通过英文微视频，城市管理者可以快速有效地向国内外受众传达城市发展的政策、计划和成果，提高信息传递的效率和影响力。

在后期剪辑阶段，我们选择了最贴合视频画面和视频内容的背景音乐，使视频整体更和谐，视听效果更好。拍摄完成后，我们将所有素材导入视频编辑软件，开始了剪辑和后期制作的工作。视频编辑软件有许多强大的功能，可以让我们将不同的镜头组合在一起，调整颜色、对比度和亮度，以确保画面清晰，直到令人满意为止。

3. 困难与瓶颈

在创作的过程中，由于缺乏专业比赛经验，我们从选题到搜集材料都碰到了不少难题。例如，由于下雨以及没有空闲的自习教室，我们很难呈现出杂音小的音频，不过录音阶段正巧遇上"五一"假期，所以刘玮哲同学在家里顺利完成了录音。我们都是第一次接触拍摄，找不到合适的拍摄角度，但是以一个全新的角度拿着手机走过熟悉的地方，我们便有了不同的体验。我们最崩溃的一次是在临近提交时间的一个赶"工程"的凌晨，我们的视频被剪坏、剪好的素材片段被清空，只能全部推翻，重新剪辑组合。但是幸运的是，我们最终坚持了下来，按预想的样子呈现了我们的作品。

四、创作心得

● 张彤（团队负责人）

参加中国文化外语微视频大赛是我作为微视频创作新手的一次激动人心的经历。两个"萌新"在一个全新的赛道横冲直撞，幸运的是我们克服困难、不断摸索、达成共识，最后完成了较为满意的作品。在这个过程中，我深刻体会到探索和传播中华优秀传统文化的独特魅力。我深知，故事感是吸引观众的关键，所以我尝试运用不同的创意手法，

图1　张彤（团队负责人）

使微视频更具吸引力和感染力，希望通过细致入微的细节展示传统文化的独特之处，让观众在短时间内能够感受到文化的魅力。通过参加中国文化外语微视频大赛，我深刻体会到传统文化的博大精深和微视频创作的挑战与乐趣。这次经历让我更加坚信，通过微视频这一现代媒介，我们有机会将传统文化以新颖的方式呈现给观众，唤起人们对传统文化的兴趣与热爱。希望未来能有更多的机会，继续传递和传承中华优秀传统文化。感谢我的队友刘玮哲和我们的指导教师汤昱老师。

● 刘玮哲（团队成员）

在创作作品时，我们查阅了大量资料，在拍摄素材以及搜集资料的过程中，我对抚州的戏曲文化与民间艺术有了更深刻的认识，对于抚州的城市建设也有了更多的了解。我意识到优秀传统文化需要被创新、被发现、被关注。从决定参赛到完成作品，我们一直都认为这是一件充满意义的事。同时，团队合作让我学会了积极表达、耐心倾听。在这次

图2　刘玮哲（团队成员）

创作过程中，我们有所出发，有所创新，有所收获！在搜集素材的过程中，我们收获了许多独特的体验，例如，第一次上街采访让我对抚州的传统技艺有了深入了解。我们也通过观察城市的变迁和亲身体验抚州文化积累了丰富的创作灵感。当然，我们在创作过程中也遇到了各种挑战，如写作难题、艺术技巧问题等，克服这些困难是一个学习和成长的机会。除此之外，我们还努力发现并塑造独特的视角，希望以此带大家走近并了解抚州，感受其独特魅力。其间，我们也尝试不同的方法来试错，通过评估不同选择的效果，调整创作方向，不断完善作品。整个创作过程是一个不断学习、成长和探索的过程，结果固然重要，但沿途的风景更为迷人。

● 创作反思

关于本次作品创作，我们既有收获，也有不足。关于收获：我们团队成员都不是抚州人，甚至读大学也是第一次来抚州，以前也鲜少听说过抚州这座城市。这次创作《才子乡梦　戏曲魂韵——城市十年画卷》，我们听到了这座城市的许多故事，也走访了那些不曾去过的地方，亲身感受到了抚州不一样的文化和生活氛围。这座我们要待上四年或许更久的城市，带给了我们全新的感受。作品里提到了抚州传统曲艺"打嘭嘭"（抚州道情），这是我们从未注意过也从未了解过的中国民间艺术，由此我们更加意识到传承中华优秀传统文化的重要性。同时，这是一个对合作要求很高的任务，在对作品的诠释上，团队成员有着不同的观点，但是我们不断磨合，在这个过程中学会了沟通和包容。关于不足：由于在创作过程中我们遇到了很多问题，导致最后阶段时间紧张，且前面所拟方案中的好创意并没有完全得以实现和落实。

五、作品主要人物叙述

● **跳舞的阿姨：**近年来，政府对文物保护越来越重视了，在每年的文化和自然遗产日，我们市的各个地方都会组织开展非遗实物展示、非遗进景区等丰富的活动，我们大家都很乐意结伴去景区走走看看。景区文化与人文氛围都挺好的，在那里可以看到文物重新焕发生机，近距离地去感受几千年前的物品的感觉很奇妙，有时候会感觉它好像会开口讲话一样。

图3　对市民的采访

● **散步的叔叔：**原来我们这个水渠里的水，味道非常难闻，一般都没人靠近。这个水渠上游流下的水原本是清水，但是西边有一条臭水沟也流进来了，就搞得这个水一边是清水，一边是污水。本来大家以前天天来这里洗菜，后来都没人在这洗了。但是后来这个事被报道后，区里面非常重视，政府下令整改，清理垃圾还有淤泥，水慢慢就又变清了。

六、指导教师手记

做一个擦亮星星的人

——汤　昱

非常喜欢美国诗人谢尔·希尔弗斯坦的小诗《总得有人去擦亮星星》：总得有人去擦亮星星，它们看起来灰蒙蒙。总得有人去擦亮星星，因为那些八哥、海鸥和老鹰都抱怨星星又旧又生锈，想要个新的，我们没有。所以还是带上水桶和抹布，总得有人去擦亮星星。

当我将比赛通知发在交流群时，等了很久，并没有学生联系我参赛。失落的同时我开始寻求办法调动他们积极性，后来在和一些同学交流后，他们告诉我不参加的原因有：经验不足，不知道怎么做；怕没做好，浪费时间；怕自己能力不足做不好等。

浇花浇根，育人育心。我一直坚信，今天的学生就是未来实现中华民族伟大复兴的主力军，而老师则是打造这支中华民族"梦之队"的筑梦人。在我的不断动员下，终于陆陆续续有同学想了解这项比赛。

2月28日，我集齐有意向参加比赛的学生们在会议室召开了有关比赛的第一次会议。学生们从一开始不知道怎么说到后来向我讲述他们作品的框架，我看见了他们的成长。

图4　指导教师汤昱

会议结束后，我密切与学生联系，不断沟通作品细节，关注作品进展。面对问题，学生们修改作品文稿；裁去不妥的素材；反反复复一起看视频，找出细节错误。在不断修改中，两个比赛"萌新"慢慢找到了她们的方向。她们在作品推翻重来时崩溃到问能不能现在放弃，在找不到素材时焦头烂额，但最后，她们坚持了下来。我为她们开心，她们站在一个不同的角度，向我呈现了一个很多人未曾了解的抚州。

初入大学的她们，羞于表达自己的想法，愧于自己能力的不足，就像星星被蒙上了一层灰，可她们依旧是星星，而我就是那个擦亮星星的人。

苏霍姆林斯基曾说："没有家庭教育的学校教育和没有学校教育的家庭教育，都不可能完成培养人这样一个极其细微而复杂的任务。"对待孩子们"总得有人去擦亮星星"，那么，就让我们做一个擦亮星星的人吧，拿着水桶和抹布，从现在开始，从身边开始，从我们触手可及的那一刻开始。

是星星，总会亮的。哪怕再灰蒙蒙，也终究会亮晶晶。

七、作品点评

不同的城市有着各自独特的氛围、资源和优势，学生走出校园去接触社会、了解城市是一个不错的选择。作品《才子乡梦　戏曲魂韵——城市十年画卷》通过两位新入学的大学生视角，探索学校所在城市的文化底蕴以及它的过去和现在。作品立意新颖，语言朴实，虽略显稚嫩，但充满趣味和真实感，正如指导教师所说，"是星星，总会亮的。哪怕再灰蒙蒙，也终究会亮晶晶。"

第二部分

LIUXUESHENG ZUOPIN ANLIJI

留学生作品案例集

「我眼中的中国」

版块一 中国初印象

导语

　　翁金珠，老挝沙湾拿吉的青年，心怀对河那边的大国——中国的憧憬，自幼播种梦想。高中毕业后，她怀揣父亲的期盼，踏上了前往中国青海西宁的求学之旅。从家乡的泥泞小路到中国的高速动车，她深感"中国速度"的震撼。西宁的美景与当地人的热情让她备感温暖与自豪。中老铁路的开通见证了两国的友谊，她决心在这片土地上奋发图强，用青春和奋斗铺就未来的光明大道，成为中老友谊的生动注脚。

河那边的大国
The Great Country Across the River

青海民族大学　学生：翁金珠（老挝）　指导教师：王　馨

　　小时候，我家住在老挝沙湾拿吉，家的前面就是有名的湄公河。每当我心情不好时总会到河边散步。尽管一遇到阴雨天，河边的路就变得泥泞不堪，但那条河、那条路是我前往外面世界的直接通道。我和小伙伴每天上学都要经过那里，也常爬到小路旁的山坡上捉迷藏、采野果。年少的我不但不觉得苦，反而有几分自得其乐。

　　有一天，我望着河对面问爸爸："如果沿着那条路一直往前走，最后

图1　翁金珠个人照片

能到什么地方呢?"爸爸放下手中的报纸告诉我说:"能到一个非常大的国家——中国,等你以后有出息了,应该去那里闯一闯。"那是我第一次知道"中国"这个名字,爸爸的话从此在我心里播下了梦想的种子,随着我慢慢长大,这个梦也越来越清晰。

人们常说,心之所向,身之所往!高中毕业后,我真的来到了中国学习汉语,第一站便是地处世界屋脊的美丽夏都——青海西宁。拿到录取通知书的那天,爸爸激动得掉下了眼泪。或许是因为期盼太久,当梦想实现时,感觉美好得有点不真实,然而这仅仅是我和中国缘分的开始。

离开家乡那天,我和家门口的湄公河道别,正式踏上了去往澜沧江发源地的征程。我和几个同去中国的老挝学生一起去坐火车,老挝的公路坑坑洼洼,还有很多狭窄的山路,颠簸加上路途较远,晕车和坐车的疲惫感影响了我的好心情。但进入中国境内后,余下的旅程给了我全新的体验。当我登上从昆明去西宁的动车时,已经是离开家的第二天。车刚驶出站,眼前便豁然开朗。随着车速越来越快,两边的高楼飞速地向后退去,宽阔平坦的公路映入眼帘,远处的村庄炊烟袅袅,一栋栋别致气派的小楼点缀其间,令人目不暇接。动车一路飞奔,既舒适又平稳,我被这"中国速度"深深地震撼了。

我满怀憧憬地踏上这片神秘的土地,内心却又禁不住有些自卑和胆怯,于是从来到中国的第一天起,我就告诉自己要争气,不能有半点儿松懈。幸运的是,中国的老师和同学待人真诚善良,让我感觉很温暖。同时,西宁是一座充满温情的城市,这里不仅有盖碗茶,还有手抓羊肉、大碗儿面片。大街上,每个人的脸上都洋溢着热情的笑容。我常想,来中国留学是我这辈子做出的最正确的选择。

除了学习课本知识,我还尽可能地拓宽自己的视野。来青海民族大学一月有余,我看遍了市内的风景,每一处都令人记忆犹新。最让我难忘的,是见识了各种各样的路:西宁市内车水马龙的八一路,夜幕中,霓虹

图2　翁金珠参加青海民族大学
校园文化活动节

灯交相辉映，周围的高楼鳞次栉比；纵横交错的高速公路，在高海拔地区，在湛蓝色的天空下，如同天路通向远方；还有青海湖边的公路，汽车行驶在蜿蜒的路面上，远处水天一线，令人流连忘返……

2021年底，经过中国建设者历时九年的奋战，万众瞩目的中老铁路开通了。这条铁路北起中国昆明，南至老挝万象，沿途串联起无数的城市和村庄，不仅促进了老挝的经济发展，也见证了中老之间即便崇山峻岭也无法阻隔的深厚友谊。老挝境内的地形十分复杂，不要说修建铁路了，就算在这里修普通公路也没那么容易，而在新冠病毒感染疫情蔓延和全球经济持续低迷的大背景下，中国要完成如此宏伟的工程，其面临的困难可想而知。大海不语，自是一种博大；高山不语，自是一种巍峨！中国在打造人类命运共同体方面付出的努力，全世界每一个热爱和平的人都能感受得到！

今天，我已经是青海民族大学汉语言文学专业的一名留学生了，虽然我在中国只待了两月有余，但是中国人民的恩情浸润着我，让我得以从山村走出国门，深刻体会到个人价值与国家命运相连的意义。记得一位中国诗人曾说，"没有比脚更长的路，没有比人更高的山"。是的，我从小路而来，因受中国的感召跨过大山和大河，前路越走越宽。无论今后国际风云如何变幻，相信中老两国人民定会携手同行，走出一条共同繁荣的金光大道。而我，将用奋斗的青春，努力让自己成为这条希望之路上最生动的注脚！

导语

从蒙古国来到中国石油大学（北京），阿扎吉雅的留学生活超出了她的期待。她沉浸在充满温暖的校园秋景中，积极参加国际文化节和中秋文化体验活动，展示蒙古文字，制作精美扇子，与世界各地的朋友交流。她的汉语水平快速提高，并在采访中分享对"一带一路"的见解，展现了对中蒙合作的期许。这段丰富多彩的经历不仅让她学到了新知识，也增添了她的自信与动力，让她决心在北京继续探索，深研中国文化，为两国友谊贡献力量。

中国比我想象的更精彩

China Is More Exciting Than I Imagined

中国石油大学（北京）　学生：阿扎吉雅（蒙古）　指导教师：周　洋

阿扎吉雅

图1　阿扎吉雅个人照片

我是阿扎吉雅，来自蒙古国。虽然来到中国的时间很短，但是中国比我想象的还要精彩和优秀，丰富的校园生活让我感到开心和满足。这两个月我走遍了学校的每一个角落，看过了校园很多美丽的风景。老师们很亲切，同学们也很友好。秋天的校园很漂亮，阳光穿过红色、黄色的树叶，让我感到很温暖。

从小我就是一个很积极和好奇的孩子，喜欢参加各种各样的活动或者比赛，总是让自己忙忙碌碌地。刚来到学校不到一个月，我的留学生活就已经非常丰富了。10月国庆节期间，学校举办了国际文化节。这不仅让我发现了许多国家的美好，也帮助我发现了中国的美好。在各种各样的活动中，我认识了世界各地的朋友，发现学校里有那么多国家的留学生。除了办我自己的展位，我还参观了其他国家的展位，也尝试了各个国家的美食，或多或少地了解了他们的生活方式和文化。在自己的展位上展示的时候，我兴高采烈地用毛笔书写蒙古文字。每一个来参观展位的人都可以留下自己想说的话，我用蒙古文字写下来送给他们，成语、诗词、他们的名字，都可以。看到他们很感兴趣的样子，我感到非常满足。

图2　阿扎吉雅（右一）书写蒙古文字

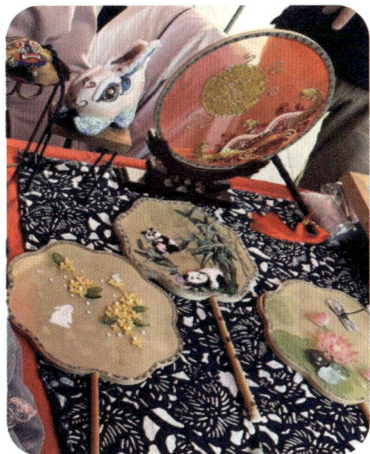

图3　阿扎吉雅参与文化体验活动

中秋节的时候，学校还举办了中国文化体验活动。我用活动上提供的材料学着做了精美的扇子，有各种各样的图案，比如大熊猫吃竹子的、小白兔看桂花的。

最让我开心的是接受了采访。虽然是线上采访，我也感受到了记者的亲切和蔼，因此我毫不紧张地回答了每个问题。现在看来，我对自己当时的答案感到非常满意，也感到很荣幸。记者问了我一个问题，对在北京举行的"一带一路"国际合作高峰论坛有什么看法。我刚好和同学们讨论过这个会议，我告诉记者："'一带一路'是中国人的智慧和主张，它邀请很多国家参与进来。蒙古国的'十亿棵树计划'，就能和'一带一路'的绿色发展联系到一起。"

我在这些丰富多彩的活动中学习到了很多东西，为我的学习之路积累了经验。我觉得这是自我发展的一个开端

我的汉语水平也提高了不少。在北京上学是一件幸运的事情，我还想去看北京各处的景点，更要好好学习，争取学习到中国文化的智慧和精髓，为我的祖国和两国的友谊作贡献。

　　苏尔曼（Garba Sulaiman Yana）来自尼日利亚，在东华理工大学攻读地球物理学博士。在中国两年的学习生活让他深刻感受到中国文化的博大精深和中国人民的热情好客。学习期间，他与同学们团结互助，学习汉语、书法，庆祝中国传统节日，这丰富了他的文化体验。他还加入了校内的国际足球俱乐部，与来自世界各地的朋友切磋交流，收获颇丰。这段难忘的求学经历不仅开阔了他的视野，也坚定了他未来成为优秀地球科学家的决心。

求学中国　认识中国
Studying in China and Understanding China

东华理工大学　学生：苏尔曼（尼日利亚）　指导教师：邓居智

Sulaiman Garba Yana

图1　苏尔曼个人照片

　　我是苏尔曼，来自尼日利亚，是东华理工大学地球物理与测控技术学院的博士生。想必有些留学生会有疑问：中国是一个学习的好地方吗？中国最好的大学是哪所？中国的大学生活是什么样的呢？在中国求学时我们应如何适应中国的环境呢？

　　如果你计划在中国求学，你将会有很多美好的事情值得期待。因为对于你来说，来到中国可能会让你耳目一新。

攻读博士

　　在获得硕士学位后，我于2018年决定留在学校深造，继续攻读地球物理学博士学位。为什么要在中国读博？事实上，中国在全球范围内是雄心、拼搏和成功的象征。多年来的尼中关系也表明了中国是来自尼日利亚莘莘学子的理想去处。事实上，中国出色的学术研究基础使其成为尼日利亚学生的首选。中国的教育机构在全球具有深刻的影响力，吸引了来自世界各地的学者。

我决定继续在中国学习，也是因为中国令人惊叹的学术设施、国际教育和学术研究水平、友好的尼中关系，以及中国人民的热情好客。毫无疑问，中国已成为尼日利亚人民的第二故乡。中尼经济走廊项目进一步加强和促进了两国关系，为两国教育、科研、贸易和经济社会交流打开了窗口。我坚信中国是我攻读博士学位的最佳国家。我的命运也因为我进入中国攻读地球物理学博士学位而发生转折。

由于来中国之前，听到了许多关于中国的错误信息，我一直担心在中国的学习生活。然而在到达中国之后，中国人民的热情好客、精诚合作、智慧友好感动了我，也消除了我之前对语言障碍或其他困难的所有担忧。在中国，我感到轻松自在，因为我在跟世界上最有爱心和最乐于助人的人们在一起。

日常生活

从某些方面来说，过去两年非同寻常。尽管新冠病毒感染疫情给我们带来了种种困难，但它并没有阻止我们对知识的追求。虽然无法与所有同学见面，但我们依旧心连心，微信群里也总是有学校无微不至的关心。国内外的朋友和同学自发组织了在线讨论和课堂通话。我们团结互助，齐聚一心，力争"不让任何人掉队"。过去两年的学习和经历是宝贵而难忘的。

我选择地球物理学作为我的专业，是因为我从小就在一个拥有废弃矿产和碳氢化合物资源的国家长大，一直想成为一名专业的地球科学家。我热爱汉语，很高兴看到越来越多的其他国家的人想学习汉语。我在第一年学习了许多相关课程，如语言课和文学课；我还学习了一些中国传统艺术，如书法。

作为一名学生，我总是尽最大的努力去获取更多的知识、学习更多的技能，以帮助我在不久的将来成为一名优秀的地球科学家。在东华理工大学求学期间，我看到了许多以前从未见过的奇特的事物，遇到了一些非常聪明和勤奋的人才。这所大学的学生生活丰富了我的人生，开阔了我的视野，让我收获颇丰。我们还一起庆祝了一些中国传统节日，如春节、中秋节、国庆节等，加深了我对中国传统文化的了解。这对我来说意义非凡！

在学习上，我有一个来自中国的学习伙伴，我可以教他英语，同时向他学习更多汉语。在日常生活中，我和室友相处得很好，我们的关系亲密得像家人一样。

学校的活动

东华理工大学的课外活动丰富多彩。我刚来中国时，加入了国际足球俱乐部和学校其他发展项目。我在这个俱乐部遇到了来自世界各地的人，共同赢得了几座奖杯。尽管我们来自不同的国家，但仍然可以分享各自的想法和故事。

总之，在东华理工大学的学习生活对我来说是一次难忘的经历。它在我今后的生活中发挥着重要作用。

导　语

　　来自蒙古国的思睿分享了在中国石油大学（北京）参加国际文化节的经历，为文化节准备蒙古族舞蹈和美食，并在活动中展示蒙古族传统文化。她感受到了中国文化的包容和热情，也体会到了来自不同国家人们的友谊与交流。通过文化节，她认识了许多不同国家的朋友，增进了对中国文化的了解和欣赏。思睿期待着未来能够继续参与这样的活动，为促进中外文化交流贡献自己的力量。

包容热情的中国文化节
——记我在国际文化节的体验

Chinese Cultural Festival: Inclusive and Enthusiastic
—My Experience in One International Cultural Festival

中国石油大学（北京）　学生：思睿（蒙古）　指导教师：周　洋

　　我是思睿，来自蒙古国。我对中国的印象可以用一句话形容：中国既像一位拥有丰富的经历和知识的老人，又像一位充满活力的年轻人。

　　虽然我学汉语的时间不长，但其实我从初中开始就在中国留学了。在这几年里，我喜欢上了中国的生活，中国就是我的第二故乡。

　　2023年开始，我在北京上大学。我们学校因为新冠病毒感染疫情中断了几年的国际文化节，2023年10月又重新开始举办了。我们一个月前就开始准备。学院告诉我们可以表演节目，我和同学

图1　思睿个人照片

图2　思睿（中）在国际文化节上表演舞蹈

们一下就想到舞蹈。蒙古族舞蹈很有自己的特色和历史，所以我们准备的节目就是蒙古舞。

每天晚上，我们都会排练舞蹈。虽然有些累，但是因为国际文化节很久没举办了，所有参加的人都很兴奋，大家都排练得很努力。演出之前，我还有点紧张，但上台开始跳舞之后就不紧张了。我们感觉自己跳得特别好。跳完后，很多人来夸奖我们，还有很多人跟我们一起拍照。那时候我感觉自己像一个明星一样，也为蒙古舞的备受欢迎而感到自豪。

除了表演节目之外，我们还要分享自己国家的特色食物、文化和历史等。国际文化节前一天，我们都很忙，因为我们要自己准备特色食品。为了让食物保持新鲜，我们从晚上12点开始，一直到凌晨4点才准备好。每名蒙古国学生都来帮忙做饭，热热闹闹地做了500个蒙古烤肉饼，还有各种小菜和果汁。最后这些食物几乎都分出去了。我们都很开心。

国际文化节上，每名蒙古国学生都穿上了传统民族服装，还装饰了漂亮的展位。展位的墙上贴着特色景点的照片，还有其他介绍历史和文化的照片和海报。很多人都来我们的展位参观，好像对我们国家的历史和文化很感兴趣。这一天真的很完美，我了解到了不少国家的文化和特色，还交了很多朋友。

作为一个蒙古人，我当然为自己的国家感到自豪。国际文化节是一个很好的活动，让不同国家的留学生展示自己国家的文化。我在国际文化节上感受到了中国人民的热情和包容，我们可以尽情展示自己的文化特色，大家都用赞赏的眼光和态度一起交流。我希望明年还能参加国际文化节，为不同国家之间的友谊作贡献。

导语

　　刘月莹 Dulyasatien Thanyada 是来自泰国的留学生，曾在中国河北省邯郸市第二中学度过了 10 个月的交换生生活。在此期间，她接触到了汉语，了解了中国文化，交到了许多朋友。在学校，她参加了茶艺、书法、太极拳等活动，还有幸上台表演京剧。与中国家庭相处的日子，让她更深刻地体验了中国的文化和生活方式。这段经历不仅让她爱上了中国，更为她树立了新的目标——考入中国的大学。如今，她已经实现了这个梦想，成为广东外语外贸大学的一名学生。

铭记于人生的宝贵经验

——记我在邯郸市第二中学当交换生

Valuable Experience in My Life
—As An Exchange Student at Handan No. 2 Middle School

广东外语外贸大学　学生：刘月莹（泰国）　指导教师：范香娟

　　我是刘月莹，来自泰国曼谷。2018 年 8 月至 2019 年 6 月，我通过 AFS Thailand 交换生项目来到中国河北省邯郸市第二中学当交换生。在这 10 个月里，我学到了很多东西、交了很多朋友，也亲身体验了中国文化。虽然这不是我第一次来中国，但这是给我印象最深刻的一次。

DULYASATIEN
THANYADA

图 1　刘月莹个人照片

　　2017 年，刚刚考上高一的我看到了学校宣传的 AFS Thailand 交换生项目，就立刻报名参加笔试和面试。当时，我的第一选择是中国，因为我来过中国很多次，全部都是短时旅游，没有深刻地了解中国文化，这次当交换生的目的就是要学习汉语，体验中国文化。2017 年底，我顺利地通过了考试，并被安排去邯郸市留学 10 个月。

图2 刘月莹和中国家庭

图3 刘月莹在台上表演京剧

图4 刘月莹上书法课

图5 刘月莹上太极拳课

2018年8月，16岁的我第一次离开父母的怀抱，来到中国。在这里，我第一次见到了现在的闺蜜张琪。我们星期一到星期五要住在学校的宿舍，周六和周日要在中国的家庭住（英语叫Host Family），让我们更贴近中国文化，学习汉语。

在中国家庭住的时候，我学会了怎么用筷子，了解了中国人的餐桌礼仪，我还跟他们过中秋节和春节。在学校的时候，我也学习到了不少中国文化。我们有茶艺课、书法课、太极拳课、汉语课和其他活动。有一次，京剧专家老师来到我们学校表演，我有机会也上台参与，这让我非常开心。

在这10个月的时间里，我交到了很多中国朋友。这次的交换生项目让我爱上了中国，结业典礼的那天，我有了新的目标，那就是一定要考上中国的大学，来中国读书。如今我已达成目标，进入广东外语外贸大学读书。

版块二 中国好风光

导语

　　来自喀麦隆的留学生刘汴京（Sime Nkemeni Darrin）热情地述说了他在中国河南省开封市的丰富多彩的生活经历。作为河南大学武术学院的一名博士生，他深深爱上了这座古老的历史名城。通过学习豫剧，他感受到了中国文化的深邃内涵，并积极参与了各种表演和比赛。刘汴京认为，文化是世界的纽带，他希望通过自己的努力，让更多人了解并感受到开封这座城市的魅力和独特韵味。

美丽的开封　多彩的文化
Charming Kaifeng and Colorful Culture

河南大学　学生：刘汴京（喀麦隆）　指导教师：石　慧

　　我是刘汴京，来自喀麦隆。喀麦隆位于非洲中西部，被称为"小非洲"。我热爱唱歌、踢足球，也非常喜欢学习不同的文化。我在中国开封已经生活了六年多的时间，所在学校河南大学是一所百年名校，我在这里的武术学院攻读博士。开封，是中国首批历史文化名城，也被称作汴京，是有名的"八朝古都"。即使在今天，也可以依稀感受到这座小城作为都城时的独特魅力。我和我的同学都很喜欢这座城市，因为它总是能够带给我们惊喜，让我们体验到丰富多彩的文化习俗。

　　我从小跟着奶奶学习文化，所以我对文

SIME NKEMENI DARRIN
CAMEROON
刘汴京
喀麦隆

图1　刘汴京豫剧剧照

图2　刘汴京与恩师李树建登台献唱

化非常感兴趣。开封是"八朝古都"，历史悠久且文化底蕴深厚，它的豫剧文化深深吸引了我，我在豫剧的节奏和韵律中感受到了中国人内心的情感，于是我开始学习豫剧。2019年，我参加了《梨园春》全国戏迷擂台赛，并在总决赛中获得了年度擂台的银奖。后来，学校的老师经常给我们机会去了解豫剧，我因此参加了很多戏曲的表演活动，还去中央电视台、河南卫视和山东卫视录制电视节目，从中得到了很多的快乐。当然，这样的快乐也会被我通过网络分享给世界更多的朋友。在我的生活中，中国和世界无时无刻不在进行着对话和交流，这让我很开心。当我演唱豫剧的时候，我才知道人们热情的来源，才知道他们对幸福有着多么强烈的渴望。在我学习豫剧的道路上，我遇到了很多热情且热爱生活的人，比如我的恩师李树建和师母、师兄、师弟、师姐和师妹，他们对我的鼓励和支持让我非常难忘。在这样的文化交流中，我发现文化有同根性，每一个民族的生生不息都离不开文化。

在中国，有很多像开封一样的城市，它们既能从传统文化中寻求自己的根脉，形成独特的气质，又能在不断地发展中融入世界、沟通全球。我们爱上了这里的简单与从容，也爱上了这里的丰富和精彩。我也给自己起了一个新的中国名字——刘汴京！我们都希望开封政府能保持开封的特色，把开封的特色小吃、古老建筑和独具一格的地方风俗展示给更多的人，让世界上更多的人感受"八朝古都"开封的魅力！

图3　刘汴京参加国际短视频大赛

图4　刘汴京参加豫剧公益演出

导 语

这是来自土库曼斯坦的留学生柯力（Yslamkerim Ashyrov）在中国青海省西宁市的丰富生活经历。他深情地赞美西宁的发展和美丽，从过去的贫困到现在的繁荣，西宁的蜕变令他惊叹。他描述了西宁发展的场景，包括道路改善、建筑更新、人民生活的改善以及城市美化。柯力也分享了在青海民族大学学习的愉快时光，以及老师们对留学生的照顾。他还描述了自己参与的各种文化体验和生态活动，以及对西宁独特魅力的赞赏。

西宁发展无限好

China Is in Significant Progress

青海民族大学　学生：柯　力（土库曼斯坦）　指导教师：香成儒

中国，从过去的贫穷到现在的富裕，她用不懈奋斗和快速发展向全世界展示了自己真正的实力。西宁就是中国发展的一个缩影，在这里，我听到了中国故事、看到了中国成就、感受到了中国魅力。

西宁是青海省的省会，是整个大西北重要中心城市之一，更是青藏高原的门户。据了解，过去的西宁发展缓慢，百姓的生活比较贫困：道路狭窄，房屋破旧，很多孩子上不了学……但是，近年来，西宁的发展日新月

图1　柯力个人照片

异，尤其是在中国政府提出了脱贫攻坚战略之后，西宁步入了发展的快车道。现在的西宁，到处都是平坦的柏油马路、新建的各式楼房，人们的脸上都洋溢着幸福的笑容。公园里、广场上到处盛开着美丽的鲜花，丁香、梨花、杏花、

图2　柯力参加唐卡艺术活动照片

郁金香竞相开放，别有一番情趣，尤其是青海湖畔七八月份盛开的万里油菜花，更是一道亮丽的风景线。郁金香节、环湖赛（环青海湖国际公路自行车赛）让世界都知道了夏都西宁。西宁已经成为一座具有中国魅力的旅游城市。

我所在的青海民族大学与新中国同生共长，有着七十多年的办学历史和深厚的文化底蕴。在这里，学校的老师从生活、学习等方方面面都无微不至地照顾我们，让我们在异国他乡感受到了家的温暖和真挚的师生情。学习之余，老师经常带我们去西宁周边参观体验，我们先后去了共和、湟源、平安、互助等地，体验了不同地域的独特魅力。在去参观的路上，我们看到了风力发电、水力发电和太阳能发电等清洁能源发展方式，感受到了西宁的生态战略地位。同时，我们参加了各种有意义的活动，比如在共和县走进了公益林，给树松土、浇水；在互助县了解了独特的土族盘绣，在专业绣娘指导下体验青绣"一丝一线"的魅力与风采，完成了简单的青绣作品。这些活动都让我深入地了解了西宁的发展和青海的特色文化。

在我看来，西宁是一个非常美丽的城市，在这里我领略了大美青海的独特魅力，品尝了各具特色的美食，感受了不同民族的风俗文化。我非常珍惜在青海民族大学学习的机会，我会把在这里看到的、学到的一切分享给我的家人和朋友，发挥"讲好中国故事，传播好中国声音"[1]的桥梁纽带作用，最后衷心祝愿西宁的发展越来越好。

---

① 习近平：《加强和改进国际传播工作 展示真实立体全面的中国》，《人民日报》2021年6月2日，第1版。

导 语

　　巴布亚新几内亚留学生弗兰克（Caleb A Frank）在南昌航空大学攻读研究生，对江西的发展和美景深感喜爱。五年来，他见证了南昌的快速发展，尤其是在茶文化和VR技术领域。参加东北亚青年可持续发展研习营后，他对南昌的未来充满信心。南昌融合了传统与高新科技，勤奋乐观的江西人更让他感受到希望。弗兰克热爱南昌，决心将其故事传播给世界，表达对江西的深厚情感。

我在南昌留学的生活经历

The Experience in Nanchang as an International Student

南昌航空大学　学生：弗兰克（巴布亚新几内亚）　指导教师：胡　妮

　　我叫弗兰克，来自大洋洲的巴布亚新几内亚，现在是南昌航空大学的一名研究生。2018年我来到江西留学，这里天很蓝、水很清、山很绿、建筑很美、人也很好，我一下子就爱上了江西。

　　江西的发展日新月异。尽管我在南昌已经生活了五年，但我仍然觉得南昌是一个充满惊喜的城市。2022年我参加了东北亚青年可持续发展研习营，对南昌又有了新的认识。"读

图1　弗兰克个人照片

万卷书，行万里路"，在这次活动中，我们参观了林恩茶研园，深刻体验了中国博大精深的茶文化，这里的茶产业帮助很多农户实现了脱贫致富的梦想，他们的茶叶通过中欧班列远销海外，受到"一带一路"共建国家的欢迎。让我印

图2　弗兰克（中）参加东北亚青年
可持续发展研习营

象最深刻的还是南昌的VR技术，每年的VR产业大会都会吸引世界各地的人们来到南昌进行交流。我们在VR产业园体验了科技带来的震撼，通过小小的VR眼镜，我能看到世界，看到南昌的美好未来！和我一起的小伙伴们都为南昌的迅速发展感到惊叹。

南昌既有传统文化，又有高新技术，既有绿水青山，也有金山银山。这里开窗见绿，推门见景。生活在这里，身边都是勤奋乐观的江西人，我也觉得浑身是劲，充满了希望。我要把江西的故事讲给世界听！不知不觉中，江西已由他乡变成了我乡，我爱南昌！我爱江西！

导 语

　　俄罗斯留学生安娜（Filinova Anna）在杭州度过了她的中国岁月，这座城市成为她生活和摄影的灵感之源。从迷人的西湖到古老的河坊街，杭州的美景和丰富的文化深深吸引着她。杭州的传统与现代交融，为摄影师提供了丰富的拍摄机会，成为她创作的乐园。如今，杭州不仅是她的创作基地，更是她的家。她渴望通过作品向世界展示这座城市的美丽和魅力，将杭州的故事与全球分享。

捕捉光影：我的杭州之旅

Capturing Light and Shadow: My Tour in Hangzhou

浙江财经大学　学生：安　娜（俄罗斯）　指导教师：赵　倩

　　在中国生活对我来说是一次不可思议的、变革性的经历。作为一名摄影师，我有幸记录下了许多令人心驰神往的瞬间，而那座让我心驰神往的城市便是杭州。自从我2018年抵达杭州以来，这座迷人的城市已经成为我的家。她激发了我成长为一个更好的人和一个更优秀的摄影师。在这里，我将深入探讨为何杭州是我见过的最美丽的城市，她是如何塑造我成为一个成年人，并让我渴望将其展示给全世界。

图1　安娜个人照片

　　我在2018年开始了我在中国的旅程，那是我第一次踏上杭州的土地。当时我并不知道这座城市会成为我的第二个家，会成为我生活的一个重要组成部分。这里的文化、人文和风景瞬间吸引了我，我知道自己找到了真正的归属。

然而，生活却给了我不同的安排。出于个人原因，我被迫回到家乡超过两年的时间。离开杭州的这段时光，我的内心一直渴望、梦想回归这座城市，这是一段充满挑战的时期，我不断地思念着我心爱的城市。

当我得知自己终于能够回到杭州时，那是我一生中最幸福的时刻之一。尽管充满了困难和复杂性，但与那座已经俘获了我的心和灵魂的城市重逢的念头让我无比喜悦。这是梦想成真。

杭州的美丽无与伦比，它如画的风景、宁静的西湖以及随处可见的绿意让它成为摄影师的绝佳创作地。这座城市传统文化与现代文化的融合为摄影师提供了丰富的拍摄素材。古庙上的光影交织、自然与城市生活的和谐以及不断变幻的季节都使杭州成为摄影师的梦想之地。

杭州的美丽源自其丰富的历史、文化遗产和自然奇观。西湖宁静的湖水和如画的塔楼令人陶醉，龙井茶园的郁郁葱葱、历史悠久的河坊街和凌云寺的壮丽，为探索和拍摄提供了无穷的机会。

图2 杭州照片

图3 杭州西湖美景

杭州一直是我创作的灵感之源。这里的历史、文化和风景激发了我的创造力，激励我在摄影事业上取得卓越成就。

随着时间的流逝，杭州已经从一个临时居所转变为我的家。它已经成为我的一部分，我在这里找到了宁静和归属感。

杭州为我提供了无限的自我发现和艺术表达的机会。我的梦想是继续在杭州生活，不断提升自己，不仅作为一个人，也作为一名摄影师。我渴望通过我的作品向全世界展示这座城市的美丽和魅力，让全球的人们认识这座迷人的城市。杭州对我的生活产生了深远的影响，将永远在我的心中占据特殊的位置，激励我追随梦想并与世界分享它的卓越故事。

导 语

乌兹别克斯坦留学生夏克（Shakhzod Kholmurodov）分享了他在江西省赣州市于都县的研学之旅。他参观了潭头村，了解了中国乡村发展史和中国长征史。在潭头村，他听到了习近平总书记亲临慰问的故事，参观了公益学校和博物馆。他为潭头村发展速度之快所感动，特别是农村旅游和富硒蔬菜产业的兴盛。夏克感慨地说道："幸福都是奋斗出来的。"这句话不仅概括了潭头村的发展历程，也激励着夏克在中国不断成长与奋斗。

幸福都是奋斗出来的
——我的赣南研学之旅
Happiness Is Achieved Through Hard Work
——My Field Trip in Gannan Area

赣南师范学院　学生：夏　克（乌兹别克斯坦）　指导教师：张　静

我是夏克，来自乌兹别克斯坦。2023年5月14日学校组织留学生去江西省赣州市于都县开展研学活动。活动目的是让我们有机会了解中国农村的发展和中国长征的历史。

我们首先参观的是潭头村。到达潭头村后，我发现中国农村发展得真不错。这不是我第一次去中国农村了，之前我也去过一些其他村庄。

我想从一个当地人的故事讲起。潭头村的孙观发先生告诉我说，2019年5月20日下午，习近平总书记来到于都县梓山镇潭头村看望他们一家人，并和他们一起吃了一顿饭。

图1　夏克个人照片

这户人家一直保存着习近平总书记坐过的椅子。他们告诉我，十八大以来，习近平总书记多次深入原中央苏区考察调研，对老区群众始终记挂在心。他在江西调研并主持召开推动中部地区崛起工作座谈会时说："现在国家发展了，人民生活好了，一定要饮水思源，不要忘了革命先烈，不要忘了中央苏区的老百姓们。"这个故事让我感受到了中国政府对老百姓的关心。听完他的故事，我参观了这里的公益学校。来到这里，看到门上写着"成长乐园"四个大字。因为农村的很多家长常年在外地打工，没有人照顾孩子，所以他们会把孩子送到这所学校，这里的退休老师们会帮他们照顾孩子、教育孩子。随后，当地人带领我们参观了潭头村，我们还去品尝了潭头村的特色小吃——麻饼，麻饼口感很独特。接下来，我们又参观了长征出版物博览中心，里面有很多关于中国红军长征的书画、图书等。通过讲解员的讲解，我们了解到了很多关于中国长征的历史。我认为，中国红军长征是一段艰苦的岁月，在困难时期，于都县人民为长征作出了巨大牺牲和贡献，发挥了重要作用。长征精神值得我们所有人学习。潭头村的村民也说"我们村是有名的'红军村'，全村共有32名烈士"。看到他们说话时的自豪神情，我明白这段历史对他们的重要性，感受到了村民的爱国情怀。

借着"红色故乡"的称号，潭头村成立了乡村旅游合作社，开办了特色农家乐、休闲采摘、农事体验、红色研学旅游等项目，通过村民入股的方式，让村民当上了股东，村里人气越来越旺，游客络绎不绝。村子发展起来了，不仅有革命老区的红色烙印，还有新时代蓬勃发展的朝气。潭头村目前的两大产业是：乡村旅游和富硒蔬菜。我们参观了这里的大棚种植基地，规模很大，蔬菜品质很好。听村民说，这里的蔬菜被销往世界各地。因为这些蔬菜，许多在外打工的人有了回家工作的机会，当地人的生活变好了，变得踏实了、富裕了。这次乡村之旅结束时，走到村口，我看到红色雕塑上的几个大字熠熠生辉：

图2　夏克参加潭头村博物馆

"幸福都是奋斗出来的"。这几个字是对潭头村发展历程最好的写照，也给了我很大的激励。我来到中国已经三年了，从一开始的不适应到现在会说普通话，能写规范汉字，这个过程是辛苦的也是幸福的。我相信，因为只有奋斗才能够收获幸福。

导语

　　孟加拉国留学生张浩（Rahman Nishadur）在广东外语外贸大学度过了愉快的时光。他对中国文化和美食充满热情，积极参与各种活动，深入了解这个神秘的国度。他游历南京、重庆、山西等地，参加了感知中国、广交会、中外友谊运动会等精彩活动。从韶关的山水画卷到龙川的客家文化，再到山西的历史遗迹和洪洞的丰富物产，每一处风景都给他留下了深刻印象。重庆的繁华景象和美味佳肴更是让他神往不已。张浩表示，中华传统文化博大精深，他将继续努力学习，探索中国的魅力，为增进对中国文化的理解不懈努力。

老外在中国的生活

My Life in China as a Foreigner

广东外语外贸大学　学生：张　浩（孟加拉国）　指导教师：范香娟

　　我是张浩，来自孟加拉国。我是广东外语外贸大学的一名本科生。2022年10月，我第二次来到中国。在中国，我度过了非常快乐的时光。中国是一个年轻的国家，新中国的历史只有短短七十余年；同时，中国也是一个古老的国度，拥有着五千多年

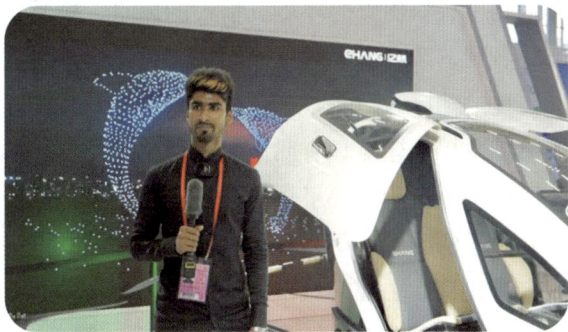

图1　张浩个人照片

深厚的文化积淀。我非常喜欢中国文化，常常被中国博大精深的文化所折服，当然，我也钟情于中国各类富含民族特色的美食。

　　我总是渴望学习新的东西。所以，我在中国的时间除了学习以外，还通过参加各种各样的活动去了解中国，体悟并了解中国文化。这段时间我去了很多

图2　张浩活动照片

地方，如南京、重庆、山西、广州、深圳、韶关、龙川、惠州、肇庆、佛山、江门、英德、清远……我参加的活动也有很多，包括"感知中国"、广交会、中外友谊运动会、佛山进出口商会组织的我校实习基地揭牌仪式、中国大学生设计大赛、江苏省马拉松比赛、新时代国际学生教育高质量发展论坛等。

毋庸置疑，我去过的每一个地方都有它的特点，有方言，有当地的美食、生活习俗等。亲眼看过、亲身感受到过、接触过这么多地方的文化、美食、风景，确实无一不让我刻骨铭心。所以接下来，我跟大家讲一讲留给我印象最深刻的地方和它的文化。

● 韶关：在第三次参加"感知中国"活动时，我去了韶关市的乳源县。虽然这是第三次，但它还是给我留下了深刻的印象。韶关风景优美，山高水远，像一幅生动的山水画。我们去参观山上的贫困地区。那里的生活跟城市里的生活很不一样。那里的生活节奏很慢，生活较为单调，没有城市的生活那么丰富，不过幸福还是存在的。该有的他们都有，有房，有路，有吃的，有电，连网络也有！优美的环境、怡人的风景、极具特色的美食是他们的特点。能够亲眼看到，亲自去了解过他们的文化，尝试过他们的美食，我永远都忘不了。

● 龙川：龙川，一座有故事的城市。龙川的建筑具有明清建筑风格和岭南特色。我还去了学宫，里面供奉着孔子的雕像。每当我去一个新的城市，我喜欢去观察城市的夜晚，去感受，去体验，看广场上跳舞的大爷大妈，看活泼好动的小朋友。龙川也不例外，晚上的龙川是非常漂亮的。龙川的美食有很多，其中最有特色的是"鱼生"。在龙川，我还学了几句客家话呢！所以亲自体验龙川故事，尝试当地的美食，接触当地的文化，

图3　张浩体验中国文化

模仿当地的方言，对我来说真的是个新的成就！

● 山西：我从南方去了中国的北方省份——山西！我去了山西的洪洞，洪洞的口号是"走遍天涯，洪洞是家"。北方的生活习俗跟南方的差别很大。在那边待了几天，尝试了他们的美食。虽然广东的美食很丰富，但是感觉北方的美食更加适合我的口味。洪洞物产丰富，景点很多。我们去参观了广胜寺，二、三代槐树，石经幢等。总的来说，我去山西洪洞学习到了新的东西，积累了新的知识，这使我对中国文化有了进一步的了解。

● 重庆：重庆的故事就有点不一样了，那是个大城市！生活节奏很快。我最喜欢重庆的美食！因为我喜欢吃辣，重庆的美食正好适合我的口味，尤其是重庆的火锅和水煮牛肉。重庆给我的第二个印象是它的建筑！站在一栋楼的十五层我能看到另一栋楼的第一层。

总的来说，中华文化内容丰富，包罗万象，历史悠久，博大精深，我会不断地学习，了解中国，了解中国文化，积累对中国的感知！

導 语

　　高广达（Aung Min Khant），来自缅甸的留学生，眼中的中国古老而又现代。尽管刚来中国两个月，他已对这个国家有了特殊的情感。在北京的生活中，他发现了中国线上支付的便利性，也遇到了文化的冲击。长城之行让他深刻感受到古代中国人智慧的伟大。他对中国的名胜古迹充满好奇，也对中国的科技发展感到惊叹。在这个充满历史底蕴又蓬勃发展的国家，他期待着更多有趣的事情发生，愿意深入探索这个古老又现代的中国。

古老又现代的中国
——记我在中国北京的留学体验
Ancient and Modern China
—My Study Abroad Experience in Beijing，China

中国石油大学（北京）　学生：高广达（缅甸）　指导教师：周　洋

　　我是高广达，来自缅甸。虽然我来到中国才两个月，但我对中国有些特殊的感情，来中国后也有很多新的感受。

　　我从小就能接触到从中国来缅甸工作的一些老师，他们在上课的时候总会介绍一些中国的现状和文化。我很喜欢学习中文，在学校里也经常和中国老师交流，因此我的中文说得不错，也对中国心生向往。

　　高三毕业，我打算出国留学，可是当时如果要出国，必须由监护人陪同。我的父母工作繁忙，不能陪我出国学习。我只好找了一份工作，在中文学校担任助教。这份工作让我和中

图1　高广达个人照片

国老师由师生变成了同事，他们在工作中为我提供了很多帮助。在与他们的交往中，我也感受到了中国的社会文化与礼仪。我更向往去中国留学了。

一年后，我终于如愿出国留学了。由于我的中文很好，一路上的沟通不成问题，非常顺利，刚到中国时我非常激动和开心，感觉一切都很美好。但我马上就感觉到了一些"文化冲击"，毕竟刚到新的地方，难免会有一些磕磕绊绊。

中国的线上支付很便利。但是一开始买东西的时候，我既没有支付宝，也没有微信支付。有一次去便利店买早餐，我用人民币支付，加上我的汉语说得不错，后面排队的一位老爷爷问我："你也用现金啊？"我当时不知道他为什么这么问。后来我才知道，在中国几乎任何地方都可以用一些软件直接付款，甚至连自动售货机都有二维码。我坐公交车也遇到了类似的问题。我一个人去坐公交车，我知道上车要扫码，但是不知道在北京下公交车还要再次扫码。刚要下车，身后就传来一声："扫码！"后来我听别人说，如果下车不扫码，车费会按照最贵的那一档收，怪不得司机师傅要大声提醒我了。

我在北京留学，当然要近水楼台先得月，去一次长城，正所谓"不到长城非好汉"嘛！我鼓足勇气，坐公交车去，下车以后不熟悉路，有很多人给我指路，还有中国人提出开车送我。我花费了一段时间，总算到了长城脚下，见识到了真正的"人山人海"。不论老人还是小孩，都在长城上爬得不亦乐乎。

图2　高广达（前排右二）参加徒步长城活动　　图3　高广达（左二）活动照片

当我踏上长城的那一刻，感觉无比舒畅，就像取得了某种成就一样，开心极了。一眼望去，长城无边无际。我一边爬，一边想：在那个时代，那么陡的坡，竟然能建起那么长的长城！心中不由得感到一阵佩服。爬到高处，望着下

面的风景，不由得感慨：真美啊！只可惜没能拍下来，因为人实在太多了，我不好意思停留太久。

我常常感叹，中国有许多名胜古迹，然而高科技也无处不在——中国人出门似乎都不需要带钱包。这种种经历让我更加享受在中国的留学生活了。以后还会有怎样有趣的事情发生呢？

版块 三 中国趣体验

导 语

　　叶猛（Hojaberdyyev Emir）来自土库曼斯坦，他的留学生活中有着一段难忘的经历——走进浙江省人大。在"五四宪法"历史资料陈列馆，他了解了中国宪法的诞生，感受到了中国政府对宪法的重视。在浙江省人大会堂，他参加了会议，听取了关于人民民主实施的介绍，被中国政府工作人员的专业素养和奉献精神所感染。这次体验让叶猛深刻理解了中国的法治精神，也对中国的民主建设有了更深的认识。

宪法的故事：走进浙江省人大的一天
The Story about Constitution：One Day When Entering Zhejiang Provincial People's Congress

杭州师范大学　学生：叶　猛（土库曼斯坦）　指导教师：骆　蓉

　　我是叶猛，来自土库曼斯坦。2023年杭州亚运会之前，我们有幸参加了"在浙外籍人士走进人大"活动。对我来说，走进浙江省人大是非常难忘的经历，这让我学习到了很多与中国宪法有关的知识，令人印象深刻。

　　早晨，我们来到了位于西湖边的"五四宪法"历史资料陈列馆。陈列馆坐落在美丽的西湖边，风景如画。走进陈列馆，讲解员带我们了解了中华人民共和国的历史，并告诉我们这里是中国第一部宪法诞生的地方。1954年，新中国领导人在这里起草了中国第一部宪法。我们参观了当年起草宪法的会议室，桌上整齐地

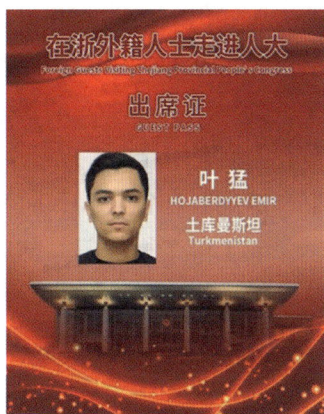

图1　叶猛的活动出席证

摆放着白瓷杯和6B铅笔。讲解员告诉我们，新中国第一部宪法吸收了很多国家宪法的优点，同时保留了中国自己的国情和特色。宪法草案正式公布后，全国各界超1.5亿人参加了大讨论，提出了118万条修改、补充意见。这个数字让我们在场的所有人都非常震惊，可以感受到中国政府非常重视宪法，也尊重普通人的意见。

中午，我们一起去吃了午餐。我们吃的是传统的杭州菜。坐在我旁边的是一位老师，她给我讲了每道菜的名字，增长了我的知识。杭州菜味道很好，我们都吃得很开心。午饭后，我们乘船游览西湖。在船上，我们遇到了一位2006年就来到中国的乌克兰人。他告诉了我们很多关于杭州的有趣的事，和他交流使我的眼界更开阔。

下午，我们来到了浙江省人民大会堂。每年一次的浙江省人民代表大会在这里召开，这里做出的每个决定，将会影响浙江6600多万人民。我们见到了浙江省人大代表和政府工作人员，他们邀请我们一起开会交流。下午的会议持续了整整三个小时。在会上，浙江省人大的代表们为我们介绍了人民民主实施的全过程，包含了民主选举、民主协商、民主决策、民主管理、民主监督这5个环节，可以保障人民当家作主。虽然我不能一下子理解这些概念的意思，但感觉中国政府工作人员对民主（democracy）有很多思考，他们也希望我们觉得生活在浙江是有民主的，是安全、幸福、有保障的。很多在场的外国人问了政府工作人员很多问题，也得到了他们认真的回答。我被人大代表们的专业性和奉献精神深深震撼了。他们非常仔细地去听我们的问题，并提出了很多有效的解决思路和方法。中国政府工作人员清晰的思路和解决问题的能力，给我留下了深刻的印象。

走进浙江省人大，对我来说印象深刻。我了解了中国第一部宪法是如何制定的，以及中国人的日常生活里是如何普及使用法律的。中国是一个依法治国的国家，我们生活在这里，既受到法律的保护，同时应该遵守中国的法律！

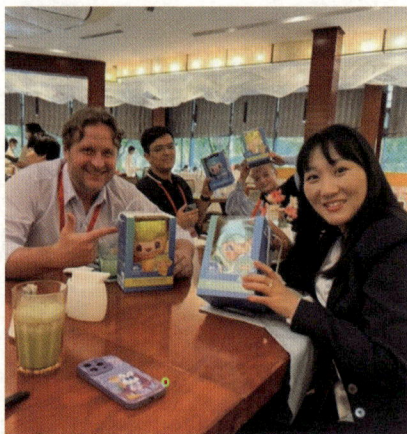

图2　参观的外国友人在座谈会现场

导语

　　郝大力（Christian Hodali），来自卢旺达，担任浙江省博物馆（之江馆区）英文讲解员，讲解古代浙江文物背后的历史与文化。他以志愿者身份，提升了讲解能力，与游客分享知识，增进了人际交往。这次经历让他更向往了解中国文化，学习语言、融入社会的愿望更加坚定。在他眼中，浙江省博物馆（之江馆区）成为了解中国文化的绝佳起点。这是一次宝贵的机会，也是他人生中不可或缺的一笔财富。

铭记于人生的宝贵经验
——记我在浙江省博物馆（之江馆区）的志愿者之旅
Valuable Experience in My Life
—My Volunteer Journey in Zhejiang Provincial Museum（Zhijiang Museums Quartier）

杭州师范大学　学生：郝大力（卢旺达）　指导教师：李雯静

　　我是郝大力，来自非洲卢旺达。2023年杭州亚运会期间，我和同学们一起担任了浙江省博物馆（之江馆区）的英文讲解员。我第一次参观博物馆是2023年9月14日，我和很多同学以及老师们一起出发。第一天，博物馆里的那些古代展品看起来都很陌生，也很有挑战性。在博物馆老师的讲解下，我们领略了"浙江一万年"展厅里每一件文物的风采，让我们得以一窥拥有一万年深厚文化底蕴的浙江。起初，我觉得博物馆的东西和内容太多太繁杂，但当我深入参观博物馆时，我觉得我开始了解了古代浙江人（河姆

图1　郝大力个人照片

渡人、上山人等）的生活，他们的农业活动如水稻种植，还有良渚人，他们有一件文物，我花了很长时间才能理解它。我无法忘记春秋伎乐铜屋，它是一个令人着迷的建筑，小小的青铜房子里，竟然有好几个乐工在演奏乐器，每个小人都那么精致，人们能盯着它看上好几个小时。

经过一个星期的考虑，我决定志愿成为一名讲解员，这是一个大胆而值得一试的决定。起初，我会忘记讲解词，因为我不理解文物的实际含义，死记硬背这些知识。感谢我的中文老师李雯静博士，她在9月24日星期日第一次陪我做志愿者。在后面的培训中，她没有让我死记硬背这些浙江历史文化知识，而是让我理解了文物代表了什么，它们讲述的古代浙江的故事，还有文物背后不同的文化和人群。之后，我通过了现场讲解考试，可以作为志愿者用英文为浙江省博物馆（之江馆区）的参观者讲解，我高兴得无以言表。现在，我能够在不死记硬背的情况下解释每一件文物，能够结合真正的含义和对文物的理解来进行讲解，这帮助我很好地完成了志愿服务。

文化包括人，也包括他们做什么，他们的生活方式、娱乐方式，他们相信什么、周边事物对他们的意义，所有这些都汇集在一起，形成了浙江博大精深的文化。今天，我很想更多地了解中国文化。了解他们是如何建造摩天大楼的、他们的穿着风格及其意义、他们为什么用筷子吃饭、为什么用陶碗或瓷碗，还要了解一代又一代中国人的传承。

在做志愿者时，每个人都有兴趣听我说，这证明了我的讲解很重要。我发现，当我一遍遍介绍这些浙江古代的展品时，我就越了解它们，介绍的语言也越来越接近自己的内心。在我讲解文物时，为了同时服务中国和国际参观者，我会尝试交叉使用普通话和英语，让更多人能够听懂我的介绍。让我高兴的是，很多幼儿园小朋友和小学生也很喜欢听我讲，他们都听得很认真。这次经

图2　郝大力在浙江省博物馆（之江馆区）为游客讲解古代文物

历对我的汉语学习也是很好的锻炼。我发现，中国的游客，不论男女老幼，对我们留学生都非常友好，他们脸上常常带着微笑，这让我很快乐。

在浙江省博物馆（之江馆区）做志愿者，是一个宝贵的机会！这次机会成为我积累知识的重要来源。在杭州旅行期间，我曾经看到一些标志，在博物馆里又看到了它们，我意识到其中一些标志起源于杭州的良渚文化，例如玉器上的头部堡垒。这些难忘的经历，如果错过了，那就是扔在河里的一滴水，再也找不到了。

我将在中国生活三年，未来我会从事与中国人民合作的贸易，我想了解更多的中国文化，说中国语言，融入中国社会。学习中国文化是融入中国社会的最好方式。如果你想从博物馆出发，如果你身在浙江，请从浙江省博物馆（之江馆区）开始！

导语

　　吴迪（Mohammad Saiyedul Islam），来自孟加拉国，分享了在中国五年的移动支付之旅。移动支付在中国已成为日常生活的重要组成部分，无论是在城市还是在农村，都普及了移动支付，展现了其强大的影响力。支付宝和微信支付让外国人也能方便地使用国际信用卡或借记卡。对于吴迪来说，移动支付已经成为中国生活中不可或缺的一部分，它不仅简化了交易，还培养了社区意识，展示了中国在科技和金融领域的引领地位。

无现金生活方式：我在中国的移动支付之旅

Cashless Lifestyle: My Journey in China with Mobile Payment

江西财经大学　学生：吴　迪（孟加拉国）　指导教师：杜景平

　　近年来，中国经历了一场引人注目的变革，尤其是在金融和技术领域。其中最重要的变化之一，就是移动支付的广泛应用。它彻底改变了人们的生活、工作和交易方式。作为一名留学生，我一直梦想着探索中国丰富的文化、历史和现代化的生活方式。

　　2018年春天，我怀着兴奋又惶恐的心情来到中国，一共到过26个省的150多个城市。我与移动支付的相遇，不仅重新定义了我的生活，还影响了我在这个充满生气的国家五年的探索历程，它让我的整个旅程变得忙碌而难忘。

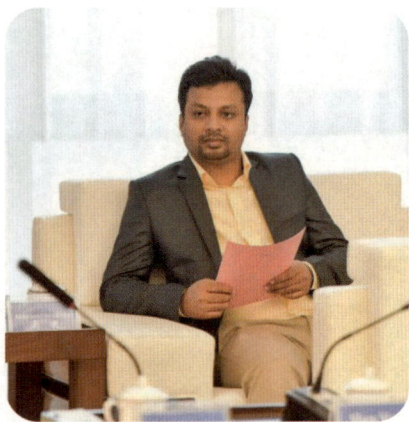

图1　吴迪个人照片

在中国时，我亲身经历了这项技术如何改变日常生活，它让购物、餐饮、交通等都变得无比便捷。几乎就在我踏上中国的那一刻，我就开始接触了中国的移动支付。在这个地方，移动支付已经完全融入了人们的日常生活。

从早上起床到晚上睡觉，移动支付的便捷加深了我与世界的联系。在中国的五年里，移动支付已经成为我日常生活中不可或缺的一部分。从在当地市场购买日用品到交水费，一切都变得简单高效。

支付宝和微信支付等已将中国转变为一个无现金社会，因为只需扫描二维码或点击支付链接即可完成交易。微信支付和支付宝是中国所有移动支付平台中的"最佳拍档"。对于在中国生活和工作的人来说，中国已经形成了一个完整的移动支付应用生态系统，涵盖了日常生活的方方面面。

在中国吃饭绝对是一种享受。无论是品尝四川火锅、北京烤鸭，还是成都街头小吃，移动支付都简化了整个过程。从售卖令人垂涎欲滴的街头小吃的摊位，到摆满琳琅满目珍品的繁忙集市，二维码遍布每个角落。

每次从公寓楼出来，我都会使用移动支付程序租一辆共享单车或电动自行车。我解锁单车，开始旅程。在目的地停好自行车，然后通过应用程序完成支付。无须现金或银行卡，只需快速扫描自行车上的二维码即可。

我还去了很多的农村地区，我以为那里的移动支付可能不会那么普遍。出乎意料的是，即使是在小村庄，许多商贩和商店也接受移动支付。这种在金融方面的包容性令人赞叹，真正展示了这项技术的影响力。支付宝和微信支付等中国移动支付平台让外国人能够使用他们的国际信用卡或借记卡进行支付，使在中国支付变得更加容易。

我认为，移动支付与我在中国的生活结合得非常紧密。无论是出行、就餐、购物，还是参加社交活动，移动支付都已成为一种不可或缺的工具，它简化了交易，节省了时间，还培养了社区意识。这种令人赞叹的生活方式值得世界其他国家借鉴。中国向我展示了未来，我永远感谢这次难忘的旅程。

导语

　　白丽娜（Polina），来自俄罗斯，分享了她在广交会的经历。她作为一名服装公司的实习生，探索了全球服装市场，与供应商和设计师交流，了解了时尚产业的最新趋势。广交会为她提供了实践机会，让她深入了解了国际贸易的复杂性，并感受到了广州的文化魅力。这次经历不仅拓宽了她的知识面，也让她对未来在中国从事贸易工作充满了信心和希望。

我在中国谈贸易

——亲历广交会见闻

My Trade Experience in China
—Observations from Attending the Canton Fair

杭州师范大学　学生：白丽娜（俄罗斯）　指导教师：骆　蓉

　　我是白丽娜，来自俄罗斯。2023年10月15日，第134届中国进出口商品交易会（The China Import and Export Fair）在广州举办。听朋友说，这次的交易大会在中国有一个家喻户晓的名字——广交会。作为一家国际贸易公司服装部门的实习生，我和同事们一起参加了广交会。对我来说，这是一次非常难忘的学习经历，让我完全沉浸在国际贸易和时尚世界的海洋中！

　　因为是第一次参加广交会，我很好奇这是一个什么样的活动。我的中国同事告诉我，广交会是因全球各类品牌的集合和很多的商业机会闻名的。10月15日，我和

KONOVALENKO POLINA

图1　白丽娜个人照片

同事们第一次来到了广交会现场。我被巨大的会场惊呆了，这里的面积比很多个大型体育馆加起来还要大。工作人员给我们介绍的时候说，这次的广交会会场规模有150多万平方米，是会展面积最大的一次会议。如果要走着逛，估计逛好几天都逛不完。整个广交会包括7个展区，一共有7万多个展位，展示了不同门类的各种产品。我们既见到了时尚的新能源汽车、智能机器人、VR技术支持的家庭游戏机，也发现了我们常见的家用电器和各式各样的生活用品，真是应有尽有。我向四周看去，发现身边有很多外国人也来参加了。看了活动的介绍，知道这次的广交会一共有将近20万外国商户来这里订购商品。在这里设置展位的中国商人们看起来都非常热情，充满活力。他们说，很多新商品都是第一次推出，希望能让更多客户看到中国最近的创新产品。

　　我实习的公司是一家杭州的服装公司。我的老板非常开明，允许我在交易会上直接与供应商、制造商和设计师接触。通过和不同展位的服装企业沟通、观看他们的商品图册、感受商品的质量和款式、与他们交流具体的细节，我学习到了非常多关于服装的知识，这真是一次宝贵的经历！作为一名大四学生，我还不太会谈生意。我观察我的老板和同事们如何与其他人沟通，比如服装的种类、发货的数量、物流的选择等，目睹了洽谈的整个过程。另一个重要收获是，我们看到了很多新的服装种类和加工技术，了解到了国际时尚界的最新发展趋势和变化。对我来说，这个交易会像是一个大熔炉，让我们对全球服装市场有了一个全面的了解！

　　除了参加广交会，我在广州也体验到了中国南方的生活，感受到了广州这

图2　广州街景

图3　白丽娜在广交会现场咨询供货商

座城市丰富的文化。我们探索了当地市场，品尝了正宗粤菜，体验到了广州充满活力的氛围。走在广州的街头，感觉这里的生活比杭州更加轻松舒适，感觉非常舒服。这次出差让我对中国城市有了新的理解。

这次参加广交会是一次重要的学习经历，让我深入了解了全球服装市场，观察到了国际贸易的复杂性，也体验到了广州丰富的文化。它不仅拓宽了我的知识面，而且让我对服装行业的运作有了实际的了解，既丰富又难忘！未来，我可能会在中国的公司工作，这次广交会让我看到了在中国做贸易的无限的机会和希望！

导语

　　戴安娜（Soltoeva Diana）来自吉尔吉斯斯坦，通过参观天津中华剧院的京剧表演，深入了解了中国文化。尽管京剧表演对外国人来说具有一定的挑战性，但她努力感受每个动作，通过演员的表情、动作和音乐理解了故事的情感和戏剧性。特别是对《击鼓骂曹》这一部分，她更是感受到了深厚的历史底蕴和艺术魅力。这次京剧之旅让她更加珍视文化多样性，尊重中国传统艺术，也让她更深入地了解了中国的历史与文化。

留学生眼中的中国
——在红灯笼的光芒下：戏剧世界的探索

China in the Eyes of International Students
—Under the Light of the Red Lantern: Exploring the World of Drama

天津商业大学　学生：戴安娜（吉尔吉斯斯坦）　指导教师：栗丽娟　宋兴晟

　　我叫戴安娜，是来自吉尔吉斯斯坦的留学生。2023年9月，我所就读的大学为外国学生组织了一次前往天津中华剧院的活动，以更好地了解中国文化。童年时，我只是通过CCTV俄语频道观看过《茉莉花》和《千手观音》，这两个节目，促使我去学习中文和了解中国文化。而现在，我可以身临其境地感受神奇的京剧表演，这也是我想和大家分享的独特经历。

　　那天晚上，到达天津中华剧院的时候，我就从它的建筑形式感受到了它的与众不同。

图1　戴安娜个人照片

259

剧院的建筑以简洁对称为特点，风格充满了中国的古典元素，还配有一些装饰图案。剧院的入口处是传统的矩形门，这与吉尔吉斯斯坦剧院的建筑风格有很大不同。

当我走进大厅时，壁画上的北京京剧人物形象给我留下了深刻的印象，他们穿着华丽的戏服，妆容艳丽。这些画像看起来非常生动，因为所有角色都是在动态中展现的。壁画还包括传统花卉，如荷花、兰花和牡丹，为周围的空间增添了一些轻松的氛围。剧院内部的照明柔和而温馨。大厅里，有历史人物的肖像，也有一些灯光装饰。悬挂在天花板上的美丽红灯笼为环境增添了特殊的文化魅力。

我欣赏的京剧表演分为三个部分：《击鼓骂曹》、《访鼠测字》和《洪羊洞》。观看京剧并不容易，特别是对我们这些外国人。京剧具有复杂的表演风格，包括唱、念、做、打，需要观众对这种独特的语言和文化有一定的了解。起初，我有些困惑，因为京剧的表演形式与我熟悉的吉尔吉斯斯坦文化完全不一样。但我并不想错过了解中国文化的机会，于是我很努力地去感受演员的每个动作，深入理解他们的表演。最终，我通过演员的面部表情、动作和音乐感受到了故事的情感和戏剧性。

我最喜欢观看京剧的第一部分《击鼓骂曹》，因为我之前就对三国历史有所了解，所以我看这个部分时比较激动。首先，我特别喜欢演员们脸上丰富而细致的妆容，而且他们的戏服非常华丽。演员们在没有使用麦克风的情况下，我们还可以清晰地听到他们的声音，这样的功底太震撼了！他们的声音富有表现力，传递了深刻的情感。另外，京剧中的身段、动作也很雅致，给表演赋予了优雅感。让我印象最深刻的是中国传统乐器，它们创造了一种神奇的氛围。比如，打击乐器非常有节奏和动感。最后，观众观赏时投入的神情和雷鸣般的掌声也非常打动人。我逐渐意识到京剧不仅仅是一种艺术形式，它也承载着中国丰富的历史和文化。

图2　戴安娜在天津中华剧院

　　这次欣赏京剧的经历让我感受到中国独特的文化艺术，帮助我更深刻地理解中国历史。这次京剧之旅的体验让我更加珍视文化多样性，尊重传统艺术。京剧是中国文化的宝贵遗产，也是探索中国传统文化的窗口，我很幸运有机会去探索它！

导语

张星月（Rasolofoharitiana Annie）来自马达加斯加，对江西的文化和科技发展充满了好奇和兴趣。她参观了江西省南昌市南昌县小蓝经济技术开发区的VR产业园，被身临其境的体验所震撼，并对江西的VR技术产生了浓厚兴趣。了解江西VR产业的发展历程后，她开始向身边的朋友和留学生们分享这些信息，并自愿成为江西VR的宣传员。张星月希望将来能够将在中国学到的知识带回马达加斯加，为自己的国家作出贡献，让世界见证她的国家发展的巨变。

遇见江西VR科技

Encountering VR Technology in Jiangxi

江西师范大学　学生：张星月（马达加斯加）　指导教师：李玉梅　邱　晴

我叫张星月，来自非洲美丽的岛国——马达加斯加。2023年初，我来到中国江西南昌。从飞机落地的那一刻起，我便对这片红色的土地充满了好奇。这里有王勃等才子的诗歌，也有庐山、三清山等优美风景，还有可口的美食小吃，以及四通八达的高铁和地铁线路，这些无一不让我感叹这儿的神奇和有趣。

最让我惊叹的是江西的VR科技。9月的一天，江西师范大学为我们留学生组织了一场文化活动，带领我们去参观江西南昌县小蓝经济技术开发区的VR产业园。在去参观之前，我对VR毫无概念，连忙上网搜索了一些相关的资料，那时我觉得这简直太不可思议了。就这样，我带着怀疑的态度走进了VR产业

RASOLOFOHARITIANA ANNIE

图1　张星月个人照片

园。园区的工作人员一边带领我们参观，一边跟我们详细解说，最后还让我们亲自体验。我们通过各种VR产品领略了千年之前南昌的人文景观，看到了几亿年前地球上生活着的恐龙，体验了各种游戏。那种身临其境的真实感让我惊叹其神奇的同时，更是对江西的VR技术产生了浓厚兴趣。

图2　张星月感受人文景观

　　回到学校，我便开始了解江西VR产业的发展历程。2016年以来，江西抓紧布局VR相关产业，规划一批VR小镇、VR基地、VR新城，意图抢占产业发展先机，VR产业逐步发展壮大。同年，南昌宣布打造全球首个城市级VR产业基地——中国（南昌）虚拟现实VR产业基地。南昌市的VR产业历经7年的发展与奋进。从打响VR"第一枪"到世界VR产业大会永久落户南昌，数百家VR企业聚集；从VR企业摸索前进到南昌VR科创城拔地而起，南昌VR实现了从无到有的惊人转变。

　　每一次对VR科技以及江西VR产业有了新的了解，我都迫不及待地跟远在马达加斯加的朋友以及学校的留学生们分享，向他们讲述江西VR产业的布局、历史和发展，分享我对VR科技发展的新想法。现在，他们都称我是江西VR的义务宣讲员，我也非常乐意拥有这一称号。

　　江西带给了我太多的惊喜、太多的震撼！我不由得下定决心将来要带着我所学的知识回到马达加斯加，努力建设我的国家，希望有一天她也能给世界人民带来更多的惊喜，让世界惊叹她的巨变。

版块四 中国深体会

导语

安娜（Abramova Anna）来自乌兹别克斯坦，最初对来中国学习和生活持怀疑态度，但通过朋友的介绍和了解后，决定来中国读大学。她对中国的第一印象是古代传统文化与现代基础设施的完美融合，以及中国人的友好和热情。在中国生活后，她逐渐爱上了中国菜和中国的生活方式。她发现了中国与乌兹别克斯坦文化之间的相似之处，并在中国学会了说中文。安娜对中国在科技和经济领域的发展速度感到惊讶，并为能在中国学习和生活感到自豪和幸运。

中国赢得了我的心
China Won My Heart

浙江财经大学　学生：安　娜（乌兹别克斯坦）　指导教师：赵　倩　张　莲

我叫安娜，来自乌兹别克斯坦，想分享一下我爱上杭州、爱上我的学校的故事。我于2019年来到中国，当时是第一次来到中国，更是我第一次走出自己的国家去往另外一个国家，这段经历至今让我难忘。来中国之前，我从来没有想过要在中国生活和学习，因为我认为中文很难学，中国的文化与我们不同，而且我从未出国旅行过。然而，我的父母

图1　安娜个人照片

热爱中国，一直想尽一切办法让我主动学习中文、了解中国文化，然后进入中

国的大学读书。虽然父母希望我那样做，但我在那段时间也只是看了一些和中国有关的电视节目和一些社交网站上的帖子，一直不敢开始学习中文。直到有一天，我的朋友告诉我，她要去中国读大学的事情。她还向我讲述了那里的生活和机会。听到这个消息，我真的很惊讶，尤其是当她向我展示她的朋友在中国拍的照片时……这真是令人难以置信的景象！之后，我回到家，开始向父母讲述我的所见所闻，他们很高兴看到我的转变。也就是从那时起，我就开始做起了去中国读大学的准备。

一开始，我甚至不敢相信我会第一次一个人登上飞机，飞到国外，生活在一个文化与我们不同的国家。在那里，我无法阅读信件，因为我周围没有熟悉的语言，只有汉字，这样的画面一开始让我害怕。

来到中国后，最让我震撼的是中国古代的传统文化与现代基础设施的完美融合。LED屏幕、摩天大楼和商业中心让我对中国城市印象深刻，尤其是在晚上，当一切都亮起来、闪闪发光时，看起来棒极了。我还注意到所有服务的使用都是一键式、移动式等，给居民带来了便利。尽管当时我不会中文，但中国人给我留下了特殊的印象，因为他们总是愿意在不同的情况下帮助我。当地人非常善良、友好和热情。在中国生活了一段时间后，我对方言了解了很多，这对我来说也非常有趣，因为方言跟普通话有很大不同。中国的一切都那么令人着迷，有时速超过300公里的高铁，有便捷的网上购物和快递，但当时对我来说最有用的就是中国的外卖。在中国品尝了一些中国菜后，我又开始想念妈妈做的家常菜——我们乌兹别克斯坦的民族菜。刚开始，我以为吃不到，有点难受，但幸运的是，我的一个中国朋友向我推荐了外卖，并说我可以找到不同的

图2　2023年暑假，安娜教社区小朋友亚运英语

美食，包括当地的和亚洲的，我在乌兹别克斯坦吃过的、欧洲的和中国快餐。小程序外卖单上品种繁多，最关键的是等待时间并不长，只要20～40分钟，这一点与我国的外卖不太一样。在我们国家，很难做到。当时我就觉得生活在中国很幸福。

在中国待得时间越久，越发现中国和乌兹别克斯坦文化有很多相似之处，比如尊重老人和一些饮食习惯。我也爱上了中国菜。我最喜欢的是东北菜、中国烧烤、饺子、包子，还习惯了吃辣，爱上了中国奶茶等。在乌兹别克斯坦，我们也吃烧烤，但大小和味道与中国烧烤不一样。我们也有我们的饺子，但与中国饺子的馅料不同。随着我对中国语言和文化的深入了解，我越来越熟悉所在的城市杭州和我的学校，觉得生活在这里很安逸。

新冠病毒感染疫情到来那个寒假，我虽然在乌兹别克斯坦，经历了三年的网课之后，我一直等待着机会想再次回到中国。是什么样的动力让我一定回到中国呢？是杭州，是我的母校俘获了我的心。7个月前，我再次来到杭州和我最喜欢的大学。回到了杭州，回到了美丽的西湖——这个几个世纪以来，一直是诗人、艺术家和作家的灵感之地。湖水环绕，青山环抱，宝塔林桥，到处都是绿色和干净整洁的画面，令人心旷神怡！杭州这座城市不仅仅有自然美景，我还了解到它也是中国一些重要历史文化地标的所在地。杭州处于科技和创新的前沿，众所周知，杭州是最大的电子商务公司之一阿里巴巴的总部所在地，也是越来越多的科技初创企业和孵化器的所在地。我也很喜欢中国电动汽车产量的增加和汽油汽车产量的减少，因为这有助于保护环境。事实上，我对中国在科技和经济领域的发展速度感到非常惊讶。

最后，我想说，我很高兴也很自豪能在中国学习和生活，亲眼看见了这片美丽的土地，也体验到了文化的丰富性和技术的创新，这是一个伟大的国家！在这段时间里，我已经爱上了这个国家和它的文化，学会了说中文，感谢我们大学的老师，让我学到了很多知识，认同中国道路！

导语

　　罗爱森（Bakhromov Ekhsonbek）来自乌兹别克斯坦，通过汉语水平考试五级，成功留在中国，成为国际中文教育专业的研究生。他热爱语言，最初对学习汉语持怀疑态度，但通过对中国文化的了解和对汉语学习的兴趣，逐渐爱上了汉语。在中国生活期间，他深刻感受到了中国文化的魅力和中国人民的友好。在新冠疫情期间，他选择留在中国，并积极参与志愿工作，提升了汉语水平。他渐渐确定了成为汉语教师和传播中国文化的目标，希望成为中乌两国关系的桥梁，促进两国关系友好发展。

从学习者到传播者

From a Learner to a Disseminator

浙江财经大学　学生：罗爱森（乌兹别克斯坦）

指导教师：赵　倩　张　莲

　　2021年，我成功通过了汉语水平考试五级，给自己争取到了留在中国读硕士研究生的机会。同时也做了改变命运的决定，成为一名国际中文教育专业的研究生。作为一个语言爱好者，我从小就接触过不同的语言。乌兹别克语是我的母语，在父母的鼓励下，我6岁就开始学习俄语。追逐要上大学的梦想，在高中我便开始学习了英语。在2018年，我的梦想实现了，我被浙江财经大学录取了，当时我的专业是英语。我高兴得眉飞色舞，多年辛苦终于心愿得偿了。

　　我学到的第一个汉语词语是"你好"，

图1　Bakhromov Ekhsonbek个人照片

当时觉得汉语的文字很神秘，看起来像一幅图画，跟我学过的其他语言完全不一致。最初，我不够勇敢，一直认为汉语对我而言，像一座永远翻不过去的高山。汉语作为世界上最难学习的语言之一，甚至比俄语和英语都难几倍。曾有几次，我都有放弃学习汉语的念头，但汉语里的文化太有吸引力和影响力。中国文化的博大精深，汉语词汇的丰富多彩，都让我十分着迷。当时的我很好奇：为什么两个同样的拼音有四个不同的声调，稍微说错声调就完全改变了词的意义？

学习外语需要长期的坚持和努力，能够对语言保持高度的热情的学习者才能掌握一门外语。读本科时，为了更好地了解中国和汉语，学校会给来华的留学生安排中国文化与汉语课。通过这些课堂，我慢慢地发现了汉语是一门很有趣的语言。每个汉字都包含清晰的逻辑内容。汉语中常用的成语也是汉语的特点，各个都有着有趣的历史，承载着几千年的故事。

在中国一年，我的汉语水平提高了很多，交了很多朋友。在他们的帮助下，我逐渐了解了中国文化，理解了中国人的逻辑与思想。

中国人爱和平，为人也很善良与友好。我在中国第二年，新冠病毒感染暴发了，我的家人和朋友们都担心我的安全，让我立刻回国。而当时，我却徘徊着不知道做什么决定。我一边舍不得离开在中国的同学和朋友们，又害怕如果回去之后因为没有语言环境，所学的汉语水平会有所退步；而另一边这个病毒却让人担心和焦虑。经过多次沟通和商量，我说服了我的家人让我留在中国，支持中国，同中国人民一起克服困难。我第一时间就申请了当学校的留学生志愿者。现在还清楚地记得，每天早起，我和留学生宿舍管理负责老师们一起送早餐和测体温。在工作中，他们一直跟我用中文交流，那也是我汉语飞速提升的时刻。今年是我在中国生活的第五个年头了，我在中国学会了很多道理与知识。我想当一名汉语老师的愿望越来越强烈，我希望自己能以老师的身份将自己所学的知识传授给乌兹别克斯坦的青年，很希望他们也跟我一样享受语言带来的满足感和成就感。同时我愿意向全世

图2　参加淳安县富文乡中心小学美丽乡村支教活动

界介绍真正的中国，包括博大精深的文化、源远流长的历史、别有风趣的汉语和快速发展的一切。汉语作为世界上最难学习的语言之一，在汉语国际教育中会遇到各种各样的挑战，但我会坚持不懈地追求自己的梦想，挑战愈多，成就感也就愈大。

汉语改变了我的命运，我从一个被动的学习者成为主动的研究者与传播者。希望我成为乌兹别克斯坦和中国之间的桥梁，为两国友谊作出力所能及的贡献。

导语

贝雨欣（Moses Arthur Baidoo）于 2018 年怀着学习的激情来到中国，与中国文化结缘，结交了珍贵的朋友和师长。他感受到中国的热情和人际温暖，参与中国传统节日，了解中国的文化传统。他多次游历中国各地，深刻感受到中国文化的博大精深。在中国的四年中，他获得了多个奖项，见证了自己的成长与进步。他期待成为中非之间的文化桥梁，促进两国之间的理解与合作。

从非洲到中国：拥抱新的家园和文化

From Africa to China: Embracing a New Home and Culture

东华理工大学 学生：贝雨欣（加纳） 指导教师：万 翠

我的名字叫贝雨欣，来自非洲加纳，今年 23 岁。我现在是东华理工大学的一名硕士研究生，我的专业是电子科学与技术。回想起 2018 年，我萌发了在中国学习的渴望和激情。在这里度过一段时间后，我对我的决定感到非常满意。我在中国积累了许多美好的回忆，今天我非常荣幸能够分享一些我在中国的个人经历。

Moses Arthur Baidoo

图 1　贝雨欣个人照片

我的故事始于 2019 年 10 月。还记得 19 岁初来乍到，我内心忐忑不安，很担心自己无法融入。但自从与新的朋友相识，我的忧虑很快便被打消，我不仅学习到了中国文化，还结交了很多珍贵的良师益友。我的中国朋友和老师们在很多方面都非常支持我。印象最深的就是那位因"汉语桥"而结识的老师。上课的时候她问我们："你们有谁没有去过中国的北方"？我说我没去过。老师说，那你想来黑龙江玩吗？我说"想"。真没想到老师把我这个话当真了。她热情地邀请我去她的家乡黑龙江伊春玩。今年6月，老师又来南昌参加了我的毕业典礼。这种无私的支持让我深刻地体验到了中国文化中的人际温暖。

在过去的几年里，我有机会走访了中国的几个地方。令我印象深刻的是，中国的古代文物，一直保存到现在，且都有文字记录。这使得中国旅游业非常繁荣。我在这几年的游览中去过北京、杭州、河南、黑龙江、青海、安徽、山西、江苏等地。我发现，即使是最微小的细节也被包装起来，呈现给前来寻找历史的游客。通过导游们的讲解，人们可了解这些地方的历史。在刚刚过去的国庆期间，我去抚州文昌里，有机会观看了《寻梦牡丹亭》实景演出。我以前了解过汤显祖写的"临川四梦"，并且对《牡丹亭》有一点了解。但是看完这部剧，我就有了不一样的感觉。真正引起我注意的是现代技术如何与古代元素融合在一起，重现剧中的这些场景。突然间，我仿佛穿越了时空，在古代世界体验了这一幕！我认为这很好，每个国家都可以效仿中国，尤其是现在正在寻求旅游业发展的加纳。

都说入乡随俗，我在中国的这几年在两个不同的地方过了春节。第一次是2021年在苏州朋友的家过的，第二次是2023年在南昌我老师的家里过的。关于在门上贴福字的习俗，这两个家庭都有一些不同的看法。在江苏，他们是正着贴，在南昌的时候是倒着贴。关键是，他们都向我详细解释了他们是如何理解这一点的，以及为什么要这样粘贴。这充分体现了中国文化的博大精深，让我明白文化的多样性和动态性。

关于人们对美好生活的向往，我发现在中国，无论是在农村还是在城市，到处都有一些标语，一直鼓励人们好好学习，好好工作。正是通过我频繁的观察才认识到了"人们对美好生活的向往，就是我们奋斗的目标"这个标语。但是不仅仅是这个，其他的包括"培养卫生习惯，争做文明市民""文明出行，人人有责"。我觉

图2　贝雨欣体验中国民俗

得这就是为了提醒人们应该对生活要有一个积极性。

在我来到中国之后，我惊讶地发现中国在科学技术领域的进步远远超出了我之前的想象。我特别注意到江西的基础设施和科技发展。最近，我乘坐赣江的船游览，欣赏了赣江旁的高楼大厦夜景，这让我印象深刻。这些高楼大厦在夜晚被灯火点亮，形成了令人叹为观止的景象。如果加纳的首都能达到江西的水平，我会非常开心。

泱泱华夏之文明源远流长，在学习汉语的这四年里，我铭记"纸上得来终觉浅，绝知此事要躬行"的教导，无论是运动、旅行，还是日常交流，我在这些生活场景中练习中文，感受文化，收获了友情，增长了见识。在我学习汉语的过程中，我全身心地投入其中。这种执着源自我对汉语和汉字的真挚热爱，学习汉语已经成为我生活中的重要爱好。我也见证了自己的成长，获得了一些奖项和成就。在2022年汉语桥"一分钟·趣环保"国际汉语比赛中荣获了一等奖，被授予"中文之星"称号。在2023"汉字缘"国际故事大会中荣获二等奖。在2021和2022"汉字缘"国际故事大会、2022年第十届外国留学生汉语大赛以及2021年汉语桥"一分钟·谁是'带货王'"国际汉语比赛中荣获了优秀奖。这些荣誉证明了我所取得的进步。此外，这些经历为我打开了各种机会之门，我相信继续学习汉语将为我未来带来更多机遇。

在中国待了四年，我已经习惯了这里。习惯了这里的气候，习惯了这里的饭菜，习惯了中国人的热情，中国已然成为我的第二故乡。中国文化好似大海，在未来的日子里，我会保持着对中国文化的热爱，在学习中文这条道路上持之以恒地探索下去。未来，我还希望继续探索中国，探索所有可能的方式，让我的国家能够向中国学习并开展更多合作。我希望成为中国和加纳，甚至整个非洲之间的联系和桥梁。我渴望成为跨文化理解的倡导者，促进不同文化之间的理解与合作。

导 语

安译心（Cisse Ahmed Kemoko），来自几内亚，五年留学生活让他对中国有了深刻认识。他感受到中国教育传统与现代的融合、城市与乡村的差异，以及多种多样的饮食文化和社交礼仪。参与社会实践让他更好地融入当地生活，结交志同道合的朋友。这段留学经历让他对真实的中国有了更深的理解和热爱，他继续在中国攻读硕士，希望为这个国家贡献自己的力量。

读万卷书 行万里路

Reading Thousands of Books and Traveling Thousands of Miles

中南民族大学 学生：安译心（几内亚） 指导教师：冯晨昱

我是安译心，来自非洲几内亚。在远离故土的异国他乡，我开始了五年的留学生活。身处这个拥有悠久历史和独特文化的国度，我逐渐发现，中国与我曾经的想象有着诸多不同。这些差异，让我对真实的中国有了更为深刻的认识。

首先在学习方面，我感受最深的是中国教育是传统与现代的交融。在中国的求学经历让我深感震撼。中国教育的传统体现在教育的系统性与注重培养学生的综合素质、强调严谨的学术氛围，以及课程设置强调理论基础。它的现代体现在教师们倾囊相

图1 安译心个人照片

授，学生们勤勉好学。在我所学的计算机专业中，除了传统学科，还涵盖了人工智能、大数据等前沿领域学科。老师非常注重对学生的实践能力和创新思维的培养，让我不仅开阔了眼界，学业上也取得了长足的进步，培养了我的创新精神。

在中国五年多的生活让我感受到了城市的繁华与乡村宁静和谐。我生活的天津市，高楼大厦林立，霓虹灯闪烁，让人目不暇接。天津五大道融合了各国的建筑风格，体现了城市的繁华喧嚣，充满活力。同时，我也发现了中国乡村的宁静与美丽。那里绿水青山，空气清新，人们生活简朴而充实。这种城乡差异让我对中国的多元文化有了更深刻的理解。

中国的饮食文化具有独特的魅力。美食种类繁多，口味各异，让我大饱口福。同时，我发现中国人在生活礼仪上的一些细节和文化内涵。比如，中国人注重孝道和家庭观念，喜欢在节日期间团聚，尤其是春节，大家都在回家的路上，春运的繁忙景象让我印象深刻。这些传统文化的传承让我更加深入地了解了中国的家庭文化和社会价值观。

在中国的生活经历让我有机会参与到各种社会实践中。我曾加入当地的志愿者组织，参与社区环保活动，对城乡的差异有了更深刻体会，同时感受到了乡村人民的质朴以及这个国家的魅力。在社会实践中，我也结交了一些志同道合的朋友。这些活动不仅让我更好地了解了中国社会的文化、历史和发展，也让我更加轻松地融入了当地的生活。

来到中国后，我发现真实的中国与我之前想象的有很多不同。中国的文化、历史和社会环境让我感到惊奇和敬佩。这五年的经历不仅让我更加

图2　天津民园体育场观看比赛

深入地了解了中国，也让我更加热爱这个国家。我现在继续在中国攻读硕士，希望在将来为这个美丽的国家贡献自己的力量。

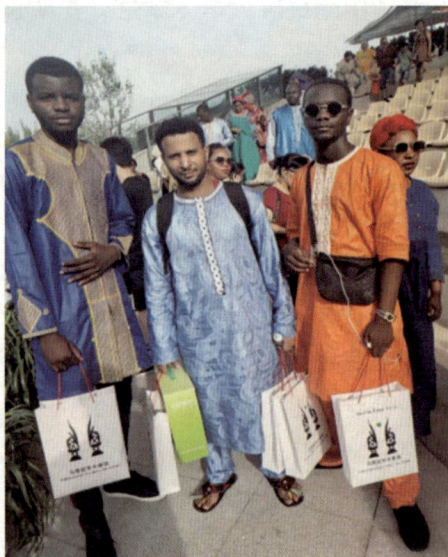

导 语

　　作为一个来自非洲的学生，金立（Cyiza Jean Paul）对中国的科技发展和创新能力印象深刻。他亲眼见证了中国在人工智能、电子商务、移动支付等领域的巨大进步，这些技术正在改变人们的生活方式和商业模式。中国的城市化和现代化、环境质量和可持续性的提高、文化和社会的多样化和融合，以及科技和创新的崛起，都让他对这个国家充满了信心和期待。他相信中国的未来将会更加美好，也将继续为中国的发展贡献自己的力量。

过去的十年　　我经历的中国变化

The Changes I have Witnessed in China during the Past Decade

中南民族大学　学生：金　立（卢旺达）指导教师：李　勋

　　大家好，我的名字叫金立，来自卢旺达。我要跟大家分享的是我对中国的一些体会和看法。中国是世界上人口最多、最多元化的国家之一，拥有超过14亿人口和56个民族。它也是增长最快、最有影响力的经济体之一，拥有在2023年超过126万亿元的国内生产总值，以及在全球贸易、技术和创新方面的领先地位。作为一个在中国生活了四年的国际学生，我见证并体验了这个充满活力和复杂性的国家的许多变化。

图1　金立个人照片

　　我观察到的最明显的变化之一是中国的城市化和现代化。当我2019年第一次来到中国时，我被城市里的摩天大楼、高速列车、地铁和购物中心所震撼。很少看到欠发达、缺乏基础设施和服务的农村地区。根据世界银行的数据，2013年，有53.7%的中国人口居住在城市地区，而46.3%的人口居住在农村地区。到了2020年，城市人口增加到60.6%，这意味着几亿人从农村迁移到了城市，而农村人口减少到39.4%。这表明，中国在这一时期经历了一场从农村到城市的大规模迁移，这是由经济机会、社会流动性和政府政策所推动的。

我体验到的另一个变化是中国的环境质量和可持续性的提高。根据世界卫生组织的数据，在2013年，中国的年平均PM2.5浓度为59.5微克每立方米，这是推荐限值10微克每立方米的将近6倍。然而，到了2020年，中国将其PM2.5浓度降低到38.4微克每立方米。这表明，中国为了对抗空气污染和气候变化做出了巨大努力，如实施更严格的排放标准、推广可再生能源和植树造林等。

图2　金立参加活动

我感受到的第三个变化是中国文化和社会的多样化和融合。当我第一次来到中国时，我以为我会感觉像一个不理解或不属于当地文化的局外人。现在我已经在学习普通话、适应不同的风俗习惯。